AF648048

Roger Scruton

Von der Idee, konservativ zu sein

Roger Scruton

Von der Idee, konservativ zu sein

Eine Anleitung für Gegenwart und Zukunft

Aus dem Englischen
von Krisztina Koenen

FBV

EMPFOHLEN VON
ROLAND TICHY

Bibliografische Information der Deutschen Nationalbibliothek
Die Deutsche Nationalbibliothek verzeichnet diese Publikation in der Deutschen Nationalbibliografie; detaillierte bibliografische Daten sind im Internet über http://d-nb.de abrufbar.

Für Fragen und Anregungen:
info@finanzbuchverlag.de

EDITION TICHYS EINBLICK
3. Auflage 2021

© 2019 by FinanzBuch Verlag, ein Imprint der Münchner Verlagsgruppe GmbH
Türkenstraße 89
80799 München
Tel.: 089 651285-0
Fax: 089 652096

Copyright der Originalausgabe © Roger Scruton, 2014. Die englische Originalausgabe erschien unter dem Titel *How to be a Conservative* bei Bloomsbury Continuum.

Alle Rechte, insbesondere das Recht der Vervielfältigung und Verbreitung sowie der Übersetzung, vorbehalten. Kein Teil des Werkes darf in irgendeiner Form (durch Fotokopie, Mikrofilm oder ein anderes Verfahren) ohne schriftliche Genehmigung des Verlages reproduziert oder unter Verwendung elektronischer Systeme gespeichert, verarbeitet, vervielfältigt oder verbreitet werden.

Übersetzung: Krisztina Koenen
Redaktion: Ulrike Kroneck
Korrektorat: Silvia Kinkel
Umschlaggestaltung: Pamela Machleidt
Umschlagabbildung: istockphoto/DNY59
Satz: Helmut Schaffer, Hofheim a. Ts.
Druck: GGP Media GmbH, Pößneck
Printed in Germany

ISBN Print 978-3-95972-272-8
ISBN E-Book (PDF) 978-3-96092-499-9
ISBN E-Book (EPUB, Mobi) 978-3-96092-500-2

Weitere Informationen zum Verlag finden Sie unter

www.finanzbuchverlag.de

Beachten Sie auch unsere weiteren Verlage unter www.m-vg.de.

Inhalt

Vorwort zur deutschen Ausgabe 7

Vorwort 15

1. Meine Reise 19

2. Zu Hause ist aller Anfang 45

3. Die Wahrheit im Nationalismus 63

4. Die Wahrheit im Sozialismus 77

5. Die Wahrheit im Kapitalismus 95

6. Die Wahrheit im Liberalismus 113

7. Die Wahrheit im Multikulturalismus 133

8. Die Wahrheit im Umweltschutz 153

9. Die Wahrheit im Internationalismus 169

10. Die Wahrheit im Konservativismus 189

11. Der Bereich der Werte 211

12. Praktisches 255

13. Eine Abschiedsrede, die Verluste einräumt, ohne ihnen nachzutrauern 267

Vorwort zur deutschen Ausgabe

von Douglas Murray

Roger Scrutons Schaffen umfasst eine außerordentliche Vielfalt an Themen. Er schrieb über Musik, Architektur, Ästhetik und Philosophie, und die Werke in jedem einzelnen dieser Bereiche würden schon ausreichen, um ein Lebenswerk für vollendet zu erklären und ihm zu gönnen, dass er sich der Muße hingibt. Hinzu kommen Romane, Erzählungen, mehrere Opern, unzählige Kolumnen und noch einiges mehr.

Doch es ist das Thema des Konservativismus, zu dem Scruton immer wieder zurückkehrte und zu dem er von seinen Lesern auch immer wieder zurückgerufen wurde. Die Gründe dafür sind in gewisser Weise offenkundig. Obwohl es vielen nicht bewusst sein mag: Unsere Zeit braucht Denker, und ganz besonders Denker von konservativer Gesinnung. Wie Scruton in seinem 1985 veröffentlichten Buch *Thinkers of the New Left* (das 2015 unter dem Titel *Fools, Frauds, Firebrands* in einer aktualisierten Ausgabe erschienen ist) zeigte, herrscht in der modernen Welt kein Mangel an linksradikalen Denkern. Diese Philosophen der Dekonstruktion (die sich im Gegenzug von Scruton dekonstruieren lassen mussten) wurden während der letzten Generationen vom Rückenwind der Kultur und der akademischen Welt getragen. Zu ihnen gehört auch die Generation, in der Scruton aufgewachsen ist, und in der er zur politischen und intellektuellen Reife gelangte. Die oben erwähnten Denker – Deleuze, Derrida, Foucault und andere – luden ihre Leser in ihr intellektuelles Revier ein, und sehr viele folgten ihnen dorthin. Sie sogen die Ideen dieser Denker auf und eigneten sie sich an, selbst wenn sie gar nicht versucht hatten, sich mit ihnen auseinanderzusetzen. So lief diese Kultur allmählich auf Grund, und sie war nicht nur abstoßend, sie lieferte auch eine widernatürliche Interpretation von uns selbst.

Doch es reicht nicht aus, solche Denker zu dekonstruieren. Es reicht auch nicht aus, sie zu kritisieren und zu zeigen, wo sie im Unrecht sind. Die wirkliche Aufgabe ist es – und dieser Aufgabe widmete sich Scruton während seines ganzen Arbeitslebens –, eine alternative Vorstellung von einem intellektuellen und auch einem einfachen Leben aufzuzeigen. Eine Vorstellung zu bieten, die verwirklichbar und auch wahr ist.

Nur wenige zeitgenössische Denker können so über die Bedeutung der Dinge nachdenken wie Scruton, und keiner kann es mit einer solchen Vielfalt an philosophischen und kulturellen Bezügen. Nur wenige, wenn überhaupt, sind imstande, eine Schneise durch das alles verschlingende Dickicht der üblen Ideen zu schlagen, die unsere Kultur überwuchert haben. Genau das ist der Grund, warum Leser in aller Welt Scruton schätzen.

Doch warum fühlte sich Scruton immer wieder von diesem Thema angezogen? Der Grund dafür zeigte sich schon in seinem Buch *The Meaning of Conservativism* (1980) und wird offensichtlich in dem Werk, das Sie gerade in der Hand halten. Sein Vorhaben bestand im Wesentlichen darin, den Lesern kulturelle und intellektuelle Begründungen zu liefern – man könnte auch von »Rüstzeug« sprechen –, um sie zu befähigen, für die Wahrheit streiten zu können. Und dies ist eine wichtigere und kompliziertere Aufgabe, als es zunächst erscheinen mag.

Sie ist kompliziert, weil die intellektuelle Kultur – mit ihren verheerenden Auswirkungen sowohl auf Intellektuelle als auch Nicht-Intellektuelle – gegen die natürlichen Instinkte der Menschen argumentiert. Wenn Menschen aus einem natürlichen Instinkt heraus an der traditionellen Familie festhalten wollen, wird ihnen erklärt, dass diese Teil eines abscheulichen Netzes von naturwidriger Unterdrückung und Hierarchie sei. Wenn sie Loyalität gegenüber einer Nation empfinden, wird ihnen erklärt, dass diese Loyalität nur in eine Richtung führe, nämlich in die Hölle. Wenn sie an einer Kultur festhalten wollen, die ihre Vorfahren als Bereicherung empfanden und von der sie deshalb annehmen, auch sie könnten durch diese bereichert werden, dann sagt man ihnen, dass diese Kultur nicht nur bedeutungslos, sondern auch beispiellos bösartig und aus der Sünde geboren sei.

Derart ist die Denkkultur, in der die letzten Generationen erzogen wurden. Es ist – wie Scruton sie bezeichnet hat – die »Kultur der Selbst-Zurückweisung«. Und diese Kultur ist es, die Menschen ermutigt hat, auf der Suche nach Sinn bis ans Ende der Welt zu gehen, ihm aber zu entsagen und ihn anzugreifen, wenn sie ihm vor ihrer eigenen Haustür begegnen.

Das Problem dabei ist – und das weiß Scruton besser als alle anderen –, dass dieses Denken die Menschen allein in der Welt zurücklässt. Sie haben keinen Anker mehr und keine Beziehung zu einem Ort, und sie werden so zum Opfer von jeder Schwärmerei und jeder vorübergehenden Mode, egal wie krank oder gutartig diese auch sein mögen. Unter diesen Umständen ist es nicht weiter überraschend, wenn Menschen infolge solcher Schwärmereien in den wütenden Tonfall verfallen, der die Auseinandersetzungen unserer Zeit in besonderem Maße prägt. Die Raserei entsteht nicht allein durch die jeweils aktuelle Wut, sondern durch ein tiefes Gefühl des nirgendwo Hingehörens, durch das Empfinden, dass die Welt, in der man sich befindet, nicht so ist, wie es einen gelehrt wurde.

Warum ist es so schwer, über den Konservativismus zu schreiben? Der Grund besteht darin, dass Dinge gesagt werden müssen, die man früher nicht sagen musste, weil sie selbstverständlich waren. Philosophen und Denker gehen oft bis an die äußersten Grenzen, und dies führt dazu, dass die Auseinandersetzung mit Ideen, die bereits bekannt sind, auf der Liste der Prioritäten immer weiter zurückfällt. So lange, bis das, was einmal bekannt war, in Vergessenheit gerät und deshalb von Neuem erklärt, verteidigt und unterstützt werden muss.

Manche glauben, dass der Konservativismus eine politische Idee sei, die von den weniger Klugen und den weniger Kultivierten verfolgt wird. Wahr an dieser Behauptung ist, dass viele Menschen neue Ideen mit einem instinktiven Argwohn verfolgen, nicht, weil sie diese prinzipiell ablehnen, sondern weil sie die Gefahr spüren, zu der diese neuen Ideen – insbesondere die revolutionären unter ihnen – führen können. Während viele Intellektuelle daran arbeiten, Ideen zu erschaffen, die zu einer perfekten Gesellschaft führen sollen, erinnern sich viele daran, wohin utopische Ideen im Laufe der Geschichte tatsächlich geführt haben. Sie versuchen lieber, ein gutes Leben in einer guten Gesellschaft zu führen, statt sich so schlecht zu benehmen, wie es anscheinend notwendig ist, um die perfekte Gesellschaft zu errichten. Diesen Instinkt haben die meisten Menschen, möglicherweise hat ihn die Mehrheit der Gesellschaft. Doch er wird kaum von den Denkern an den Universitäten oder außerhalb unterstützt.

Konservativismus bedeutet vieles, und viele dieser Themen werden in diesem Buch erklärt. Unter ihnen sind die Tugenden der Anerkennung und der Vergebung, wie Scruton seit vier Jahrzehnten nicht aufgehört hat, seinen Lesern nahezubringen. Seine Philosophie ist auch eine der Dankbarkeit für die Güter, die unseren Vorfahren gut gedient haben und uns ebenso gut dienen könnten.

Denker gehören sowohl zu einem Ort als auch in eine Zeit, und dementsprechend wurde Scruton oft als ein ausgesprochen englischer Philosoph eingeordnet. Das liegt in gewisser Weise auf der Hand. Nicht nur ist England der Ort, an dem er geboren wurde. Auch hat sich Scruton während seines ganzen Lebens begeistert mit den intellektuellen und kulturellen Fragen Englands auseinandergesetzt und rief damit oft die Wut seiner Zeitgenossen hervor. Seine Schriften über die Fuchsjagd gehören für jene, die Lust auf Ketzerjagd haben, zu den ketzerischsten überhaupt. Doch er zeigte in seinen Essays zum Thema (insbesondere in dem Kleinod von Memoire mit dem Titel *On Hunting*, 1998), dass die Erörterung eines solchen Gegenstandes eine Sicht ermöglicht, die weit über das eigentliche Thema hinausreicht. So handelt die Jagd nicht vom Jagen allein, sondern von den Landschaften und den Menschen, die sie betreiben, den Dingen, die Menschen dabei anstellen und letztlich von der Bedeutung des

Ortes, den sie bewohnen. Die Leser dieses Buches werden wissen, dass darin nicht allein Fragen über Engländer, sondern auch über Heidegger beantwortet werden.

Englisch zu sein gehört untrennbar zum persönlichen Charakter Scrutons. Doch obwohl dies die Verwurzelung an einem Ort bedeutet, weist es auch darüber hinaus. Es hat mich in den vergangenen Jahren auf meinen Reisen durch unseren Kontinent immer wieder überrascht, wie viele Menschen – egal welchen Alters und welcher Klassenzugehörigkeit – Roger Scruton zitierten. Wann immer ich mich über den Zustand des Denkens in Großbritannien beklagte oder ihn negativ mit der intellektuellen Kultur anderer Länder verglich, kam das Gegenargument auf: »Aber ihr habt doch Roger Scruton!« Einerseits ist es rührend, dass Menschen einem einzigen Individuum zutrauen, fähig zu sein, den vorherrschenden Strömungen standzuhalten – oder sie gar zur Umkehr zu zwingen. Vielleicht ist es tatsächlich eine zu große Erwartung an einen Einzelnen. Und doch haben diese Menschen Recht. Eine einzige Person, Mann oder Frau, kann eine Umkehr zum Besseren erzwingen, im Bereich der Ideen ebenso wie in der Politik. Ich erhebe nur einen einzigen Einwand gegen diesen Satz, wenn ich ihn höre. Ich sage nicht, dass der Satz falsch ist (egal in welchem Land er geäußert wurde), nur dass man erkennen sollte, dass »wir« Roger Scruton haben.

Wie seine Leser und Zuhörer in ganz Europa und in Amerika bezeugen können: Seine Schriften und sein Denken gehören zu keinem bestimmten Land, sondern zu den Menschen jeder Provenienz, die daran interessiert sind, das Gute in der Kultur zu bewahren, und die, wie er, die Anerkennung der Dinge, die in Vergessenheit geraten sind, fördern wollen. Dinge wie die Schönheit. Aber das war zu erwarten. Denn es gibt keinen Grund, warum die Wahrheiten eines Philosophen, die in einem Land so klar klingen, in einem anderen Land nicht ebenso klar klingen sollten.

Das bringt mich zu einem Dilemma, das den konservativen Positionen innewohnt. Während Linke dazu neigen, in allen Ländern der Welt die gleichen Forderungen zu erheben und die gleichen

Prioritäten zu setzen, können sich Konservative diesen Luxus nicht immer erlauben. Ein französischer Konservativer wird etwas andere Dinge bewahren wollen als der englische oder deutsche Konservative. Und die spanischen und italienischen Konservativen werden noch mal etwas anderes bewahren wollen. Doch die Empfindungen und die Wahrheiten, die hinter diesem Wunsch des Bewahrens stehen, kennen keine kulturellen oder nationalen Grenzen. Es sind diese tiefen Unterströmungen, die Scruton häufig anspricht. Und dies ist der Grund dafür, dass er ein so breites und internationales Publikum ansprechen konnte und weiterhin anspricht.

Eine der Gründe für meine Begeisterung über die deutsche Ausgabe dieses Buches ist, dass es mir aufgrund meiner – freilich beschränkten – Erfahrungen so vorkommt, als würde Deutschland die Philosophie Roger Scrutons ganz besonders brauchen. Mir scheint es, dass es in Deutschland nur ganz wenige Denker gibt (es gibt sie natürlich), die seine Positionen vertreten. Und noch weniger an der Zahl sind jene, die diese Position so leichtfüßig und geistreich vortragen können. Deutschland und die anderen Länder unseres Kontinents brauchen Übersetzungen von Scrutons Werk.

Während viele die konservativen Ideen bestenfalls als politische Nostalgie verbuchen, beweist Scruton etwas anderes. Etwas, was für deutschsprachige Leser ganz besonders nützlich sein dürfte. Denn die konservative Philosophie, für die er eintritt, ist keine Philosophie, die zur Betrachtung in einer Glasvitrine ausgestellt und nur von Kennern geschätzt wird. Sie ist eine tiefgreifende Philosophie, die hier und heute nützlich ist. Das zu erkennen ist insbesondere für junge Leser wichtig. Die von Scruton entfaltete Philosophie sucht keine Zuflucht in der Vergangenheit, sie blickt auf die Vergangenheit, um nach Anleitung für die Gegenwart zu suchen. Mit seiner Philosophie sucht er die Wunden zu heilen und jene Gräben wieder zu schließen, die die Vertreter der Postmoderne aufgerissen haben und die heute die Gesellschaft teilen und fragmentieren.

Im Mittelpunkt dieser Vision steht der Versuch, etwas in uns selbst zu heilen, und unseren tiefsten Intuitionen wieder zu vertrauen. Denn intuitiv wissen wir, dass wir mehr sind als das, wie wir zur Zeit beschrieben werden: mehr als bloße Konsumenten oder Umweltverschmutzer, mehr als Rädchen in echten oder eingebildeten Hierarchien, die wir nicht kontrollieren können, für die wir trotzdem verantwortlich gemacht werden. Scruton spricht an, was wir wirklich sind, wo unser Platz in der Welt wirklich ist, und wie unser Verhältnis zu den heiligen Dingen sein sollte. Auf diesem Wege zeigt er den Menschen, wie sie in Frieden leben können – nicht nur mit den anderen, sondern auch mit sich selbst. Wenn unsere Gegenwart eine Philosophie braucht, dann diese.

Vorwort

Die konservative Geisteshaltung ist anerkanntes Merkmal jeder menschlichen Gesellschaft. Aber hauptsächlich in der englischsprachigen Welt bezeichnen sich politische Parteien und Bewegungen als konservativ. Diese merkwürdige Tatsache erinnert uns an die gewaltige und uneingestandene Kluft, die zwischen den Erben der englischen Common-law-Tradition[1] und allen anderen besteht. Großbritannien und die Vereinigten Staaten waren sich an der Schwelle der Moderne ihrer gemeinsamen Geschichte durchaus bewusst. Später, im Laufe der traumatischen Ereignisse des 20. Jahrhunderts, verteidigten beide Länder gemeinsam die sie einende Zivilisation. Und selbst heute, nachdem Großbritannien zur allgemeinen Unzufriedenheit seiner Bürger Mitglied der Europäischen Union geworden ist, genießt die atlantische Allianz weiterhin die Zuneigung des Volkes, was beweist, dass wir für etwas Höheres zusammenstehen als es unsere menschliche Bequemlichkeit begründen könnte. Aber was könnte das sein? Zu Zeiten von Margaret Thatcher und Ronald Reagan war die Antwort ein einziges Wort: Freiheit. Doch dieses Wort verlangt nach einer Erklärung. Wessen Freiheit? Wie ausgeübt? Wie beschrieben und definiert?

In Amerika ist vor einiger Zeit ein Buch erschienen, das dem mittelalterlichen *Habeas Corpus* gewidmet ist. *Habeas Corpus* wird ein Schriftstück genannt, das im Namen des Königs verfasst wurde und befiehlt, dass wer auch immer einen seiner Untertanen festhält, ihn

1 Anm. der Übersetzerin: Das common law ist ein in vielen englischsprachigen Ländern vorherrschender Rechtskreis, der sich nicht nur auf Gesetze, sondern auf maßgebliche richterliche Urteile der Vergangenheit – sogenannte Präzedenzfälle – stützt (Fallrecht) und auch durch richterliche Auslegung weitergebildet wird (Richterrecht). In dieser Bedeutung bildet es den Gegensatz zum sogenannten civil law der kontinentaleuropäischen Länder, das auf von den jeweiligen Gesetzgebern kodifizierten Gesetzen basiert und in dem das Richterrecht eine untergeordnete Rolle spielt.

unverzüglich freilassen oder aber vor einem königlichen Gericht anklagen soll. Die ungebrochene Gültigkeit dieses Befehls, schreibt der Autor, untermauere die Freiheit in Amerika, weil er die Regierung zum Diener und nicht zum Herren der Bürger mache.[2] Nirgendwo außerhalb der Anglosphäre gebe es etwas, was dem *Habeas Corpus* gleichkomme, und unter den englischsprachigen Bürgern riefen bisher alle Versuche Widerstand hervor, die seine Bedeutung und Auswirkung einzuschränken trachteten. Das Recht auf unverzügliche Haftprüfung bringt auf einfachste Weise die einmalige Beziehung zwischen Regierung und Regierten zum Ausdruck, so wie es dem englischen *common law* entwachsen ist. Diese Beziehung ist ein Teil dessen, was Konservative im Namen der Freiheit hochhalten.

Meine Erklärung und Verteidigung des Konservativismus richten sich deshalb in erster Linie an die englischsprachige Welt. Ich baue auf eine Leserschaft, für die die Common-law-Gerichtsbarkeit, die parlamentarische Demokratie, die private Wohltätigkeit, der Gemeinsinn und die von Edmund Burke und George Orwell gelobten »kleinen Einheiten«[3] der Eigeninitiative zu den Grundpositionen der bürgerlichen Gesellschaft gehören und denke an Leser, die sich an die herablassende Autorität des modernen Sozialstaats und noch viel mehr an die transnationalen Bürokratien, die sie zu verschlingen drohen, noch gewöhnen müssen.

Es gibt zwei Sorten von Konservativismus: einen metaphysischen und einen empirischen. Der metaphysische Konservativismus beruht auf dem Glauben an heilige Dinge und auf dem Wunsch, sie vor der Entweihung zu schützen. Diesen Glauben gab es fortwährend in der Geschichte, und er wird auch weiterhin einen machtvollen Einfluss auf die menschlichen Angelegenheiten haben. Ich werde deshalb im Weiteren darauf zurückkommen. Doch auf den meisten der folgenden Seiten werde ich mich eher bodenständigen Dingen widmen. In seiner empirischen Manifestation ist der Konservativismus eindeutig

2 Anthony Gregory: *The Power of Habeas Corpus in America*, Cambridge, Cambridge University Press, 2013.

3 Im englischen Original George Orwells heißt es »little platoons«.

ein modernes Phänomen, eine Reaktion auf die gewaltigen Veränderungen, die von der Reformation und der Aufklärung ausgelöst wurden.

Der Konservativismus, den ich verteidige, lehrt uns, dass zu unserem gemeinschaftlichen Erbe viel Gutes gehört, das wir erhalten sollten. Wir, die Erben sowohl der westlichen Zivilisation als auch des englischsprachigen Teils davon, sind uns sehr wohl dessen bewusst, was dieses Gute bedeutet: die Möglichkeit, unser Leben zu führen, wie wir es wollen; die Sicherheit, die das unparteiische Gesetz bedeutet, wodurch unsere Klagen erhört und unsere Verletzungen wiedergutgemacht werden; den Schutz unserer Umwelt als eines gemeinsamen Vermögens, das nicht nach Gutdünken und im Interesse von Mächtigen enteignet oder zerstört werden darf; die offene und neugierige Kultur, die unsere Schulen und Universitäten geprägt hat; die demokratischen Prozeduren, die ermöglichen, unsere Vertreter zu wählen und unsere eigenen Gesetze zu verabschieden – all das und viele andere Dinge mehr, die uns vertraut sind und als selbstverständlich erachtet werden. Sie alle sind bedroht. Vielleicht setzt der Konservativismus mehr Einsichten voraus, als ein normaler Mensch aufzubringen bereit ist. Doch er ist die einzige Antwort auf die neuen Realitäten, und ich versuche in diesem Buch so kurz wie nur möglich zu erklären, warum es unvernünftig wäre, einen anderen Standpunkt einzunehmen.

Konservativismus beginnt mit einem Gefühl, das alle reifen Menschen bereitwillig teilen: das Gefühl, dass das, was gut ist, leicht zu zerstören, aber nur schwer zu erschaffen ist. Das gilt insbesondere für die Güter, die uns als gemeinschaftlicher Besitz entgegentreten: Frieden, Freiheit, Recht, Anstand, Gemeinsinn, Besitzsicherheit und Familienleben sind Güter, bei denen wir auf die Zusammenarbeit mit anderen angewiesen sind, und die wir als Einzelne nicht erwerben können. Die Zerstörung gerade dieser Güter ist schnell, einfach und aufregend, die Arbeit der Erschaffung dagegen langsam, mühsam und langweilig. Dies ist eine der Lehren des 20. Jahrhunderts. Hierin liegt auch der Grund dafür, warum Konservative in der öffentlichen

Meinung so benachteiligt sind. Ihr Standpunkt mag zwar richtig sein, ist aber langweilig, der ihrer Gegner dagegen aufregend, aber falsch.

Wegen dieses rhetorischen Nachteils neigen Konservative dazu, ihren Standpunkt als Grabrede vorzutragen. Das Gejammer kann, wie die Klagen des Jeremia, alles auslöschen, ebenso wie die revolutionäre Literatur die zerbrechlichen Errungenschaften unserer Welt auslöschen kann. Die Trauer kann manchmal begründet sein; denn ohne die »Trauerarbeit«, wie sie Freud beschrieben hat, kann sich das Herz nicht vom Verlorenen trennen und sich weiterbewegen zum Neuen, das es ersetzt.[4] Nichtsdestotrotz muss die Sache des Konservativismus nicht in elegischem Ton präsentiert werden. Es geht nicht darum, was wir verloren haben, sondern darum, was wir bewahrt haben, und wie wir daran festhalten können. Darum wird es in diesem Buch gehen. Deswegen schließe ich dieses Buch mit einer sehr persönlichen Stellungnahme, mit einem Abschied ohne Trauer.

Von den Kommentaren von Bob Grant, Alicja Gescinska und Sam Hughes habe ich außerordentlich profitiert. Ohne die Anregungen, die Zweifel und die gelegentlichen ironischen Bemerkungen meiner Frau Sophie wäre es mir nicht gelungen, meine Gedanken zu Papier zu bringen. Ihr und unseren Kindern widme ich das Ergebnis.

Malmesbury, im Januar 2014

---

4 Jene, die sich für den elegischen Aspekt meines Standpunktes interessieren, weise ich auf mein Buch hin: *England: An Elegy*, London, Pimlico, 2001.

1. Meine Reise

Es ist nichts Besonderes daran, konservativ zu sein. Aber es ist etwas Besonderes, ein intellektueller Konservativer zu sein. Sowohl in Großbritannien als auch in den Vereinigten Staaten bezeichnen sich etwa 70 Prozent der Akademiker als Linke, während die uns umgebende Kultur immer feindseliger auf traditionelle Werte und auf jedes Lob der Errungenschaften der westlichen Zivilisation reagiert.[5] Normale Konservative – und zu dieser Kategorie gehören vermutlich die meisten Menschen – bekommen dauernd erklärt, dass ihre Ideen und Empfindungen reaktionär, vorurteilsbehaftet, sexistisch oder rassistisch seien. Allein schon dadurch, was sie sind, verstoßen sie gegen die neuen Normen der Inklusion und der Nicht-Diskriminierung. Ihre aufrichtigen Bemühungen, ihren Überzeugungen entsprechend zu leben, Familien zu gründen, Gemeinschaften zu pflegen, ihre Götter zu verehren und sich eine beständige und positive Kultur anzueignen, werden von der *Guardian*-Klasse zornig kritisiert und der Lächerlichkeit preisgegeben. In Intellektuellenkreisen bewegen sich die Konservativen deshalb ruhig und unaufdringlich, verständigen sich im Raum mit Blicken, wie einst die Homosexuellen bei Proust, die der große Dichter mit den Göttern Homers verglich, weil sie nur einander bekannt waren, während sie sich getarnt durch die Welt der Sterblichen bewegten.

Deshalb stehen wir, angebliche Ausgrenzer, unter Druck und müssen verbergen, was wir sind, aus Angst, selbst ausgegrenzt zu werden. Ich habe diesem Druck widerstanden, und deshalb ist mein Leben viel interessanter geworden, als ich es jemals gewollt habe.

---

5 Siehe Scott Jaschik: *Moving Further to the Left*. https://www.insidehighered.com/news/2012/10/24/survey-finds-professors-already-liberal-have-moved-further-left.

Ich bin gegen Ende des Zweiten Weltkrieges geboren und wuchs in einer Familie der unteren Mittelschicht auf. Mein Vater war Mitglied der Gewerkschaft und der Labour-Partei und dachte dauernd darüber nach, ob er die Arbeiterklasse verraten habe, weil er Grundschullehrer geworden ist. Denn in den Augen von Jack Scruton war Politik die Fortsetzung des Klassenkampfes mit anderen Mitteln. Dank der Gewerkschaften und der Labour-Partei, meinte er, könnten die oberen Klassen immer stärker in die Ecke gedrängt werden, wo man sie zwingen würde, ihre gestohlenen Besitztümer abzuliefern. Das größte Hindernis auf dem Wege zu diesem langersehnten Ergebnis war die Konservative Partei, eine Einrichtung der Konzerne, der Immobilienentwickler und der landbesitzenden Aristokratie, die darauf hoffte, das Erbe der britischen Bürger an den Höchstbietenden verkaufen zu können und dann auf die Bahamas zu ziehen. Jack befand sich in einem lebenslangen Kampf mit diesem Establishment im Namen der angelsächsischen Bauernschaft, deren Geburtsrecht von den normannischen Rittern vor tausend Jahren entwendet wurde.

Für diese Geschichte fand er die Bestätigung im Geschichtsunterricht an den Schulen, in den sozialistischen Traktaten von William Morris und H. J. Massingham und in seinen eigenen Erfahrungen als Kind in den Slums von Manchester, von wo er in eines der übriggebliebenen Teile des alten England in der Nähe des Themse-Flusses floh. Dort wurde er dank eines Schnellkurses für Lehrer sesshaft, zusammen mit meiner Mutter, die er während des Krieges beim gemeinsamen Dienst beim Oberkommando der Bomberflotte der Royal Air Force kennengelernt hatte. Seine Liebe zum alten England wuchs in ihm Seite an Seite mit der Feindseligkeit gegenüber der Aristokratie, die dieses gestohlen hatte. Er glaubte an Sozialismus nicht als ökonomische Doktrin, sondern als Zurückerstattung des Landes an die einfachen Menschen, denen es rechtmäßig gehörte.

Es war schwierig, mit einem solchen Menschen zusammenzuleben, insbesondere als ich anfing, die lokale *grammar school*[6] zu besuchen und mich auf den Weg nach Cambridge machte – wo ich vom Klassenfeind rekrutiert werden sollte. Ich habe von meinem Vater nichtsdestotrotz gelernt, wie tief sich das Gefühl der Klassenzugehörigkeit in die Erfahrungen seiner Generation und in die der nordenglischen Industriegemeinden, woher er kam, eingeprägt hatte. Ich habe auch von klein auf gelernt, wie diese tiefen Erfahrungen mit einer Reihe von aufregenden Ausschmückungen angereichert wurden. Die Klasse war für meinen Vater das wahre Nationalepos, das den Hintergrund für sein Leben bildete, so wie der Trojanische Krieg der Hintergrund der griechischen Literatur war. Ich habe die ökonomischen Theorien des Sozialismus, die ich aus George Bernard Shaws *Wegweiser für die intelligente Frau zum Sozialismus und Kapitalismus* kennengelernt hatte, nicht verstanden. Aber ich wusste damals schon, dass die Theorien nur wenig wirkliche Bedeutung hatten. Dichtungen waren viel anziehender als Fakten, und noch viel anziehender als beide zusammen war die Sehnsucht nach dem Aufgehen in einer Massenbewegung der Solidarität, die am Ende die Emanzipation versprach. Die Klagen meines Vaters waren real. Aber seine Lösungen waren Träume.

Doch der Charakter meines Vaters hatte auch noch eine andere Seite, und die beeinflusste mich ebenfalls stark. Robert Conquest sprach einmal über die drei Gesetze der Politik, von denen das erste lautete, dass jeder in den Dingen, die er kennt, rechts sei.[7] Mein Vater war der perfekte Beweis für dieses Gesetz. Er kannte den ländlichen Raum, die lokale Geschichte, die althergebrachten Lebens-, Arbeits- und Bauweisen. Er untersuchte die Geschichte und die Architektur

---

6 Anm. der Übersetzerin: Grammar schools sind in der britischen und der englisch geprägten Welt unseren staatlichen klassischen Gymnasien ähnliche Schulen mit höherem intellektuellem Anspruch.

7 Die anderen beiden Gesetze sind: Jede Organisation, die nicht ausdrücklich rechts ist, wird am Ende links; die einfachste Art, das Verhalten jeder beliebigen bürokratischen Organisation zu erklären, ist anzunehmen, dass sie von einer Clique ihrer Feinde kontrolliert wird.

seines Wohnortes High Wycombe und die Siedlungen um den Ort herum. Und indem er über diese Dinge Bescheid wusste, wurde er, was sie betraf, zu einem leidenschaftlichen Konservativen. Hier fand er das Gute, das er bewahren wollte. Er drängte andere, sich seiner Bewegung anzuschließen, mit der er High Wycombe und die umliegenden Gemeinden vor der Zerstörung bewahren wollte, die ihnen durch die hemmungslose Vorgehensweise der Entwickler und Autobahnfanatiker drohte. Er gründete die »High-Wycombe-Gesellschaft«, sammelte Unterschriften unter Petitionen und stärkte so allmählich das Bewusstsein unserer Stadt, bis sie endlich anfing, ernsthafte und dauerhafte Anstrengungen zu unternehmen, sich selbst zu bewahren. Ich teilte seine Liebe zum ländlichen Raum und die alte Art zu bauen. Ich war wie er der Meinung, dass die modernistische Architektur, die unsere Stadt entweiht, auch ihr soziales Gewebe zerstört; und ich erkannte zum ersten Mal in meinem Leben, dass es immer richtig ist, Dinge zu bewahren, wenn Schlechteres an ihre Stelle treten soll. Dieses a priori bestehende Gesetz der praktischen Vernunft ist auch die Wahrheit des Konservativismus.

Deshalb war der Kern der sozialistischen Überzeugungen meines Vaters in Wirklichkeit ein tiefempfundener konservativer Instinkt. Und mit der Zeit habe ich verstanden, dass ihm der Klassenkampf, der seine politische Sicht bestimmte, viel weniger wichtig war als die Liebe, die sich darunter verbarg. Mein Vater liebte innig sein Land – nicht das Vereinigte Königreich der offiziellen Dokumente, sondern das England seiner Spaziergänge und Betrachtungen. Wie viele andere seiner Generation hatte er erlebt, wie England in Gefahr geriet, und wurde zu seiner Verteidigung gerufen. Ihn hatten die Sendungen über den Landbau von A. G. Street[8] im nationalen Programm der BBC, Paul Nashs[9] bewegende Malereien englischer Landschaften,

8 Anm. der Übersetzerin: Arthur G. Street (1892–1966), Farmer, Autor, Radiokolumnist.

9 Anm. der Übersetzerin: Paul Nash (1889–1946), Maler von Landschaften und Szenen des Ersten Weltkrieges.

H. J. Massinghams[10] Artikel in *The Countryman* und die Dichtung von John Clare[11] inspiriert. Er hegte eine tiefe Liebe zur englischen Freiheit: Er glaubte daran, dass wir Engländer über Jahrhunderte jene Freiheit verteidigten, die uns erlaubte, zu sagen, was wir denken, zu leben, wie wir wollen, und dass dies etwas sei, was uns im Kampf gegen die Tyrannei immer vereinen würde. *Habeas Corpus* war in sein Herz eingeprägt. Er war das Musterbeispiel für die englische Arbeiterklasse, wie sie George Orwell in seinem Buch *The Lion and the Unicorn* beschrieben hatte. Wenn es darauf ankommt – erklärte Orwell – würden die Arbeiter nicht ihre Klasse, sondern ihr Land verteidigen. Sie würden ihr Land gedanklich mit jener sanften Lebensart verbinden, in der ungewöhnliche und exzentrische Angewohnheiten – wie zum Beispiel die, einander nicht umzubringen – allgemein als der Gang der Dinge akzeptiert werden. Orwell war auch der Meinung, dass linke Intellektuelle die Arbeiter, die den hochnäsigen Verrat, den sich nur Intellektuelle leisten können, ablehnten, immer falsch verstehen würden.

Doch ich selbst war auch ein Intellektueller, oder zumindest war ich dabei, einer zu werden. In der Schule und an der Universität rebellierte ich gegen die Autoritäten. Institutionen waren dazu da, um untergraben zu werden, dachte ich, und es dürfe keine Vorschriften und Normen geben, die die Phantasie begrenzen. Aber ebenso wie mein Vater war ich ein Beispiel für Conquests Gesetz. Aber es war die Kultur, die mich am meisten interessierte und die ich mir anzueignen entschlossen war. Darunter verstand ich die Philosophie ebenso wie die Kunst, die Literatur und die Musik. Und in Sachen Kultur war ich »rechts«: Das bedeutete Respekt gegenüber Ordnung und Disziplin und Anerkennung dessen, dass man Wertungen braucht; das umfasst den Wunsch, die große Tradition der Meister zu erhalten und für ihr Weiterleben zu arbeiten. Diesen kulturellen Konservativismus lernte ich von den Literaturkritiken von F. R. Lea-

10 Anm. der Übersetzerin: Harold John Massingham (1888–1952), Buchautor, beschäftigte sich vor allem mit ländlichen Themen.

11 Anm. der Übersetzerin: John Clare (1793–1864), Naturdichter.

vis, von T. S. Eliot, dessen *Vier Quartette*[12] und literarische Essays in der Schule unsere Herzen bewegten, und von der klassischen Musik. Ich war erschüttert von Schönbergs Behauptung, dass seine atonalen Experimente die große Tradition der deutschen Musik nicht ersetzen, sondern fortsetzen sollten. Die tonale Sprache sei zu Klischees und Kitsch verkommen, und deshalb sei es notwendig, »den Dialekt des Stammes zu reinigen«, wie Eliot in den *Four Quartets* in Anlehnung an Mallarmé sagte. Die Idee, dass wir modern sein müssen, um die Vergangenheit zu bewahren, kreativ sein müssen, um die Tradition zu verteidigen, hatte eine tiefgründige Wirkung auf mich, und prägte zu gegebener Zeit meine politischen Neigungen.

Nachdem ich Cambridge verlassen hatte, verbrachte ich ein Jahr als *lecteur* an einem französischen *collège universitaire* und verliebte mich – wie einst Eliot – in Frankreich. Und das führte zur entscheidenden Veränderung des Zentrums meines Denkens, weg von der Kultur und hin zur Politik. Der Mai 1968 ließ mich begreifen, was ich an den Traditionen, Institutionen und der Kultur Europas so schätzte. Während ich mich in Paris aufhielt, las ich die Angriffe auf die bourgeoise Gesellschaft mit der wachsenden Erkenntnis, dass – wenn es in der großartigsten Stadt der Welt eine Lebensweise gibt, die man als einigermaßen akzeptabel bezeichnen kann –, »bourgeois« die richtige Bezeichnung dafür ist. Die Achtundsechziger waren Erben dieser bourgeoisen Lebensweise und genossen die Freiheit, die Sicherheit und die vielfältige Kultur, die der französische Staat seinen Bürgern sicherte. Sie hätten jeden Grund gehabt, dieses Frankreich zu schätzen, das unter der Führung General de Gaulles entstanden war, der die Kommunistische Partei Frankreichs in den Augen des Volkes so lächerlich gemacht hatte, wie sie es auch in den Augen der Intellektuellen hätte sein müssen.

Zu meiner Verwunderung jedoch waren die Achtundsechziger emsig dabei, das alte marxistische Versprechen einer radikalen Frei-

12 Anm. der Übersetzerin: T. S. Eliot: *Vier Quartette*, Bibliothek Suhrkamp, 2015, Little Gidding, Section II, line 127.

heit wieder aufzuwärmen, die kommen würde, wenn man nur das Privateigentum und die »bourgeoise« Rechtsstaatlichkeit abschaffte. Die unvollendete Freiheit, ermöglicht durch Eigentum und Rechtsstaat, der die Achtundsechziger ihre Annehmlichkeiten und Exaltiertheiten zu verdanken hatten, reichte ihnen nicht aus. Die echte, aber relative Freiheit musste ihres illusorischen, aber absoluten Schattens zuliebe zerstört werden. Die neuen »Theorien«, die aus den Federn der Pariser Intellektuellen im Kampf gegen die »Strukturen« der bourgeoisen Gesellschaft quollen, waren überhaupt keine Theorien, sondern nur ein Haufen Paradoxien, entworfen, um die studentischen Revolutionäre darin zu bestätigen, dass Recht, Ordnung, Wissenschaft und Wahrheit nur Masken der bourgeoisen Vorherrschaft waren. Deshalb sei es nicht mehr von Bedeutung, was man denke, entscheidend sei, auf der Seite des Kampfes der Arbeiterklasse zu stehen. Die von diesem Kampf inspirierten Genozide kamen in den Schriften von Althusser, Deleuze, Foucault und Lacan nicht vor, obwohl gerade zu der Zeit so ein Genozid in Kambodscha seinen Anfang nahm, unter der Führung von Pol Pot, eines in Paris ausgebildeten Mitglieds der Französischen Kommunistischen Partei.

Sicherlich konnte nur jemand, der in der Anglosphäre aufgewachsen ist, daran glauben – wie ich es in den Folgejahren von 1968 tat –, dass die politische Alternative zum revolutionären Sozialismus der Konservativismus sei. Doch als ich an der Londoner Universität zu lehren begann, musste ich feststellen, dass meine Kollegen das, was sie unter dem Wort Konservativismus verstanden, ausnahmslos ablehnten. Der Konservativismus sei, so erklärten sie mir, nicht nur der Feind der Intellektuellen, sondern auch aller, die für einen fairen Anteil am Sozialprodukt arbeiteten und »für den Frieden« und gegen den US-Imperialismus kämpften. Meine Kollegen sympathisierten mit der Sowjetunion, deren Schwierigkeiten – wie sie behaupteten – eine Folge der Politik der »kapitalistischen Einkreisung« waren, die trotz der notwendigen Liquidierung der konterrevolutionären Elemente immer noch nicht überwunden werden konnten. Sie glaubten daran, dass es eine Alternative zum revolutionären Sozialismus

Lenins gebe, die frei von den Mängeln des sowjetischen Modells war, und diese Alternative war der marxistische Humanismus des *New Left Review*[13].

Das Birkbeck College, wo ich unterrichtete, hatte seine Ursprünge im frühen 19. Jahrhundert im Institut für Mechanik. Das College folgt bis zum heutigen Tag dem Wunsch seines Gründers, George Birkbeck, Abendkurse für Leute anzubieten, die einer Ganztagsbeschäftigung nachgehen. So hatte ich tagsüber frei und widmete die Zeit dem Jurastudium, da ich davon ausging, dass ich irgendwann demnächst eine zweite Karriere würde beginnen müssen. Birkbeck war eine feste Bastion des linken Establishments. Sein oberster Guru war der Kommunist Eric Hobsbawm, dessen Geschichten über die industrielle Revolution immer noch die Standardkost in unseren Schulen sind. Das Ethos des Instituts war der »lange Marsch durch die Institutionen«, womit der Umbau Großbritanniens nach dem sozialistischen Modell gemeint war.

Während meines Studiums des Rechts und des englischen Rechts, so wie es damals war, bevor es durch die europäischen Gerichtshöfe vergiftet wurde und bevor Tony Blair willkürliche verfassungsmäßige Änderungen einführte, bekam ich eine vollkommen andere Idee von unserer Gesellschaft. Das Common-law-Recht erzählte mir die Geschichte von einer von unten gewachsenen Gemeinschaft, ermöglicht durch die Garantien, die die Gerichtshöfe all jenen boten, die mit weißer Weste vor ihnen erschienen. Diese Idee blieb für mich fortan gleichbedeutend mit Heimat. Im englischen Recht gibt es heute noch gültige, aus dem 13. Jahrhundert stammende Gesetze und Präzedenzfälle, was Progressive wahrscheinlich für absurd halten. Für mich war das ein Beweis dafür, dass das englische Recht immer schon das Eigentum des englischen Volkes war und keine Waffe seiner Herrscher. Diesen Gedanken wird man in den Geschichtsbüchern Hobsbawms nicht finden.

---

13 Anm. der Übersetzerin: Die *New Left Review* ist eine zweimonatlich erscheinende Zeitschrift, die sich Fragen der Politik, Wirtschaft und Kultur widmet. Sie wurde als Organ der »neuen Linken« 1960 aus dem Zusammenschluss zweier radikal marxistischer Magazine gegründet.

Tagesaktuelle politische Realitäten hatten kaum Bezug zu dem beständigen Gemeinwesen, das durch die Präzedenzfälle des Richters Lord Denning[14] durchscheint und ebenso klar in unserem Boden- und Erb- und Treuhandrecht sichtbar wird. Ich kann mich noch lebhaft an meine Überraschung erinnern, als ich erfuhr, dass das Unternehmensrecht Unternehmen verpflichtet, Gewinne zu machen. Wie kam es, dass im »Ingsoc«[15] der 1970er-Jahre Profit gerade so erlaubt, aber gewiss keine Pflicht war? Damals schien die ganze Verwaltung des Landes darauf konzentriert zu sein, den gleichmäßigen Verfall von Kultur und Wirtschaft aufrechtzuerhalten, in der Hoffnung auf die neue und auf Gleichheit gegründete Gesellschaft, in der jeder das Gleiche besaß, nämlich gar nichts.

Tatsächlich glaubten viele konservativ Gesinnte in den späten 1970er-Jahren, dass Großbritannien bereit war, zu kapitulieren und alles aufzugeben, wofür es einst gestanden hatte: seinen Stolz, seine Unternehmen, die Ideale der Freiheit und der bürgerlichen Gesellschaft, ja sogar seine Grenzen und seine Landesverteidigung. Das war die Zeit des CND[16], der Bewegung für nukleare Abrüstung, und der sowjetischen »Friedensoffensive«, die zum Ziel hatte, die westliche Allianz mit Hilfe der »nützlichen Idioten« zu entwaffnen, wie Lenin sie in einem berühmten Spruch bezeichnet hatte. Das Land schien sich in den Gefühlen der Kollektivschuld zu suhlen, die noch gefördert wurden durch die immer stärker werdende Kultur der Abhängigkeit. Für linke Politiker wurde »Patriotismus« zu einem schmutzigen Wort. Den rechten Politikern war alles egal, außer dem Streben, Teil des neuen Europa zu werden, dessen Märkte uns vor den schlimmsten Auswirkungen der Nachkriegsstagnation retten sollten. Die *nationalen* Interessen wurden durch Interessen von *Gruppen* ersetzt: durch die der Gewerkschaften, des Establishments und der Industriekapitäne.

---

14 Anm. der Übersetzerin: Alfred Thompson Denning, Baron Denning (1899–1999), gilt als einer der bedeutendsten Richter des 20. Jahrhunderts. Er war Master of the Rolls und bekleidete damit das zweithöchste Richteramt im englischen Rechtssystem.

15 Anm. der Übersetzerin: Die »English Socialist Party«, abgekürzt *Ingsoc*, ist die herrschende Partei in George Orwells *1984*.

16 Anm. der Übersetzerin: CND: Campaign for Nuclear Disarmament.

Die Lage war für Konservative ganz besonders entmutigend. Edward Heath, ihr angeblicher Führer, glaubte, dass Regieren gleichbedeutend mit Kapitulation sei: Die Wirtschaft sollten wir den Managern überlassen, das Bildungssystem den Sozialisten und unsere Souveränität Europa. Die alte Garde der Tory-Partei war mit ihm überwiegend einverstanden und schloss sich der Hexenjagd auf Enoch Powell[17] an, dem Einzigen unter ihnen, der dem Nachkriegskonsens öffentlich widersprach. In den dunklen Jahren der 1970er, als die Kultur der Ausgrenzung an den Universitäten und unter den meinungsbildenden Eliten immer mehr um sich griff, sah es so aus, als gebe es keinen Weg mehr zurück zu dem großartigen Land, das unsere Zivilisation in zwei Weltkriegen erfolgreich verteidigt hatte.

Doch dann, als wir in Entmutigung versanken, ist Margaret Thatcher wie durch ein Wunder an der Spitze der Konservativen Partei erschienen. Ich kann mich noch gut an die Freude erinnern, die an der Londoner Universität aufbrandete. Endlich war jemand da, den man hassen konnte! Nach all den trostlosen Jahren des sozialistischen Konsenses, als man in den braunen Ecken der britischen Gesellschaft herumstochern musste, um irgendwelche schäbigen Faschisten aufzustöbern, die noch am ehesten als Feinde herhalten konnten, war nun endlich ein echter Dämon aufgetaucht: nichts weniger als eine Führerin der Tory-Partei, die die Unverschämtheit besaß, ein Bekenntnis zur Marktwirtschaft, zu privatem Unternehmertum, zur Freiheit des Individuums, zur nationalen Souveränität und zur Rechtsstaatlichkeit abzulegen, kurzum zu allem, was Marx als »bourgeoise Ideologie« abgelehnt hatte. Es überraschte, dass es ihr gar nichts ausmachte, von den Linken gehasst zu werden, sie zahlte ihnen mit der gleichen Münze heim und konnte dabei die Menschen mitreißen.

---

17 Anm. der Übersetzerin: Enoch Powell (1912–1998), Altphilologe und Politiker der Konservativen Partei. 1967 musste er sein Amt als Schattenminister für Verteidigung abgeben, weil er in seiner berühmt gewordenen Rede über die anschwellende Migration nach Großbritannien über »Flüsse von Blut« (rivers of blood) sprach, die Großbritannien in Zukunft drohen würden.

Ich habe die Freie-Markt-Rhetorik der Thatcher-Anhänger nie ganz akzeptiert. Aber ich sympathisierte zutiefst mit den Beweggründen Thatchers. Sie wollte, dass die Wählerschaft begreift, dass das Individuum Besitzer seines eigenen Lebens ist, und dass die Verantwortung für das eigene Leben kein anderer übernehmen kann, am allerwenigsten der Staat. Sie hoffte, Talente und Unternehmungsgeist zu entfesseln, von denen sie – trotz des jahrzehntelangen egalitären Geschwätzes – annahm, dass sie in der britischen Gesellschaft weiterhin vorhanden seien. Typisch für die ererbte Lage war der unter einer gelähmten konservativen Regierung 1962 gegründete *National Economic Development Council,* der den wirtschaftlichen Niedergang des Landes verwalten sollte. Seine Mitglieder waren hohe Tiere aus der Industrie und dem öffentlichen Dienst. »Neddy«, wie er damals genannt wurde, befasste sich mit der Aufrechterhaltung der Illusion, dass sich das Land in »sicheren Händen« befinde, dass es einen Plan gebe und dass Manager, Politiker und Gewerkschaftsführer in dem Forum zusammenkämen, um für das Gemeinwohl zu arbeiten. Neddy verkörperte das britische Establishment der Nachkriegszeit, das die Probleme der Nation zu lösen versuchte, indem es Komitees ernannte, die aus Leuten bestanden, die die Probleme selbst verursacht hatten.

Neddys Leitidee war, dass das Wirtschaftsleben aus der Verwaltung der vorhandenen Industrien statt aus der Gründung von neuen bestand. Harold Wilson, Edward Heath und James Callaghan stützten sich auf Neddy in ihrem gemeinsamen Glauben, dass man nur lange genug durchhalten müsse, damit alles gut werde, und die ganze Schuld würde erst die Nachfolger treffen. Margaret Thatcher glaubte daran, dass die Verantwortung sowohl in der Wirtschaft als auch in der Politik bei einem selbst liege. Die wichtige Person in der freien Wirtschaft ist nicht der Manager, sondern der Unternehmer – derjenige, der die Risiken auf sich nimmt und den Preis dafür bezahlt. Es darf freilich bezweifelt werden, ob Thatcher die Ökonomie des Managements und der Interessengruppen erfolgreich durch die des Unternehmertums und der Übernahme der Risiken ersetzen konnte. Indem sie den Arbeitsmarkt liberalisierte, verhalf sie der Wirtschaft zum Aufschwung. Aber als die multinationalen Konzerne mit ihren Unternehmensübernahmen ins Land strömten, mit ihren rechtlichen Privilegien und ihren transnationalen Lobbyisten, die den Kleinunternehmen und kleinen Unternehmern feindlich gegenüberstanden, zeigte sich die langfristige Folge ihrer Politik: das Aufkommen einer neuen Klasse von Managern. Gegner dieses neuen »Managerismus« (zu denen auch ich gehöre) sollten dennoch erkennen, dass das Schlechte darin genau mit dem identisch ist, was in der alten, korporatistischen Wirtschaft schlecht war, die zu zerstören sich Thatcher aufgemacht hatte. Wenn sie behauptete, dass es die Unternehmer seien, die Dinge erschufen, während die Manager sie beerdigten, war es sofort offensichtlich, dass sie Recht hatte, denn die Ergebnisse der Managementkultur lagen offen zu Tage.

Ich sage hier, dass es sofort offensichtlich war, doch für die intellektuelle Klasse war es nicht offensichtlich, sie blieb dem Nachkriegskonsens im Großen und Ganzen bis zum heutigen Tage treu. Die Idee vom Staat als einer gutmütigen Vaterfigur, die die gemeinschaftlichen Güter der Gesellschaft dorthin lenkt, wo sie gebraucht werden, und die immer da ist, um uns vor Armut, Krankheit und Arbeitslosigkeit zu beschützen, blieb die zentrale Idee der akademischen Politikwissenschaft in Großbritannien. Am Tag, als Margaret Thatcher starb, war ich gerade dabei, eine Vorlesung in politischer Philosophie an der Universität von St. Andrews vorzubereiten. Ich stellte mit Staunen fest, dass der dafür vorgegebene Text das Phänomen »Neue Rechte« entdeckt hatte. Diese brachte der Autor des Textes mit Thatcher und Ronald Reagan in Verbindung, und behauptete, sie stünde hinter dem radikalen Angriff auf die verletzlichsten Mitglieder der Gesellschaft. Der Autor nahm an, dass die Hauptaufgabe der Regierung darin bestehe, die gemeinschaftlichen Güter der Gesellschaft an deren Mitglieder zu verteilen, und dass in Sachen Verteilung die Regierung ganz besonders kompetent sei. Die Tatsache, dass Vermögen nur verteilt werden kann, wenn es zuerst erzeugt worden ist, schien seiner Aufmerksamkeit entgangen zu sein.

Natürlich war Thatcher keine Intellektuelle, sie war mehr durch Instinkte als durch eine vollständig ausgearbeitete Philosophie geleitet. Wenn sie Argumente suchte, verließ sie sich nur allzu bereitwillig auf die Marktwirtschaft und ignorierte die tieferen Wurzeln des Konservativismus in Theorie und Praxis der bürgerlichen Gesellschaft. Ihre flüchtige Bemerkung »so etwas wie Gesellschaft gibt es nicht« wurde von meinen Universitätskollegen schadenfroh zitiert, als Beweis für ihren groben Individualismus, ihre Unkenntnis der Sozialphilosophie und ihre Untertanentreue gegenüber der neuen Generation von Geschäftsleuten, die in drei Worten zusammengefasst werden kann: Geld, Geld, Geld.

Dabei war das, was Thatcher bei dieser Gelegenheit meinte, ziemlich richtig, nur war es das genaue Gegenteil von dem, was sie wörtlich sagte. Sie meinte durchaus, dass es so etwas wie Gesellschaft gebe, aber diese sei nicht identisch mit dem Staat. Die Gesellschaft besteht aus Menschen, die sich frei zusammentun und Gemeinschaften mit gemeinsamen Interessen hervorbringen, die die Sozialisten nicht das Recht haben zu kontrollieren und die Obrigkeit nicht das Recht hat zu verbieten. Aber es war nicht Thatchers Art, sich in dieser Weise auszudrücken, und es war auch nicht das, was ihre Anhänger von ihr erwarteten. Was die britische Öffentlichkeit wollte und bekam, war eine instinktive Politikerin, bei der sie sofort erkannten, dass sie für die Nation sprach, egal ob sie die richtigen abstrakten Argumente fand oder nicht.

Natürlich spürte sie den Wind der intellektuellen Verachtung, der um sie herum wehte und verschanzte sich hinter der Prätorianergarde ihrer Wirtschaftsberater, die gekonnt über »marktwirtschaftliche Lösungen«, »angebotsorientierte Wirtschaftslehre«, »die Unabhängigkeit der Konsumenten« und alles andere sprachen. Aber diese modischen Slogans beherrschten nicht ihre Kernüberzeugungen. Ihre wichtigsten Reden ebenso wie ihre bleibenden politischen Entscheidungen entstammten dem Bewusstsein der Treue zur Nation. Sie glaubte an unser Land und seine Institutionen und sah sie als die Verkörperung über Jahrhunderte gehegter und bewahrter sozialer Zuneigung. Die Familie, die bürgerlichen Zusammenschlüsse, die christliche Religion und die Common-law-Gerichtsbarkeit gehörten alle zusammen zu ihrem Ideal der Freiheit in Gesetzlichkeit. Es war sehr bedauerlich, dass sie keine Philosophie hatte, mit der sie ihr Ideal hätte artikulieren können, und so wurde der »Thatcherismus« zu einer Karikatur des konservativen Denkens, erfunden von den Linken, um die Rechten lächerlich zu machen.

Dabei hatte Thatcher durchaus eine Wirkung auf ihre linken Kritiker. Die von ihr eingeleiteten Veränderungen waren so groß, dass die Labour-Partei fortan ihre viktorianischen Spinnweben abstreifen musste: Die Labour-Partei ließ Absatz IV ihres Grundsatzprogramms (das Bekenntnis zur sozialistischen Wirtschaft) fallen, und eine Partei der neuen Mittelschicht wurde geboren, die nichts mehr von der alten Agenda behielt, außer den Wunsch, die Oberschicht zu bestrafen, und die Überzeugung, dass der beste Weg dies zu tun, das Verbot der Fuchsjagd sei. Dieser Sache wurden unter der Regierung Tony Blairs insgesamt 220 Stunden parlamentarischer Arbeit gewidmet, während er nur eine Debatte von 18 Stunden zuließ, bevor das Land in den Irakkrieg zog.

Damals allerdings stand nicht so sehr Thatchers innenpolitische Wirkung im Zentrum des Interesses, sondern ihre Präsenz auf der internationalen Bühne. Ihr Bekenntnis zur Atlantischen Allianz und ihre Bereitschaft, Seite an Seite mit Präsident Reagan der sowjetischen Bedrohung zu trotzen, hatte die Atmosphäre in Osteuropa grundlegend verändert. Plötzlich erfuhren die bis dahin vom totalitären Alltag gebrochenen und unterworfenen Menschen, dass es westliche Führer gab, die auf ihre Befreiung drängten. John O'Sullivan hat in seinem Buch gewichtige Argumente dafür vorgebracht, dass die gleichzeitige Führerschaft von Reagan, Thatcher und Johannes Paul II. der Grund für den Zusammenbruch der Sowjetunion war.[18] Meine eigenen Erfahrungen unterstützen diese Annahme.

---

18 John O'Sullivan: *The President, the Pope and the Prime Minister: Three Who Changed the World*, Regnery, 2006.

Denn um diese Zeit erlebte ich einen neuen politischen Aufbruch. Während der 1970er-Jahre arbeitete ich mit einigen Freunden daran, die *Conservative Philosophy Group* aufzubauen. Das Ziel war, Parlamentarier, konservative Journalisten und Akademiker zusammenzubringen, um die Grundlagen der von ihnen geteilten Weltanschauung zu diskutieren. Und dann, 1979 schrieb ich das Buch *The Meaning of Conservativism,* was ein energischer Versuch war, der marktliberalen Ideologie der Thatcher-Think-tanks zu widersprechen. Ich wollte die Konservativen daran erinnern, dass es sehr wohl etwas wie Gesellschaft gab, und es gerade die Gesellschaft sei, um die sich im Konservativismus alles drehe. Ich war davon überzeugt, dass »Freiheit« keine klare oder ausreichende Antwort auf die Frage ist, woran Konservative glaubten. Wie Matthew Arnold[19] bin ich der Meinung, »dass Freiheit ein sehr gutes Pferd ist, aber nur, um darauf *irgendwohin* zu reiten«.

Während des Aufstiegs von Margaret Thatcher konnte ich mir gar nicht vorstellen, was mit unserer immer noch sicheren und behaglichen Welt passieren würde, wenn man uns alle grundlegenden Freiheiten nehmen würde. Ich wog mich in falscher Sicherheit auf einer beschaulichen Insel und hatte keine Ahnung vom Regime der Angst und des Nihilismus, das die Kommunisten unweit von uns im Osten errichtet hatten. Besuche in Polen und der Tschechoslowakei 1979 führten mir die Realität vor Augen. Ich erlebte selbst, was Orwell beobachtete, als er an der Seite der Kommunisten im Spanischen Bürgerkrieg gekämpft und danach so ausdrucksvoll in seinem Buch *1984* beschrieben hatte. Ich sah nun in der Realität die Fiktionen, die in den Hirnen meiner marxistischen Kollegen herumschwammen. Ich betrat das Reich Hobsbawmia und spürte den kranken Zauber einer vollständig entzauberten Welt.

Ich wurde eingeladen, im Rahmen eines Privatseminars in Prag zu sprechen. Das Seminar wurde von Julius Tomin veranstaltet, ei-

19 Anm. der Übersetzerin: Matthew Arnold (1822–1888) war kulturkritischer Dichter und Philosoph.

nem Prager Philosophen, der versucht hatte, die Helsinki-Vereinbarungen von 1975 für sich zu nutzen, denen die tschechoslowakische Regierung angeblich Folge leistete, indem sie die Informationsfreiheit und Grundrechte achtete, wie sie in der UN Charta niedergelegt worden waren. Die Helsinki-Vereinbarungen waren eine Farce, die die Kommunisten dazu nutzten, potenzielle Unruhestifter zu identifizieren, während sie leichtgläubigen westlichen Intellektuellen gegenüber vorgaben, zivilisierte Regierungen zu sein. Dr. Tomins Seminar trat trotzdem regelmäßig zusammen, man versicherte mir, dass ich willkommen sei und freudig erwartet werde.

Ich erreichte das Haus, nachdem ich durch stille und verlassene Straßen gegangen war, in denen die wenigen Herumstehenden anscheinend dunkle dienstliche Geschäfte erledigten, und in denen jedes Gebäude durch Parteilosungen und -symbole entstellt war. Auch das Treppenhaus des Wohnhauses war völlig verlassen. Überall lag eine erwartungsvolle Stille in der Luft, als sei ein Luftangriff angekündigt worden, als sei die Stadt vor ihrer unmittelbar bevorstehenden Zerstörung in Deckung gegangen. Vor der Wohnung allerdings begegnete ich zwei Polizisten, die mich ergriffen, als ich die Klingel drückte, und nach meinen Papieren verlangten. Dr. Tomin kam heraus, ein Wortwechsel folgte, woraufhin ich die Treppen heruntergestoßen wurde. Aber die Auseinandersetzung hielt an, und ich bahnte mir wieder einen Weg nach oben, vorbei an den Polizisten, hinein in die Wohnung. Ich fand ein Zimmer voller Menschen und die gleiche erwartungsvolle Stille vor. Ich erkannte, dass es tatsächlich einen Luftangriff geben würde, und dieser war ich.

In jenem Zimmer hatte sich der arg mitgenommene Rest der Prager Intelligenzia eingefunden: alte Professoren in abgenutzten Westen, langhaarige Poeten, Studenten mit frischen Gesichtern, die man wegen der »politischen Verbrechen« ihrer Eltern nicht zum Studium zugelassen hatte, Priester in ziviler Kleidung und Gläubige, Romanautoren und Theologen, ein angehender Rabbiner und sogar ein Psychoanalytiker. Auf allen sah ich die durch Hoffnung gemäßigten Zeichen des Leids und die gleiche sehnliche Erwartung, dass es jemandem wichtig sein könnte, ihnen zu helfen. Auch hatte ich entdeckt, dass sie alle den gleichen Beruf hatten: Sie waren Heizer. Manche heizten Kessel in Krankenhäusern, andere in Wohnhäusern, einer war Heizer auf einem Bahnhof, ein anderer in einer Schule. Manche waren sogar Heizer, wo es gar keine Kessel gab, und diese imaginären Kessel waren für mich ein passendes Symbol für die kommunistische Wirtschaft.

Das war mein erstes Zusammentreffen mit »Dissidenten«: mit Menschen, die zu meinem späteren Erstaunen die ersten demokratisch gewählten Führer der postkommunistischen Tschechoslowakei werden sollten. Ich verspürte sofort eine Wesensverwandtschaft mit ihnen. Nichts war ihnen wichtiger als das Überleben ihrer nationalen Kultur. Da sie vom materiellen und beruflichen Fortschritt ausgeschlossen waren, verbrachten sie ihre Tage erzwungenermaßen mit Nachdenken über ihr Land, dessen Vergangenheit und die großen Fragen der tschechischen Geschichte, die die Tschechen seit dem nationalen Erwachen im 19. Jahrhundert in einem fort beschäftigt hatten. Sie durften nicht publizieren, die Behörden verheimlichten vor der Welt, dass sie überhaupt existierten und beschlossen, ihre Spuren im Buch der Geschichte auszulöschen. Deshalb waren sich die Dissidenten des Wertes der Erinnerung so überaus bewusst. Ihr Leben war eine Übung darin, was Platon als *anamnesis* bezeichnete: vergessene Dinge wieder ins Bewusstsein holen. Etwas in mir wurde durch diese rührende Bestrebung wach, und ich war sofort begierig, mich ihnen anzuschließen und ihre Lage der Welt bekanntzumachen. Und ich begriff, dass *anamnesis* auch der Sinn meines Lebens war.

So begann eine lange Beziehung zu den inoffiziellen Netzwerken in Polen, der Tschechoslowakei und in Ungarn, durch die ich gelernt habe, den Sozialismus auf eine andere Weise zu sehen – nicht als den Traum der Idealisten, sondern als ein echtes, den Menschen von oben aufgezwungenes und durch Gewalt aufrechterhaltenes Regierungssystem. Ich erkannte den Betrug, der im Namen des Sozialismus begangen wurde, und fühlte mich sofort verpflichtet, etwas dagegen zu tun. All die Gesetze, die die Labour-Partei formuliert hatte, um die Gesellschaft zum Wohle aller zu organisieren, indem sie einige natürliche menschliche Aktivitäten verbot, bekamen eine neue Bedeutung für mich. Plötzlich wurde mir die Unverfrorenheit einer politischen Partei bewusst, die sich daranmachte, von anderen aufgebaute Unternehmen zu konfiszieren, klassische Gymnasien, denen ich schließlich meine Ausbildung zu verdanken hatte, zu schließen, Schulen zur Fusion zu zwingen, die Beziehungen auf dem Arbeitsplatz zu kontrollieren, die Arbeitszeiten zu regulieren, die Arbeiter zu zwingen, in Gewerkschaften einzutreten, die Jagd zu verbieten, das Eigentum dem Besitzer wegzunehmen und seinem Pächter zu übereignen, Unternehmen zu nötigen, sich zu vorgeschriebenen Preisen der Regierung verkaufen zu lassen und alle unsere Aktivitäten durch die *Quangos*[20] überwachen zu lassen, die geschaffen wurden, um zu kontrollieren, ob wir uns im Geiste der *political correctness* verhielten. Und ich sah auch, dass dieser Wunsch, die Gesellschaft im Namen der Gleichheit zu kontrollieren, genau jene Verachtung gegenüber der menschlichen Freiheit zum Ausdruck bringt, der ich in Osteuropa begegnet bin. Es gibt in der Tat so etwas wie Gesellschaft – sie besteht jedoch aus Individuen. Und Individuen müssen frei sein, frei von denen, die so anmaßend sind, sie umformen zu wollen.

Meine Abenteuer in der kommunistischen Welt fielen mit einem anderen Abenteuer zu Hause zusammen: mit der Gründung eines Magazins für konservatives Denken, der *Salisbury Review,* benannt nach dem großen Ministerpräsidenten[21], dessen Größe darin besteht, dass niemand etwas über ihn weiß, obwohl er fast zwanzig Jahre lang im Amt war. Die *Review* hatte kaum Geld, und ich hatte eine Zeit lang große Schwierigkeiten, die wenigen Konservativen in meinem Bekanntenkreis dazu zu überreden, Beiträge beizusteuern. Meine ursprüngliche Intention war, die intellektuelle Debatte über Konzepte

---

20 Anm. der Übersetzerin: Quango: Quasi-Autononomous Non-governmental Organization, eine von der Regierung finanzierte und in ihrem Auftrag arbeitende NGO.

21 Anm. der Übersetzerin: Robert Gascoyne-Cecil, 3. Marquess of Salisbury (1830–1903), ab 1881 Vorsitzender der Konservativen Partei, Mitglied des Oberhauses, von 1885–1886, von 1886–1902 Ministerpräsident.

des modernen politischen Denkens anzustoßen, um den Konservativismus von der ökonomischen Theorie der freien Märkte wegzubewegen. Doch die Dinge nahmen eine explosive Wendung, als mir Ray Honeyford, Schulleiter in Bradford, einen Artikel zusandte, in dem er sich für die Integration der neuen Minderheiten durch das Bildungssystem aussprach und sich darüber beklagte, dass sich die pakistanischen Familien, deren Kinder er zu bilden bemüht war, abschotteten. Ich veröffentlichte den Artikel, und die Gedankenpolizei bekam sofort Wind davon.

Ray Honeyford war ein aufrechter, gewissenhafter Lehrer, der daran glaubte, dass seine Pflicht die Vorbereitung der Kinder auf ein verantwortungsvolles Leben sei, und der sich mit der Frage konfrontiert sah, wie er das erreichen konnte, wenn die Kinder von muslimischen Bauern aus Pakistan abstammten, aber die Gesellschaft, in der sie leben sollten, die englische war. Honeyfords Artikel behandelte das Problem aufrichtig und machte den Vorschlag, die Kinder in die sie umgebende säkulare Kultur zu integrieren, während man sie vor den Strafen beschützen sollte, die in den Vorschulklassen der lokalen Medressen, den islamischen Schulen, über sie verhängt wurden. Und er lehnte es ab, dass die Eltern ihre Kinder, wann immer sie wollten, nach Pakistan mitnahmen. Er hielt den Multikulturalismus für sinnlos und glaubte daran, dass die Zukunft unseres Landes von unserer Fähigkeit abhänge, die vor kurzem angekommenen Minderheiten zu integrieren: durch gemeinsame Bildungsinhalte in den Schulen und eine säkulare Rechtsstaatlichkeit, die Frauen und Kinder vor Missbrauch, wie er es als verzweifelter Zeuge erleben musste, beschützen konnte.

Alles, was Ray Honeyford sagte, gehört heute zu den offiziellen Glaubenssätzen unserer großen politischen Parteien. Natürlich ist es jetzt zu spät, um die Ergebnisse zu erzielen, die Honeyford erhofft hatte, aber es ist nicht zu spät, darauf hinzuweisen, dass jene, die ihn verfolgten und seine Schule mit albernen Sprechchören wie »Raycist« umzingelten, für ihren Standpunkt in dem Konflikt niemals so leiden mussten wie er. Ray Honeyford war trotz seines manchmal aufbrausenden Tonfalls ein hochanständiger Mann, der bereit war, in einer Zeit der Lügen den Preis für Aufrichtigkeit zu zahlen. Doch er wurde in den Ruhestand gezwungen, und mit ihm hat der Lehrerberuf einen seiner menschlichsten und gemeinschaftlich gesinntesten Vertreter verloren. Sein Fall war ein Beispiel für die anhaltenden stalinistischen Säuberungsaktionen des pädagogischen Establishments, mit denen alle Zeichen des Patriotismus von unseren Schulen verbannt und die Erinnerungen an England aus der Kultur gelöscht werden sollten. Von da an galt die *Salisbury Review* als »rassistische« Publikation, und meine eigene akademische Karriere wurde infrage gestellt.

Die Konflikte, in die ich in den darauffolgenden Jahren verwickelt wurde, machten mir deutlich, wie weit das Niveau der öffentlichen Debatte in Großbritannien gesunken war. Die Linke schien keine Antwort auf die Fragen zu haben, die durch die von der Massenmigration verursachten gravierenden Veränderungen aufgeworfen wurden, außer jeden, der versucht hatte, über die Tatsache zu debattieren, als »rassistisch« zu bezeichnen. Dieses Verbrechen war so ähnlich wie *émigré* im revolutionären Frankreich zu sein oder Bourgeois in Lenins Russland: Die Anklage war schon der Beweis für die Schuld. Und dennoch erklärte uns nie jemand, worin das Verbrechen bestand. Das erinnerte mich an eine Anmerkung von Daniel Defoe, die er in der Zeit des Gesetzes gegen den Papismus von 1698 gemacht hatte, dass die Straßen von London bevölkert seien »von stämmigen Kerlen, die bereit sind, bis zum Tode gegen den Papismus zu kämpfen, ohne zu wissen, ob es sich dabei um einen Mann oder ein Pferd handelt«.

Noch mehr hatte es mich erstaunt, dass dieser elementare intellektuelle Mangel die Lehrstühle der Politikwissenschaften an unseren Universitäten vollständig erobern konnte und dass die Welt der Intellektuellen wegen der Gegenwart von »Rassisten« unter uns in einen fieberhaften Zustand geraten ist, obwohl deren Verschwörung nie aufgedeckt und deren Natur niemals klar definiert werden konnte. Die Einstufung als Rassist erweckte in mir eine schwache Ahnung davon, wie es in anderen Zeiten gewesen sein durfte, zu einer verachteten und verfolgten Minderheit zu gehören. Nach einem besonders schreckenerregenden Vorfall, im Laufe dessen ich aus einer öffentlichen Vorlesung an der Universität von York gejagt wurde, sowie nach den darauffolgenden Ehrverletzungen durch die BBC und *The Observer* beschloss ich, die akademische Welt zu verlassen und fortan von meinem Verstand zu leben.

Um diese Zeit, es war 1989, war die Berliner Mauer gefallen, und ich konnte in die Tschechoslowakei zurückkehren, wo ich 1985 verhaftet und abgeschoben worden war. Mit Freunden und Kollegen gründete ich ein Unternehmen für Regierungsbeziehungen, das sich einige Jahre lang dahinschleppte und mir ein kleines Einkommen sicherte. Während ich die Volatilität der neuen Demokratien beobachtete, wurde mir eindringlich bewusst, welch unwesentlicher Bestandteil von Demokratien die Wahlen sind, verglichen mit den bleibenden Institutionen und dem Geist der Öffentlichkeit, durch die die gewählten Politiker erst zur Rechenschaft gezwungen werden können. Nach dem Zusammenbruch des Kommunismus war es die Regel in Osteuropa, dass einige Abenteurer eine Partei gründeten, um anschließend aufgrund von großartigen Programmen die Wahlen zu gewinnen und danach so viel wie nur möglich für sich selbst zu privatisieren, bevor sie dann bei den nächsten Wahlen vernichtet wurden. Zu meiner Verblüffung entschied die Europäische Union trotzdem, ihren Geltungsbereich auf diese neuen Demokratien auszudehnen. Die marktwirtschaftliche Rechtsordnung der Brüsseler Bürokratie half das vom Kommunismus hinterlassene rechtliche Vakuum zu füllen und wurde aus diesem Grunde herzlich begrüßt. Doch wegen der unvernünftigen Bestimmungen der Römischen Verträge über die Freiheit des Personenverkehrs führte dies zur Massenmigration von Akademikern und zum Verlust von gut ausgebildeten jungen Menschen aus eben jenen Ländern, die sie am meisten gebraucht hätten. Das Programm der »Erweiterung« wurde deshalb in ganz Europa kontrovers diskutiert. Ich werde im Weiteren auf diese Kontroverse noch zurückkommen.

Diese Erfahrungen überzeugten mich, dass das Schicksal der europäischen Zivilisation von der Aufrechterhaltung der nationalen Grenzen abhängt, und die EU, eine Verschwörung zur Auflösung dieser Grenzen, eine Bedrohung für die europäische Demokratie geworden ist. Durch die Funktionsweise der europäischen Gerichtshöfe und der Gestaltung ihrer Gesetzgebung hat die EU eine politische Klasse hervorgebracht, die den Bürgern gegenüber nicht mehr verantwortlich ist, eine Klasse, für die Lady Ashton als typisch bezeichnet werden kann: eine frühere Campaign-for-Disarmament-Funktionärin, die sich niemals zur Wahl stellte, durch die *Quangos* der Labour-Partei und die linken NGO aufstieg, um schließlich zum Kommissar für Außenbeziehungen, das heißt zum Außenminister unseres Kontinents zu werden. Die Europäische Kommission erlässt Gesetze nach Diskussionen hinter verschlossenen Türen durch Bürokraten, die niemals die Verantwortung für ihre Entscheidungen übernehmen müssen, und diese Gesetze können von den nationalen Parlamenten nicht außer Kraft gesetzt werden.

Der komische Versuch, eine europäische Verfassung zusammenzustellen, hat ein so langes und kompliziertes Dokument hervorgebracht, dass es vollkommen unverständlich wurde. Man hat es fertiggebracht, in der Präambel die christliche Religion aus der Idee von Europa auszuschließen, während der Rest des Dokuments – das die Macht der europäischen Institutionen nur stärkte statt sie zu begrenzen – darauf abzielte, die Demokratie zu ersticken. In Anbetracht dessen, dass Europa zwei große Hinterlassenschaften an die Welt vererbt hat, das Christentum und die Demokratie, überrascht es nicht weiter, dass die europäischen Bürger der EU ihre Unterstützung entzogen haben, trotz des Klientelnetzwerks, auf dessen Unterstützung die Union immer rechnen kann.

Irgendwann 1980 fand ich mich im Libanon wieder, wo ich die Gemeinden besuchte, die versuchten, Hafiz al-Assads brutalen Versuch, Groß-Syrien zu errichten, zu überleben. Meine Erfahrungen dort ließen mich zwei wichtige Wahrheiten über unsere Welt erkennen. Die eine ist, dass man keine Grenzen erschafft, indem man

Linien auf der Karte zieht, so, wie es die Franzosen und die Briten am Ende des Ersten Weltkrieges getan haben. Grenzen entstehen durch das Aufkommen nationaler Identitäten, wozu notwendig ist, dass religiöser Gehorsam hinter das Empfinden von Heimat, Gebiet und Siedlung an die zweite Stelle zurücktritt. Darüber hinaus beweist das Beispiel des Libanon in vielfacher Hinsicht, dass die Demokratie überall gefährdet ist, wo die Identitäten eher konfessionell als territorial definiert sind.

Die zweite Wahrheit, die mich beeindruckt hat, war, dass gerade deshalb, weil der Islam die Religion – als die Bewährungsprobe der Zugehörigkeit – über die Nationalität stellt, der Islamismus eine so große Gefahr für die politische Ordnung bedeutet. Dies trifft insbesondere für den Islamismus der Muslimbruderschaft und seinen einstigen Führer Sayyid Quth zu, für den im Wettbewerb zwischen Scharia und der modernen Welt die moderne Welt diejenige ist, die weichen muss. Als Antwort auf die libanesische Tragödie schrieb ich ein kleines Buch – *A Land Held Hostage*[22] –, in dem ich mich für die alte libanesische Ordnung aussprach. Ich verteidigte die libanesische Verfassung, die so gestaltet war, dass sie eine gemeinsame nationale Identität ermöglichte, eine Identität, die über den religiösen Identitäten angesiedelt war, welche in dem gemeinsamen Land jede Siedlung und jeden Nachbarn voneinander trennte. Und ich warnte vor den Zielen der Hisbollah, der »Partei Gottes«, die versuchte, ein schiitisches regionales Netzwerk unter der Vorherrschaft von Syrien und dem Iran aufzubauen.

Inzwischen dominiert in der Region der Konflikt zwischen Sunniten und Schiiten, und mein vergebliches Bekenntnis zum alten Libanon war nichts wert. Aber diese Erfahrung lehrte mich, dass unsere Zivilisation nicht wird überleben können, wenn wir mit dem Appeasement gegenüber den Islamisten fortfahren. Später vertrat ich diesen Standpunkt in dem Buch *The West and the Rest*, das 2002 als Antwort auf die Gräueltaten vom 11. September erschienen war. Wäh-

22 *A Land Held Hostage. Lebanon and the West*, The Claridge Press, 1987.

rend des Schreibens habe ich begriffen, dass nationale Grenzen zwar wertvoll sind, aber noch wertvoller ist die Zivilisation, die nationale Grenzen wahrnehmbar gemacht hatte.

Diese Zivilisation hat ihre Wurzeln im Christentum, und indem ich die Welt aus christlicher Sicht betrachtete, wurde ich in den Stand versetzt, die gewaltigen Veränderungen zu akzeptieren, die sie erschüttert hatten. Akzeptanz kommt von Opfern: Das ist die Botschaft vieler bedeutender Werke unserer Kultur. Und in der christlichen Tradition sind die wichtigsten Schritte des Opferns die Beichte und die Vergebung. Wer beichtet, opfert seinen Stolz, während die, die vergeben, ihren Groll opfern und etwas aufgeben, was ihrem Herzen teuer war. Die Beichte und das Vergeben sind jene Eigenschaften, die unsere Zivilisation möglich gemacht haben.

Vergebung kann nur unter bestimmten Bedingungen angeboten werden, und es ist die Kultur der Vergebung, die diese Bedingungen in der Seele des Einzelnen verankert. Man kann nur dann jenen vergeben, die einen verletzt haben, wenn diese ihren Fehler eingestehen. Diese Anerkennung ist nicht erreicht, wenn er sagt: »Ja, es stimmt, das habe ich getan.« Es bedarf der Reue und der Sühne. Durch diesen Akt der Selbsterniedrigung geht der Sündige auf sein Opfer zu und stellt jene moralische Gleichheit her, die Vergebung erst möglich macht. In der jüdisch-christlichen Tradition ist dieser Vorgang wohl bekannt. Er ist enthalten in den Sakramenten der römisch-katholischen Kirche ebenso wie in den Ritualen und der Liturgie des Jom Kippur. Von diesen religiösen Quellen haben wir die Kultur geerbt, die uns befähigt, unsere Fehler zuzugeben, unsere Opfer zu entschädigen und in all jenen Angelegenheiten Verantwortung zu übernehmen, in denen unser frei gewähltes Verhalten die, die sich zu Recht auf uns verlassen haben, geschädigt hat.

Verantwortlichkeit in öffentlichen Ämtern ist eine der Manifestationen dieses kulturellen Erbes, und wir sollten nicht erstaunt sein, wenn sie als Erste verschwindet, wenn Utopisten und Planer die Macht übernehmen. Auch sollte es uns nicht erstaunen, dass sie in der Welt der Islamisten nicht existiert – obwohl Vergebung sowohl in der Praxis des Islam als auch in der Moral des Koran eine wichtige Rolle spielt.[23] Was wir nun, durch den »arabischen Frühling« im Inneren von Regierungen erkennen konnten, ist, dass dort Verantwortung keinen Platz hatte – die Macht allein war das einzige Gut. Diese Erfahrung erinnert uns an eine wichtige Wahrheit, dass nämlich verantwortliche Regierungen nicht durch Wahlen entstehen. Sie entstehen durch die Achtung des Rechts, durch den Bürgergeist und durch die Kultur der Beichte. Wer glaubt, dass der Zusammenhang zwischen diesen Tugenden und unserem jüdisch-christlichen Erbe reiner Zufall ist, der lebt im Wolkenkuckucksheim. Wer so denkt, übersieht die Kultur, die sich jahrhundertelang auf die tätige Reue konzentriert hat. Indem ich dies für mein eigenes Leben begriff, konnte ich auch im Bereich der Politik klarer sehen. Es war genau dieser Aspekt der menschlichen Gegebenheiten, die die totalitären Systeme des 20. Jahrhunderts verneinten. Der Wunsch, dies zu verneinen, steht hinter der antichristlichen Wendung der Europäischen Union und der durchtriebenen Diktatur ihrer Eliten.

Allerdings möchte ich festhalten, dass die konservative Philosophie, wie ich sie im Folgenden zusammenfassen werde, keineswegs vom christlichen Glauben abhängt. Der Zusammenhang zwischen ihnen ist viel subtiler und persönlicher als das. Die Argumente dieses Buches sind an den Leser und die Leserin unabhängig von ihren religiösen Überzeugungen gerichtet, denn es geht um das Leben in der realen Welt und nicht um den transzendentalen Glauben. Welcher Religion wir auch immer anhängen und was auch immer unsere privaten Überzeugungen sein mögen, wir sind die kollektiven Erben von großartigen und seltenen Gütern. Das politische Leben sollte für uns ein überragendes Ziel haben, nämlich an diesen Gütern festzuhalten, um sie an unsere Kinder weiterzugeben.

---

23 Siehe zum Beispiel im Koran, 13.22. Damit ist nicht gesagt, dass die Botschaft des Koran in dieser Hinsicht mit der der jüdisch-christlichen Tradition identisch sei. Sowohl Jesus als auch Rabbi Hillel sahen Liebe und Vergebung im Mittelpunkt der Moral, doch im Koran ist dieser Mittelpunkt durch die Unterwerfung besetzt. Liebe und Vergebung mögen Zeichen der Unterwerfung sein, aber sie gehört nicht zu ihrem Wesen.

2. Zu Hause ist aller Anfang

Wir leben in großen Gesellschaften und hängen in tausenderlei Weise von den Aktionen und Wünschen Fremder ab. Wir sind mit diesen Fremden durch Staatsbürgerschaft, Gesetze, Nationalität und Nachbarschaft verbunden. Doch diese Bindungen unter uns reichen an und für sich nicht aus, um das große gemeinsame Problem der Koordination zu lösen. Wie kommt es, dass wir unser Leben in relativer Harmonie führen, jeder seine Sphäre der Freiheit genießen und alle die eigenen Ziele verfolgen können? Adam Smith behauptete in seinem Werk *Der Wohlstand der Nationen*, dass das Eigeninteresse das Problem lösen könne. Wenn eine freie Wirtschaft und eine unparteiische Rechtsstaatlichkeit gegeben seien, würde das Eigeninteresse für die optimale Verteilung der Ressourcen sorgen. Weder hielt Smith die wirtschaftliche Freiheit für die Summe der Politik, noch glaubte er daran, dass das Eigeninteresse das einzige, geschweige denn das wichtigste Motiv sei, das unser wirtschaftliches Verhalten bestimmt. Der Markt kann nur dann für die rationale Allokation der Güter und Dienstleistungen sorgen, wenn die Beteiligten einander vertrauen, und Vertrauen existiert nur dann, wenn die Menschen für ihre Handlungen verantwortlich sind und dafür sorgen, dass sie für ihre Geschäftspartner berechenbar sind. Mit anderen Worten: Die wirtschaftliche Ordnung hängt von der moralischen Ordnung ab.

In dem Werk *Die Theorie der ethischen Gefühle* betont Smith, dass Vertrauen, Verantwortlichkeit und Berechenbarkeit nur in Gesellschaften existieren, die sie respektieren, und wo die spontanen Früchte des Mitgefühls reifen dürfen. Nur wo Mitgefühl, Pflichtgefühl und Tugend den ihnen gebührenden Platz einnehmen, führt das Eigeninteresse durch die unsichtbare Hand zu einem für alle günstigen Ergebnis. Und das bedeutet, dass die Menschen dann am besten ihren Interessen folgen können, wenn sie unter Umständen auch bereit sind, auf sie zu verzichten. In allen Gesellschaften, in denen sich Eigeninteresse auszahlt, existiert auch ein Fundament der Selbstaufopferung.

Wir sind nicht nach dem Modell des *homo oeconomicus* geformt, wir entscheiden nicht immer, den eigenen Nutzen zu maximieren, und missachten den Preis, den der Rest der Gesellschaft dafür zahlen muss. Wir haben Motive, die wir nicht unbedingt verstehen, die, wenn man sie nur mit den Begriffen des Nutzens und der Präferenzordnung beschriebe, eine falsche Deutung erführen. Diese Motive können unseren elementaren Wünschen den Krieg erklären. Manche unter ihnen – wie die Angst im Dunkeln, der Abscheu vor dem Inzest, der Impuls der Anhänglichkeit der Mutter gegenüber – sind Anpassungen, die tiefer liegen als die Vernunft. Andere wie Schuldgefühl, Scham, die Liebe zur Schönheit, das Gefühl für Gerechtigkeit, entspringen der Vernunft selbst und reflektieren das Gewebe der zwischenmenschlichen Beziehungen und des Verständnisses, durch die wir uns als freie Individuen in einer Gemeinschaft unseresgleichen verstehen. Die Fähigkeit, Opfer zu bringen – sowohl die instinktive als auch die rationale –, entsteht auf beiden Ebenen, in dem einen Fall als blindes Gefühl der Zugehörigkeit, im anderen als den anderen gegenüber empfundene Verantwortung und als sittliche Lebensweise.

Der Fehler, die politische Ordnung auf die Funktionen des Marktes zu reduzieren, entspricht dem Fehler des revolutionären Sozialismus, der die Politik auf einen Plan reduziert. In seinen *Bemerkungen zur Französischen Revolution* argumentiert Edmund Burke gegen die – wie er sie nannte – »geometrische« Politik der französischen Revolutionäre, eine Politik, die ein nationales Ziel und eine kollektive Prozedur, die zu ihr führen sollte, definierte, und die ganze Gesellschaft im Interesse dieses Programms zu mobilisieren trachtete. Burke sah in der Gesellschaft den Zusammenschluss der Toten, der Lebenden und der noch Ungeborenen. Ihre Verbindung entsteht nicht durch einen Vertrag, sondern durch etwas, was der Liebe nahekommt. Die Gesellschaft ist ein gemeinsames Erbe, der zuliebe wir lernen, unsere Forderungen einzugrenzen, uns als einen Teil der fortlaufenden Kette von Geben und Entgegennehmen zu verstehen und zu begreifen, dass es uns nicht zusteht, das Gute, das wir erben, zu verderben. Es existiert eine Linie der Verpflichtungen, die uns mit jenen verbindet, die uns gegeben haben, was wir haben. Unsere Fürsorge für die Zukunft ist die Fortschreibung dieser Linie. Wir kümmern uns um die Zukunft unserer Gemeinschaft nicht mit imaginären Kosten-Nutzen-Rechnungen, sondern konkreter, in dem wir uns selbst als die Erben von Vorteilen begreifen, die wir weitergeben.

Burke klagte die Revolutionäre an, weil sie sich das Recht anmaßten, all das Erbe und die Hinterlassenschaften in ihrer selbst zu verantwortenden Notlage aufzubrauchen. Schulen, kirchliche Stiftungen, Krankenhäuser – lauter Institutionen, die von den heute Toten zum Wohle ihrer Nachfahren gegründet wurden – fielen der Enteignung oder der Zerstörung zum Opfer. Die Folge war die totale Verschwendung der akkumulierten Ersparnisse, was zu einer massiven Inflation, zum Zusammenbruch der Bildung und dem Verlust der traditionellen Formen von sozialen und medizinischen Hilfeleistungen führte. So führt die Verachtung der Toten zur Entmündigung der Ungeborenen, und obwohl dieses Ergebnis vielleicht nicht unvermeidlich ist, ist dieser Vorgang von allen nachfolgenden Revolutionen wiederholt worden. Durch ihre Verachtung für die Intentionen und Gefühle jener, die die Fundamente gelegt haben, zerstörten Revolutionen systematisch das soziale Kapital und begründeten dies stets mit makellosen utilitaristischen Argumenten. Der *homo oeconomicus* betritt die Welt ohne eigenes soziales Kapital und konsumiert alles, was er vorfindet.

Burke glaubte daran, dass die Gesellschaft hingebungsvolle und loyale Beziehungen braucht, die nur von unten, durch die direkten Interaktionen von Menschen aufgebaut werden können. Das geschieht in der Familie, in lokalen Klubs und Gesellschaften, in der Schule, auf dem Arbeitsplatz, in der Kirche, im Team, im Regiment und an der Universität: Hier lernen die Menschen als freie Wesen zusammenzuwirken, Verantwortung für ihre Aktionen zu übernehmen und ihren Nächsten gegenüber rücksichtsvoll zu sein. Wenn die Gesellschaft von oben organisiert wird, entweder durch die vertikale Führung einer revolutionären Diktatur oder durch die unpersönlichen Verordnungen einer undurchschaubaren Bürokratie, verschwindet die Verantwortung schnell aus der politischen Ordnung ebenso wie aus der Gesellschaft. Vertikale Regierung gebiert verantwortungslose Individuen, und die Enteignung der bürgerlichen Gesellschaft durch den Staat führt dazu, dass die Bürger nicht mehr willens sind, für sich selbst zu sorgen.

Anstelle einer vertikalen Regierung plädierte Burke für eine von unten, durch jene Traditionen geformte Gesellschaft, die dem natürlichen Bedürfnis nach Gemeinsamkeit entspringen. Die wichtigen sozialen Traditionen sind keine willkürlichen Gepflogenheiten, sie haben bis in die moderne Welt überlebt – oder auch nicht. Sie sind Formen des Wissens. Sie enthalten die Überbleibsel von vielen Versuchen und Irrtümern, im Laufe derer die Menschen versucht haben, ihr Verhalten mit denen von anderen in Einklang zu bringen. In der Sprache der Spieltheorie ausgedrückt: Sie haben Lösungen für das Problem der Koordination gefunden, die sich mit der Zeit herauskristallisiert hatten. Sie sind erhalten geblieben, weil sie die notwendigen Informationen liefern, ohne die die Gesellschaft sich nicht reproduzieren kann. Werden sie achtlos vernichtet, schwinden auch die Garantien, die eine Generation der nächsten bietet.

Wenn wir von Tradition sprechen, geht es nicht um willkürliche Regeln und Konventionen. Wir sprechen von *Antworten* auf bleibende *Fragen*. Diese Antworten sind unausgesprochen und geteilt, sie werden durch soziale Praktiken und unartikulierte Erwartungen verkörpert. Die ihnen folgen, sind nicht unbedingt imstande, sie zu erklären und noch weniger, sie zu begründen. Deshalb beschrieb sie Burke als »Vorurteile« und verteidigte sie damit, dass ein Individuum zwar nur eine begrenzte Vernunft besitze, aber in der Gesellschaft sammele sich umso mehr davon an, und diese könnten wir nur auf eigene Gefahr hin ablehnen und infrage stellen. Gegen diese Vernunft argumentieren wir nicht – oder können es nicht –, sie ist verkörpert in unseren Traditionen, zu denen auch jene gehören, die in ihrem Kern die Aufopferung enthalten: militärische Ehre, Familiensinn, die Formen und Inhalte der Ausbildung, die Institutionen der Wohltätigkeit und die Regeln des guten Benehmens.

Tradition ist kein aus Fakten und Wahrheiten bestehendes theoretisches Wissen, und sie ist auch kein gewöhnliches Fachwissen. Es gibt eine andere Art von Wissen, zu der ebenso die Fähigkeit gehört, Situationen meistern zu können, wie auch das Wissen darüber, *was zu tun ist*, um eine Aufgabe erfolgreich zu erfüllen – auch dann, wenn der Erfolg nicht daran gemessen wird, ob ein genau definiertes, vorgegebenes Ziel erreicht wurde, sondern daran, ob das Ergebnis mit unseren menschlichen Bedürfnissen und Interessen harmoniert. Zu wissen, wie man sich in Gesellschaft benimmt, was man sagen und empfinden soll – diese Dinge erwerben wir durch die Einbettung in die Gesellschaft. Sie können nicht gelehrt werden, indem sie buchstabiert werden, sie verbreiten sich durch Osmose. Dennoch wird eine Person, die diese Dinge nicht gelernt hat, zu Recht als ignorant bezeichnet. Die Einteilung des Tages, die Arbeitsteilung in der Familie, die Abläufe in der Schule, im Team oder vor Gericht, die Liturgie in der Kirche, die im Alltag genutzten Gewichte und Maße, die für verschiedene soziale Ereignisse zu wählende Kleidung: All das verkörpert unausgesprochenes soziales Wissen, ohne das unsere Gesellschaft zerbröckeln würde. Einige Beispiele dafür sind näher am Herzen der Politik: die Britische Krone mit ihren unzähligen feinen Rollen und Ämtern, das sich durch den ständigen Fluss von Präzedenzfällen gespeiste *common law*, die Regeln der Prozeduren parlamentarischer und anderer Zusammenkünfte mit den dazu gehörenden Vorrechten und Formalitäten.

Politische Philosophen der Aufklärung von Hobbes bis Locke bis hin zu John Rawles und seinen Anhängern haben die Wurzeln der politischen Ordnung und die Motive der politischen Verpflichtungen im Gesellschaftsvertrag entdeckt – einer offenen oder impliziten Vereinbarung, die an Prinzipien gebunden ist, der alle vernünftigen Bürger zustimmen können. Obwohl der Gesellschaftsvertrag in vielen verschiedenen Formen existiert, erklärte Hobbes sein Grundprinzip mit der Feststellung »keines Menschen Verpflichtung, die nicht aus seiner eigenen Handlung erwächst.«[24] Meine Verpflichtungen sind meine eigenen Werke, verbindlich, weil frei gewählt. Wenn zwei Menschen einander gegenseitig etwas versprechen, ist der daraus resultierende Vertrag frei gewählt, und jeder Bruch desselben ist gleichbedeutend mit Gewalt, nicht nur dem anderen, sondern auch sich selbst gegenüber, weil es der Bruch einer wohlbegründeten rationalen Vereinbarung ist. Wenn wir unsere Verpflichtungen im Zusammenhang mit dem Staat dem Modell eines Vertrages entsprechend definieren würden, dann hätten wir sie in Kategorien gefasst, denen jedes rationale Wesen zustimmen müsste. Verträge sind Musterbeispiele selbstgewählter Verpflichtungen, denn sie sind nicht aufgebürdet, verordnet oder aufgezwungen, sie wurden stattdessen frei eingegangen. Wenn Gesetze auf sozialen Verträgen fußen, ist der Gehorsam ihnen gegenüber einfach die andere Seite der freien Entscheidung. Freiheit und Gehorsam sind ein und dasselbe.

Solch ein Vertrag entspricht der abstrakten und universellen Vorstellung vom *homo oeconomicus*, der ohne Zugehörigkeiten und ohne eine Vorstellung vom Guten – wie Rawls formulierte – auf die Welt kommt, ausgerüstet mit nichts anderem als seinem ihn leitenden rationalen Eigeninteresse. Aber menschliche Gesellschaften sind von Natur aus exklusiv, das heißt, sie gewähren nur den Insidern Privilegien und Vorteile. Diese können nicht nach Belieben an alle Ankömmlinge verschenkt werden, ohne das Vertrauen zu opfern, von dem die soziale Harmonie abhängt. Die Theorie vom Gesellschaftsvertrag beginnt mit einem Gedankenexperiment, in dem sich eine Gruppe von Menschen versammelt, um über die gemeinsame Zukunft zu entscheiden. Doch wenn sie imstande sind, über die gemeinsame Zu-

24 Thomas Hobbes, *Leviathan*, Part 2, Chapter 21.

kunft zu entscheiden, dann nur deshalb, weil sie bereits eine haben: weil sie ihre gemeinsame Zusammengehörigkeit und Abhängigkeit erkannt haben und es ihnen deshalb obliegt, zu entscheiden, wie sie unter einer gemeinsamen Rechtsprechung auf einem gemeinsamen Territorium regiert werden möchten. Kurzum, der Gesellschaftsvertrag bedarf einer Beziehung, die auf Mitgliedschaft beruht. Die Theoretiker des Gesellschaftsvertrages schreiben darüber so, als bedürfe es dazu nur der rationalen Entscheidung der Ersten-Person-Singular. Tatsächlich braucht es dazu die Erste-Person-Plural, die die übernommene Last der Zugehörigkeit bereits enthält.

Selbst im Falle Amerikas, wo entschieden wurde, eine Verfassung zu verabschieden und eine Rechtsprechung *ab initio* zu entwerfen, trifft es zu, dass es die Erste-Person-Plural war, die das Vorhaben verwirklicht hatte. Dies wird im Dokument selbst zum Ausdruck gebracht: »Wir, das Volk der Vereinigten Staaten ...« Warum »Volk«? Warum »Wir«? *Wir gehören bereits zusammen*, und unsere historische Verbindung wird nun in Gesetze gegossen. Der Gesellschaftsvertrag hat nur einen Sinn, wenn wir die Existenz eines solchen vorvertraglichen »Wir« annehmen. Wer soll denn zu den Vertragschließenden gehören? Und warum? Und wie sollen wir mit denen verfahren, die nicht mitmachen wollen? Die Antwort ist, dass die Begründer der neuen Gesellschaftsordnung bereits zusammengehören: Sie waren in ihrer Vorstellung vorher eine Gemeinschaft, die durch den langen Prozess der sozialen Interaktionen entstanden ist und die Menschen befähigt hat, zu bestimmen, wer an ihrer gemeinsamen Zukunft beteiligt sein soll und wer nicht.

Der Gesellschaftsvertrag hat darüber hinaus nur einen Sinn, wenn die zukünftigen Generationen darin mit eingeschlossen sind. Das Ziel ist, eine Gesellschaft entstehen zu lassen, die dauerhaften Bestand hat. Hier schon tritt das Netz der nicht-vertraglichen Verpflichtungen in Erscheinung, die Eltern mit den Kindern und die Kinder mit den Eltern verknüpft. So wird die Gesellschaft innerhalb einer Generation wohl oder übel mit nicht stimmberechtigten Mitgliedern, den Toten und den Ungeborenen, erweitert, die auf etwas anderes als einen Vertrag zwischen den Lebenden angewiesen sind, wenn ihre Rechte respektiert und ihre Liebe verdient sein sollen. Selbst wenn wie in Amerika die Idee von der »Wahlnationalität« aufkommt, sodass die Neuankömmlinge entscheiden können, ob sie dazugehören wollen. *Was* sie in Wirklichkeit wählen, ist nicht ein Vertrag, sondern das Band der Mitgliedschaft, dessen Verpflichtungen und Privilegien weit über das hinausgehen, was eine anfechtbare Übereinkunft enthalten könnte.

Keine Gesellschaft kann ohne diese Erfahrung von Mitgliedschaft existieren. Denn nur dies ermöglicht mir, die Interessen und Bedürfnisse von Fremden als meine Angelegenheiten zu begreifen. Sie befähigt mich, die Autorität von Entscheidungen und Gesetzen, denen ich gehorchen muss, anzuerkennen, auch dann, wenn sie nicht unmittelbar meinen Interessen entsprechen. Hierin finde ich die Kriterien dafür, unterscheiden zu können, wer berechtigt ist, die Früchte meiner Aufopferung, zu der mich die Mitgliedschaft verpflichtet, zu genießen, und wer sich nur hineingedrängt hat. Wird die Erfahrung der Mitgliedschaft gestrichen, verschwindet die Begründung für den Gesellschaftsvertrag. Die sozialen Verpflichtungen werden vorläufig, umstritten und anfechtbar, und die Idee, dass jemand verpflichtet sein sollte, sein Leben für eine Ansammlung von Fremden aufs Spiel zu setzen, grenzt dann ans Absurde. Ohne die Erfahrung der Zugehörigkeit werden die Toten entrechtet, und die Ungeborenen, deren metaphysische Wächter die Toten sind, werden ihr Erbe verlieren. Wird der »Vertrag zwischen den Lebenden« nicht so formuliert, dass die Toten und die Ungeborenen mit inbegriffen sind, lässt der Vertrag zu, dass die Ressourcen der Erde zum Wohle jener, die sie gerade bewohnen, enteignet werden. Den Philosophen des Gesellschaftsvertrags wie John Rawls ist dieses Problem bewusst,[25] doch meiner Ansicht nach waren sie nicht imstande, die Motive zu entdecken, die einfache Menschen veranlassen könnten, einen Vertrag

---

25 Siehe dazu die Diskussion über das »gerechte Sparprinzip« in *A Theory of Justice*, Oxford, Harvard University Press, 1971, Sektion 44.

zu unterzeichnen, der ihre Verpflichtungen bis weit in die Zukunft ausdehnt. Kritiker der westlichen Gesellschaften zögern nicht, darauf hinzuweisen, dass die Verschwendung der Ressourcen einsetzte, als die gesellschaftsvertragliche Sicht gegenüber der Mitgliedschaftserfahrung an Boden gewann und dies ermöglichte.[26]

Nur dann können wir die Gesellschaft als durch einen Vertrag gegründet betrachten, wenn wir ihre Mitglieder zur freien und verantwortlichen Entscheidung fähig halten, die der Vertrag erfordert. Doch nur unter ganz besonderen Umständen werden menschliche Wesen zu rationalen Entscheidern, die Verpflichtungen eingehen, Versprechen einhalten und einander gegenüber eine verantwortliche Haltung einnehmen. Indem sie sich Haltung anderen gegenüber aneignen, gehen sie noch ganz andere Verpflichtungen ein – Verpflichtungen den Eltern, der Familie, dem Wohnort und der Gemeinschaft und allen anderen Faktoren gegenüber, denen sie ihre Formung verdanken und ohne die sich das menschliche Tier nicht hätte zu einer menschlichen Person entwickeln können. Diese Verpflichtungen sind nicht juristischer Natur, wie die, die durch den freien Umgang von menschlichen Erwachsenen miteinander entstehen. Die Römer kannten diese Verpflichtungen als Pietät (*pietas*), und meinten damit, dass sie von der natürlichen Dankbarkeit für das *Gegebene* abstammen, der Dankbarkeit, die wir spontan an die Götter richteten. Heute sind wir nur widerwillig bereit, diese Verpflichtungen mit einer solchen theologischen Begründung zu versehen, obwohl es wichtig ist, zu sehen, dass für Menschen mit religiösem Glauben die nicht selbstgewählten Verpflichtungen nicht nur für den Aufbau einer haltbaren sozialen Ordnung unerlässlich sind, sondern auch direkt von Gott abstammen.

Menschliche Wesen sind, sobald sie sesshaft geworden sind, von *oikophilia* durchdrungen: durch die Liebe des *oikos*, was nicht nur das Zuhause bedeutet, sondern auch die Menschen, die dort leben, und

26 Siehe in diesem Zusammenhang die Darstellung des »market state« durch Philip Bobbit in *The Shield of Achilles: War Peace and the Course of History*, New York, Alfred A. Knopf, 2002.

die umgebenden Siedlungen, die diesem Zuhause dauerhafte Umrisse und ein ewiges Lächeln verleihen.[27] *Oikos* ist der Ort, der nicht nur *mir* und *dir*, sondern *uns* gehört. Er ist die Bühne für den Erste-Person-Plural der Politik, der wirkliche oder vorgestellte Ort, wo »alles geschieht«. Tugenden wie Sparsamkeit und Selbstaufopferung, die Angewohnheit, Respekt anzubieten und zu empfangen, das Gespür für Verantwortung – all diese Aspekte der menschlichen Existenz, die uns zu Verwaltern und Wachen unseres gemeinsamen Erbes geformt haben – entstehen durch unser Heranwachsen zu Personen, indem im Meer von Preisen Inseln der Werte errichtet werden. Um diese Tugenden zu erwerben, müssen wir die »instrumentelle Vernunft«, die das Leben des *homo oeconomicus* beherrscht, überwinden. Wir müssen unsere Liebe und unsere Wünsche in Dinge investieren, denen wir eher einen intrinsischen als einen instrumentellen Wert zuschreiben, sodass die Jagd nach materiellen Mitteln eine Pause einlegen kann, für uns, an einem Ort des Sinns. Das ist es, was wir unter »sesshaft werden« verstehen: den *oikos* wieder zum Teil der *oikonomia* werden zu lassen. Und davon handelt der Konservativismus.[28]

Menschen werden sesshaft, indem sie den Erste-Person-Plural erwerben – einen Ort, eine Gemeinschaft, eine Lebensweise, die sie »unser« nennen können. Die Internationalisten, revolutionäre Sozialisten, Intellektuelle, die der zeitlosen, ortlosen Vision der Aufklärung über die ideale Gemeinschaft anhängen, akzeptieren nicht die Notwendigkeit dieses »Wir«. Doch es ist eine Tatsache, sogar eine der wichtigsten Tatsachen, dass damit jede Gemeinschaft und jede Politik beginnt. George Orwell bemerkte dies während des Zweiten Weltkriegs. Die fehlende Loyalität der linken Intelligenzia wurde für Orwell gerade dann besonders offensichtlich und schockierend, wenn er sie dem einfachen und hartnäckigen »Wir« der einfachen Menschen gegenüberstellte. Die wirkliche politische Entscheidung war – und darüber hatte Orwell keinen Zweifel –, sich diesen Intel-

27 Ich habe darüber ausführlich geschrieben in *Green Philosophy: How to Think Seriously about the Planet*, London, Atlantic Books, New York, Oxford University Press, 2012.
28 Siehe dazu ebenfalls *Green Philosophy*.

lektuellen bei ihrem zerstörerischen Werk anzuschließen oder an der Seite der einfachen Menschen zu stehen und dem Land in der Stunde der Not zur Hilfe zu eilen.

Das »Wir« kann auf zweierlei Weise zum Vorschein kommen: Es kann durch geteilte Ziele oder durch das geteilte Fehlen von Zielen entstehen. Zwecklose Dinge sind nicht unbedingt nutzlos, noch sind nutzlose Dinge wertlos. Denken wir an die Freundschaft. Freunde werden ihrer selbst wegen geschätzt. Die Vorteile einer Freundschaft sind nicht das, was wir schätzen, sondern die Nebenprodukte der Sache, die wir schätzen, und sie werden nur dem zuteil, der ihnen nicht hinterherjagt. Im menschlichen Leben sind zwecklose Dinge wie Freundschaft überaus nützlich: Sie sind Ziele, nicht Mittel, die Orte der Erfüllung und der Heimkehr, der Sinn jeder Pilgerfahrt. Ohne sie sind Ziele null und nichtig.

Die Lehre aus der jüngeren Geschichte ist für mich, dass zielbestimmte Einrichtungen zerbröseln, sobald die Ziele verblassen, während ziellose Einrichtungen von Dauer sind. Dies wurde im kommunistischen Osteuropa offensichtlich. In allen Ländern unter sowjetischer Kontrolle stand die Partei über den Gesetzen, war keine juristische Person und war weder den Bürgern noch ihren Mitgliedern gegenüber verantwortlich. Sie war durch das vorherrschende Ziel bestimmt, eine neue, auf sozialistischen Prinzipien beruhende Gesellschaft aufzubauen, und alles zu vernichten, was diesem Ziel im Wege stand. Jedwede Politik hatte ihre Berechtigung, wenn sie nur der zukünftigen sozialistischen Gesellschaft diente, der sich die Gesellschaft unaufhaltsam näherte. Vorneweg marschierte die Führung der Partei, und im Rücken drohte die Peitsche der Geheimpolizei. Keine Institution war erlaubt, die nicht unter der Kontrolle der Partei gestanden hätte. Die einzige Ausnahme war die polnische katholische Kirche, der es gelungen war, Sonderkonditionen für sich auszuhandeln – eine Ausnahme, die sich für das polnische kommunistische Experiment noch als fatal erweisen sollte, als ein polnischer Priester zum Papst gewählt wurde. Wohltätige Organisationen waren illegal, und es gab keine Möglichkeit für Privatpersonen, Eigentum treuhänderisch für gemeinschaftliche Zwecke zu nutzen. Die Gesellschaft war für ein alles andere überragendes Ziel, nämlich für den »Aufbau des Sozialismus« vollständig *instrumentalisiert.* Alle Assoziationen wurden durch das Parteikommando von oben zusammengehalten, und diese Kommandos wurden gerechtfertigt durch ein Ziel, an das – wie es sich zeigte – niemand wirklich geglaubt hat. Die Aufgabe der Geheimpolizei war, private Zusammenschlüsse zu kontrollieren, oder wenn es möglich war, ihre Entstehung zu verhindern, damit die Gesellschaft durch Verdacht und Angst vollständig atomisiert werde. Jedem war es erlaubt, in seiner privaten Ecke, hinter dem Rücken der großen Befehlsmaschinerie, zu verbergen, was er konnte. Aber jeder Zusammenschluss musste der Leitung durch die Partei untergeordnet werden. Der kommunistische Bürger musste zum perfekten, vom rationalen Eigeninteresse geleiteten *homo oeconomicus* werden, um einem Zweck zum Sieg zu verhelfen, der ihm nicht diente.

Zum Schrecken der Obrigkeit allerdings schlossen die Menschen Freundschaften, sie kamen zusammen, um zu lesen, zu studieren, zu musizieren. Und obwohl die immer wachsame Geheimpolizei hin und wieder ihre Versammlungen unterbrach, erneuerte sich die Gesellschaft durch diese »kleinen Einheiten«, die wie Inseln aus dem alles vernichtenden Kommandobereich des sozialistischen Staates herausragten. Die Menschen erfuhren in ihrem privaten Bereich, dass die bürgerliche Gesellschaft nicht zweckbestimmt ist. Sie entsteht unter allen möglichen Bedingungen als ein Zweck an und für sich, als eine Lebensform, die dafür geschätzt wird, was sie ist, und nicht dafür, was sie tut.

Der politische Philosoph Michael Oakeshott wurde zu Recht dafür gerühmt, dass er ein Leben lang bestrebt war, die Natur der »bürgerlichen Assoziationen«, wie er sie nannte, zu verstehen, jene Assoziationen, durch die unsere politischen Bestrebungen einen Ausgleich und eine Vervollständigung erfahren. Seine Theorie politischer Ordnungen basiert in dem Buch *On Human Conduct* auf dem Kontrast zwischen »bürgerlicher Assoziation« und »Unternehmungsassoziation«.[29] In der Unternehmungsassoziation kommen Menschen im Interesse eines Ziels zusammen, und ihr Zusammenschluss gründet auf der Notwendigkeit der Kooperation für das Erreichen dieses Ziels. Es gibt viele Formen der Zusammenschlüsse für Unternehmungen: Ein Beispiel dafür ist die Armee, wo das von oben nach unten gerichtete, durch die verschiedenen unteren Ränge vermittelte Kommando immer dem einen Ziel dient, den Feind zu besiegen. Zu den Unternehmungsassoziationen gehören auch die Unternehmen, deren Ziele sich von Tag zu Tag ändern mögen, aber das vorrangige Ziel bleibt langfristig immer der Gewinn; oder auch die verschiedenen Bildungsinstitutionen, mit der Aufgabe, die Menschen für Handwerk und akademische Berufe auszubilden. Oakeshott war davon überzeugt, dass bürgerliche Assoziationen unter dem Druck von politischen Eliten, Managern, Parteien und Ideologen zunehmend von Unternehmungsassoziationen verdrängt würden. Nicht nur die Sozialisten haben mit ihren Zielsetzungen von Gleichheit und sozialer Gerechtigkeit zu dieser Verdrängung beigetragen. Die liberale Bestrebung, die abstrakte und universelle Idee der Gerechtigkeit und der Menschenrechte zu verankern, oder das angeblich konservative Streben nach Wirtschaftswachstum als Grundlage der sozialen Ordnung und als Regierungsziel – all diese Bestrebungen neigen dazu, die bürgerlichen Assoziationen durch eine neue Art von politischer Praxis zu ersetzen, indem gesellschaftliche Institutionen in Richtung eines Ziels getrieben werden, das möglicherweise mit ihrer inneren Dynamik unvereinbar ist.

Die Grenze zwischen bürgerlichen und unternehmerischen Assoziationen ist nicht scharf: Viele unserer sozialen Sphären gehören zu beiden. Nichtsdestotrotz trifft es zweifellos zu, dass Unternehmungsassoziationen anders sind als die normalen Formen von Gemeinschaften. In unternehmerischen Gemeinschaften kommen die Anordnungen von oben, es gibt Rivalitäten und Rebellionen, es

29 Michael Oakeshott, *On Human Conduct, London,* Oxford University Press, 1975. Die beiden Begriffe im Original heißen «civil association« und «enterprise association«.

gibt katastrophales Scheitern ebenso wie zeitweilige Erfolge. Das Ganze benötigt eine vorwärtsweisende Energie, die permanent aufrechterhalten werden muss, damit die Dinge nicht zersplittern und auseinanderfallen. Daher die Beschwörungen des »Fortschritts«, des »Wachstums« und der ständigen »Weiterentwicklung« in Richtung eines Ziels, das allerdings immer irgendwo in der Zukunft liegt, damit die Hingabe der Bürger sich immer wieder erneuert.

Stefan Zweig führte in seinem Buch *Die Welt von Gestern* den Zusammenbruch der europäischen Zivilisation auf den Mythos des Fortschritts zurück. In allen Ideologien seiner Zeit – Kommunismus, Sozialismus, Nationalsozialismus, Faschismus – sah Zweig den gleichen verderblichen Versuch, die Prinzipien der sozialen Ordnung umzuschreiben nach der Grundidee einer linearen Entwicklung von der Vergangenheit in die Zukunft. Der Führerkult, die »Partei als Vorhut«, und die »Avantgarde« waren Begriffe, die voraussetzten, dass die Gesellschaft eine *Richtung* hat, in genau der gleichen Weise wie ein Unternehmen einen Zweck und Armeen ein Ziel haben. Und all dies ließ zu, dass die Bürger immer stärker vereinnahmt wurden, und die Staatsmaschinerie immer mehr gesellschaftliche Funktionen an sich riss.

Die wichtigste politische Auswirkung der Verdrängung der bürgerlichen durch die unternehmerischen Assoziationen war, dass die unteren Schichten ihre Autorität und ihren Einfluss auf die Entscheidungsfindung Schritt für Schritt zugunsten der Eliten verloren. Wenn man der Gesellschaft ein dynamisches Ziel vorgibt – insbesondere, wenn es eines ist, das den linearen Vorstellungen entspricht wie der Fortschritt in Richtung immer größerer Gleichheit, größerer Gerechtigkeit, größeren Wohlstands, oder wie im Falle der EU in Richtung des »immer engeren Zusammenschlusses« –, ermächtigt man zugleich auch die Möchtegern-Führer. Man bevollmächtigt jene, die versprechen, die Gesellschaft entlang des vorgegebenen Pfades zu führen, man verleiht ihnen die Autorität, den Rest von uns zu rekrutieren, uns zu diktieren, zu organisieren und zu bestrafen, ungeachtet dessen, wie wir sonst zu leben wünschten. Insbesondere wird die

Übernahme jener Institutionen und Assoziationen gefördert, die das Herz der bürgerlichen Gesellschaft bilden, um ihnen eine Richtung und Ziele aufzuzwingen, die mit ihrer ursprünglichen Natur nichts zu tun haben.

Das war das Schicksal der britischen und amerikanischen Bildungsinstitutionen, als sie in den 1960er-Jahren zur Zielscheibe des Egalitarismus wurden. Es wurde zur Regierungspolitik, Schulen nicht als Assoziationen zur Weitergabe von Wissen zu sehen, mit ihren eigenen inneren Zielen, die sich mit den Bedürfnissen und Wünschen ihrer Mitglieder entwickeln, sondern als Instrumente von Sozialingenieuren. Lehrpläne, Prüfungen, Zulassungen und die Vorschriften der Disziplin – sie alle mussten im Lichte des Beitrags zur herrschenden Zielsetzung revidiert werden, nämlich der Eliminierung von Unterschieden und ungerechten Vorteilen, sodass alle Kinder mit den gleichen Chancen auf ein erfülltes Leben in die Gesellschaft würden eintreten können.

Die Vertreter des Egalitarismus glaubten daran, dass es einen beidseitig vorteilhaften Kompromiss zwischen den sozialen Zielen und den Zielsetzungen der Bildung geben könnte: Diese Annahme steht im Hintergrund der riesigen Literatur über die Bildungsreform, die während der Sechzigerjahre in den Bildungseinrichtungen propagiert wurde. Schulen seien nicht nur dem Ziel gewidmet, dass die Kinder Prüfungen bestehen, hieß es, sie seien auch die Orte, wo Kinder zusammenkämen und wo ihre zukünftigen Aussichten in tausenderlei Art und Weise beeinflusst würden. Warum also sollen wir nicht Lehr- und Stundenpläne einführen, die allen die gleichen Chancen ermöglichen würden?

Wer so argumentiert, ignoriert den Unterschied zwischen dem inneren Zweck einer Institution und seiner Nebeneffekte. Die Teilnehmer eines Fußballspiels folgen dem Ziel, Tore zu schießen: Wenn sie dieses Ziel vernachlässigen, hört das Spiel auf zu existieren. Aber das Spiel hat auch viele Nebeneffekte: das Training, die Kameradschaft und die Freude. Wie positiv auch diese Nebeneffekte sein mögen, sie können nicht zum Ziel des Spieles gemacht werden, ohne es zusammen mit den positiven Nebeneffekten zu zerstören. Das Gleiche gilt für die Bildung, deren viele guten Auswirkungen nicht deshalb entstehen, weil sie angestrebt werden, sondern weil sie *nicht* angestrebt werden: Sie entstehen als Nebenprodukt des Strebens nach etwas anderem, nämlich nach Wissen. Wenn Wissen nur als ein Mittel zur Erlangung sozialer Vorteile gesehen wird und nicht um seiner selbst willen angestrebt wird, dann gehen sowohl das Wissen als auch die durch das Wissen vermittelten Vorteile verloren. Wenn Wissen allerdings um seiner selbst willen angestrebt wird, hört es auf, Gemeinschaftsgut zu sein. Die aus ihm entstehenden Vorteile werden immer ungleich verteilt sein. Deshalb ist der Niedergang der Bildung, den wir seit der Einführung des egalitären Programms in den Schulen in der ganzen westlichen Welt beobachten können, nicht überraschend. Er ist die unvermeidliche Folge dessen, dass das wahre Ziel der Bildung, nämlich Wissen als ein Ziel an und für sich, konfisziert und durch ein anderes ersetzt wurde, das keine Schule schlüssig verfolgen, geschweige denn zuverlässig liefern kann, nämlich Gleichheit.

Inwieweit ist Sesshaftigkeit heute erreichbar? Wie können Konservative die Grenze aufzeigen zu den Dingen, die nicht mehr verändert werden sollten in einer Welt der ersetzbaren Beziehungen, der allgegenwärtigen Kommerzialisierung, der anschwellenden Migration und der ständigen Erosion unseres sozialen und politischen Erbes? Kann man sesshaft werden in einer Welt, in der alles und jedes in Bewegung ist, und wenn ja, können Konservative an einem solchen Ort Flagge zeigen und sagen, dies ist eine Ordnung, die wir verteidigen? Selbst wenn wir meine Argumente für präpolitische Mitgliedschaften akzeptieren, selbst wenn wir anerkennen, dass die Mitgliedschaft im Sinne Michael Oakeshotts als Teilhabe an einer bürgerlichen, von jedem übergeordneten Ziel befreiten Assoziation gestaltet sein muss, müssen wir anerkennen, dass ohne ein gewisses Maß an Stabilität eine solche Einrichtung kaum das Vertrauen wird herstellen können, von dem sowohl die bürgerliche Gesellschaft als auch die bürgerliche politische Ordnung abhängen.

Das zweite Hauptgesetz der Thermodynamik besagt, dass die Entropie immer weiter zunimmt und dass jedes System, jeder Organismus, jede spontane Ordnung auf lange Sicht zerfallen wird. Sind es nicht die Konservativen, die diese Wahrheit einfach nicht akzeptieren können – die Wahrheit, dass »auch das vorübergehen wird«, wie es in einem angelsächsischen Gedicht heißt? Ich antworte darauf, dass die Vergänglichkeit menschlicher Güter den Konservativismus nicht seines Sinns beraubt, ebenso wenig, wie die Medizin nicht sinnlos wird dadurch, dass »wir langfristig alle tot sind«, wie John Maynard Keynes sagte. Stattdessen sollten wir Lord Salisburys knappe Zusammenfassung seiner eigenen Philosophie beherzigen, dass nämlich »Verzögerung Leben ist«.

Der Konservativismus ist die Philosophie der Zugehörigkeit. Wir sind verbunden mit Dingen, die wir lieben und vor dem Verfall bewahren wollen. Aber wir wissen auch, dass sie nicht ewig Bestand haben werden. Derweil müssen wir die Wege auskundschaften, wie wir sie trotz der vielen Veränderungen, die sie durchmachen müssen, bewahren können, sodass wir unser Leben weiterhin mit Wohlwollen und in Dankbarkeit fortführen können. Die jetzt folgende Erörterung versucht zu umreißen, was uns noch bleibt, warum es wertvoll ist, und wie wir es bewahren und damit auch die Freiheit und Zufriedenheit erhalten können, die wir als Begünstigte der westlichen Zivilisation bisher für selbstverständlich gehalten haben.

3. Die Wahrheit im Nationalismus

Als die französischen Revolutionäre auf die Bühne der Weltpolitik stürmten, taten sie es mit der Deklaration, dass von nun an die Treue der Bürger weder dem Monarchen noch dem Gesetz noch einer Gottheit gelten werde, sondern der Nation. In seiner aufrührerischen Flugschrift *Was ist der dritte Stand?* aus dem Jahre 1789 drückte dies Abbé Sieyès kurz und bündig aus:

> *»Die Nation existiert vor allem, sie ist der Ursprung von allem, ihr Wille ist immer gesetzmäßig. (...) Auf welche Art und Weise eine Nation auch will, allein die Tatsache, dass sie will, ist ausreichend; dazu sind alle Formen gut, und ihr Wille ist immer das höchste Gesetz.«*[30]

Zwanzig Jahre und zwei Millionen Tote später, nachdem der Wille der französischen Nation durch Napoleons Eroberungsfeldzüge über Europa verbreitet wurde, zeigte es sich, dass ein vollkommen neues Konzept des politischen Lebens in das europäische Bewusstsein gerückt war. Überall auf dem Kontinent riefen nationalistische Bewegungen die Menschen gegen lokale Herrscher und Imperien zu den Waffen, versammelten sie im Namen von fiktiven Ideen wie Rasse und Stammeszugehörigkeit, warben für eine Sprache und gegen eine andere, für eine Lebensweise statt der der Nachbarn, und erschütterten im Allgemeinen alles, was nach dem von Napoleon verursachten Unglück noch nicht erschüttert wurde.

---

30 Emmanuel Joseph Sieyès: *Was ist der Dritte Stand?*, hrsg. Von Oliver W. Lembcke und Florian Weber übersetzt von Eberhard Schmitt, Akademie Verlag 2010 (s. Google-Books) S. 111.

Die verheerenden Folgen beschreibt Adam Zamoyski in dem Buch *Holy Madness*,[31] sie waren darüber hinaus Gegenstand endloser Kommentare von Historikern, die nach den Gründen der beiden Weltkriege suchten. Als 1945 wieder Frieden hergestellt wurde, Deutschland in Trümmern lag und die Nationalstaaten Osteuropas fest unter sowjetischer Kontrolle standen, kam eine Art politischer Konsens innerhalb der neuen politischen Klasse auf – der Klasse, die die Aufgabe hatte, die besiegten Nationen wieder aufzurichten. Dieser Konsens besagte, dass Europa durch den Nationalismus zerrissen worden sei und der Kontinent nur dann eine Zukunft habe, wenn die nationalen Loyalitäten, die so viele Kriege verursacht hätten, still und diskret durch etwas anderes ersetzt würden. Was dieses Andere sein könnte, war eine andere Frage, und diese Frage wurde im Prozess der europäischen Integration so tief vergraben, dass es inzwischen nicht mehr möglich ist, sie zu beantworten.

Aber war die gegen den Nationalismus gerichtete Reaktion richtig? Um die Frage kurz zusammengefasst zu beantworten: Nationalismus als Ideologie ist gefährlich, genau so, wie jede Ideologie gefährlich ist. Er besetzt den Raum, den die Religion geräumt hat, und indem er das tut, veranlasst er den wahren Gläubigen, die nationale Idee anzubeten und in ihr etwas zu suchen, was sie nicht geben kann: den letztendlichen Sinn des Lebens, den Weg zur Erlösung und Trost für alle Leiden. Das ist die nationale Idee, zu der Sieyès aufruft, und die auch in den Publikationen von Nazi-Deutschland zu finden ist. Aber das ist nicht die nationale Idee, die im Alltagsleben der europäischen Völker eine Rolle spielt. Für einfache Menschen, die im freien Zusammenschluss mit ihren Nachbarn leben, bedeutet »Nation« einfach die historische Identität und die fortdauernde Loyalität, die sie in ihren jeweiligen Staaten eint. Sie ist der Erste-Person-Plural der Sesshaften. Die Gefühle der nationalen Identität können durch Kriege, Agitation oder Ideologie entflammt werden, und dieses Auf-

31 Adam Zamoyski, *Holy Madness: Romantics, Patriots and Revolutionaries*, London, Weidenfeld, 2001.

flammen hat mehrere Stufen. Aber in ihrer normalen Form sind diese Gefühle nicht nur friedlich, sie sind sogar eine Form des Friedens unter Nachbarn.

Gerade weil wir imstande sind, unsere Mitgliedschaft in einem territorialen Begriff zu fassen, können wir in den westlichen Ländern jene elementaren Freiheiten genießen, die für uns die Fundamente der politischen Ordnung bedeuten. In Staaten, die auf religiöse Abhängigkeit statt der säkularen Zugehörigkeit gegründet sind, ist die Gewissensfreiheit immer gefährdet, wenn überhaupt vorhanden. Wir dagegen genießen nicht nur die Freiheit, anderen in Sachen Glauben und Privatleben öffentlich widersprechen zu dürfen, sondern auch die Freiheit, religiöse Feste der Satire auszusetzen und religiösen Unsinn lächerlich zu machen.

Gegen Ende des siebzehnten Jahrhunderts gewann die Aufklärung überall in der christlichen Welt an Einfluss. Man fing an zu akzeptieren, dass wir unsere Angelegenheiten in dieser Welt selbst regeln können, indem wir unsere eigenen Gesetze verabschieden, und das bedeutete, dass diese Gesetze von Menschen gemacht waren, säkular, und so weit wie möglich neutral, wenn es im Staate mehrere, miteinander konkurrierende Religionen gab. Und man hatte akzeptiert, dass das weltliche Recht den Vorrang hat, wenn es einen erkennbaren Zusammenprall zwischen dem weltlichen Recht und der religiösen Überzeugung geben sollte. Die Hoffnung war, dass die beiden Sphären der Verpflichtungen, die heilige und die weltliche, auf diesem Wege ausreichend voneinander getrennt seien, sodass es – wenn überhaupt – nur zu geringfügigen Überschneidungen kommen würde. Um es direkt zu sagen: Die Religion ist in unserer Gesellschaft eine Privatangelegenheit geworden, die keine Ansprüche an die Gemeinschaft als Ganzes stellt.

Es besteht kein Zweifel daran, dass unser Erbe des säkularen Rechts sehr wertvoll und ein Gut ist, das wir in Anbetracht der vielen Gefahren, die ihm drohen, verteidigen sollten. Es ist unsere prinzipielle Verteidigung gegen die Tyrannei der Mehrheit, wie sie Tocqueville und John Stuart Mill genannt haben. Die Meinungen der Mehrheit können falsch sein, die Wünsche der Mehrheit können bösartig sein, die Stärke der Mehrheit kann gefährlich sein. Deshalb gibt es jemanden, der wichtiger ist als die Mehrheit, nämlich die Person, die anderer Meinung ist. Diese Person müssen wir schützen. Sie ist diejenige, der Frage aufwerfen kann, die keine Menschenmenge hören will, nämlich danach, ob die Menge Recht hat. Wenn die Opposition nicht beschützt wird, gibt es keine Tür, durch die die Vernunft in die Regierungspolitik Einzug halten kann. Aber wie kann die Opposition geschützt werden? Wie wird das Einverständnis darüber möglich, dass man nicht einverstanden ist?

In der Familie kommen Menschen häufig zusammen, um gemeinsame Angelegenheiten zu besprechen. Dabei wird es viele Meinungen geben, widersprüchliche Ratschläge, und es können sich sogar Lager bilden. Aber in einer glücklichen Familie wird am Ende jeder akzeptieren, dass die endgültige Entscheidung für alle bindend ist, selbst wenn man mit ihr nicht einverstanden war. Das geschieht, weil sie ein gemeinsames Interesse daran haben, zusammenzubleiben. Es gibt etwas, was ihnen wichtiger ist als die eigene Meinung, und das ist die Familie, denn sie sind ja zusammengekommen, um deren Wohl und Zukunft zu diskutieren. Anders gesagt: Die Familie ist ein Teil ihrer *Identität*, das ist es, was sich nicht ändert, auch wenn sich ihre Meinungen ändern und in Konflikt geraten. Die geteilte Identität entzieht der Meinungsverschiedenheit das Gift. Das ermöglicht Opposition und rationale Diskussionen und ist das Fundament jeder Lebensweise, in der vielmehr der Kompromiss als die Diktatur die Norm ist.

Das Gleiche gilt für die Politik. Opposition, Uneinigkeit, die freie Äußerung von abweichenden Meinungen und das Gesetz des Kompromisses – das alles setzt die gemeinsame, geteilte Identität voraus. Es muss einen Erste-Person-Plural, ein »Wir«, geben, wenn viele Individuen zusammenbleiben und die Meinungen und Wünsche anderer trotz Uneinigkeit akzeptieren sollen. Die Religion bietet so einen Erste-Person-Plural: Ich kann mich als Christ oder Moslem definieren, und das mag ausreichen, um mich mit meinen Mitgläubigen zu verbinden, auch wenn wir über die tägliche Praxis nicht einverstanden sind. Aber diese Art des Erste-Person-Plurals kann nicht einfach mit der Politik vereinbart werden. Insbesondere akzeptiert er nicht die grundsätzlichste Uneinigkeit innerhalb des Staates, nämlich die zwischen den Gläubigen, die die religiösen Regeln akzeptieren, und den Ungläubigen, die dies nicht tun.

Deshalb brauchen Demokratien ein nationales statt eines religiösen oder ethnischen »Wir«. Der Nationalstaat, wie wir ihn heute verstehen, ist ein Nebenprodukt menschlicher Nachbarschaft, geformt durch die »unsichtbare Hand« der zahllosen Übereinkünfte zwischen Menschen, die die gleiche Sprache sprechen und Seite an Seite miteinander leben. Er ist ein Produkt der Kompromisse, die nach vielen Konflikten erreicht wurden, und drückt die sich langsam herausbildende Übereinkunft unter Nachbarn aus, einander Raum zu gewähren und diesen Raum als gemeinsames Territorium zu verteidigen. Die ethnischen und religiösen Minderheiten auf diesem Territorium wurden bewusst absorbiert und der Nationalstaat passte sich ihnen an, ebenso wie diese sich dem Nationalstaat anpassten. Der Nationalstaat ist von örtlichen Gebräuchen und der Routine der gegenseitigen Toleranz abhängig. Seine Gesetze sind territorial statt religiös, und er beruft sich auf keine höhere Macht als auf die von seinen Bürgern geteilten immateriellen Werte.

All diese Eigenschaften sind Stärken, denn sie passen in die Form einer vorpolitischen Loyalität. Wenn und solange sich die Menschen nicht mit dem Land, seinem Gebiet und seinem kulturellen Erbe identifizieren – und das ist etwas Ähnliches wie die Identifikation mit der Familie –, wird die Politik des Kompromisses nicht entstehen. Wir müssen unsere Nachbarn ernst nehmen, als Menschen, die das gleiche Recht auf Schutz haben und für die wir, wenn nötig, in Zeiten von Krisen, tödliche Gefahren auf uns nehmen müssen. Wir tun dies, weil wir daran glauben, dass wir *zusammengehören* in einem *gemeinsamen Heim*. Die Weltgeschichte beweist es: Wo auch immer die Menschen ihre Identitäten nicht mit ihren Nachbarn teilen, fällt der Staat unter dem ersten schweren Schicksalsschlag auseinander, so wie es im früheren Jugoslawien, in Syrien, Somalia und in Nigeria geschehen ist.

Es gibt noch einen weiteren, tieferen Grund, um an der Nation als Quelle der rechtlichen Verpflichtungen festzuhalten. Nur wenn das Gesetz ein Produkt der nationalen Souveränität ist, kann es sich den Veränderungen der menschlichen Bedingungen anpassen. Dies zeigt sich beim vergeblichen Versuch moderner islamischer Staaten, nach dem Gesetz der Scharia leben zu wollen. Die ursprünglichen Schulen der islamischen Jurisprudenz, die während der Regierungszeit des Propheten in Medina entstanden waren, erlaubten es den Juristen, die offenbarten Gesetze den wechselnden Bedürfnissen der Gesellschaft durch einen Prozess der Reflexion – bekannt als *Idschtihad*, also Anstrengung – anzupassen. Doch das Verfahren wurde im 8. Jahrhundert beendet, als die dominierende theologische Schule behauptete, dass alle wichtigen Angelegenheiten erledigt und deshalb die »Tore des *Idschtihad*« geschlossen seien.[32] Dies schien der einzige Weg zu sein, um Gottes absolute und ewige Entscheidungen in Anbetracht der menschlichen Doppelzüngigkeit und der Neigung zur Abtrünnigkeit zu bewahren. Wenn also heute Geistliche die Macht übernehmen, greift das Recht auf Rezepte, die für das Regieren einer längst verschwundenen Gemeinschaft entworfen wurden. Juristen haben daher große Schwierigkeiten, ein derartiges Recht dem Leben von modernen Menschen anzupassen.

Um es kurz zu sagen: Das säkulare Recht passt sich an, das religiöse verharrt. Genau genommen, gerade weil sich die Scharia nicht angepasst hat, weiß niemand so recht, was sie vorschreibt. Sagt sie uns, dass Ehebrecher zu Tode gesteinigt werden sollen? Manche sagen Ja, andere sagen Nein. Sagt sie uns, dass Geldinvestitionen, die Zinsen bringen, in allen Fällen verboten sind? Manche sagen Ja, andere sagen Nein. Wenn Gott die Gesetze macht, sind diese Gesetze genauso mysteriös wie Gott selbst. Wenn wir selbst Gesetze schaffen, tun wir dies für unsere Zwecke und wissen genau, was wir wollen.

32 Siehe Robert Reilly, *The Closing oft he Muslim Mind*, Wilmington, ISI Books, 2011.

Die einzige Frage ist: Wer ist *wir?* Und unter den modernen Bedingungen gibt es nur eine Antwort auf diese Frage: Es ist die Nation. Ohne diese Antwort wüssten wir nicht weiter.

Wie ich schon angemerkt habe, fing die politische Elite der besiegten Länder nach dem Zweiten Weltkrieg an, dem Nationalstaat kritisch gegenüberzustehen. Die Europäische Union war im Glauben entstanden, dass nationale Gefühle für die europäischen Kriege verantwortlich seien, und deshalb brauche man eine neue, transnationale Form von Regierung, die die Menschen um ihre gemeinsamen Interessen in friedlicher Koexistenz vereinigt. Bedauerlicherweise entstehen menschliche Identitäten nicht auf diesem Wege. Es gibt keinen Erste-Person-Plural, dessen politischer Ausdruck die europäischen Institutionen wären. Die Union ist auf einen Vertrag gegründet, und Verträge leiten ihre Autorität von den unterzeichnenden Einheiten ab. Diese Einheiten sind die Nationalstaaten Europas, und denen gelten die Loyalitäten der europäischen Völker. Die Union, die ins Leben gerufen wurde, um diese Loyalitäten zu überwinden, leidet deshalb unter einer permanenten Legitimationskrise.

Die von Gott erlassenen Gesetze haben den gleichen unveränderlichen und unergründlichen Charakter wie ihr Autor. Das Gleiche gilt für Gesetze, die durch Verträge niedergelegt wurden. Verträge sind schwere Erbschaften, und deshalb sollten sie von Ländern nur für besondere und unverzichtbare Zwecke, aber niemals als Mittel des Regierens eingegangen werden. Als der Vertrag von Rom 1957 unterzeichnet wurde, enthielt er eine Klausel, die die freie Bewegung von Kapital und Arbeit unter den Unterzeichnern zuließ. In dieser Zeit waren die Einkommen und die Gegebenheiten in den wenigen Unterzeichnerländern in etwa gleich. Heute jedoch ist die Lage eine vollkommen andere. Die Europäische Union wurde (ohne dafür ein Mandat von den Bürgern erhalten zu haben) auf die meisten früheren kommunistischen Staaten Osteuropas ausgedehnt, dessen Bürger nun das gesetzlich niedergelegte Recht haben, sich innerhalb der nationalen Grenzen Großbritanniens niederzulassen und in die Konkurrenz um Jobs einzutreten, obwohl es in Großbritannien zwei

Millionen Arbeitslose gibt, und die Infrastruktur und die städtischen Strukturen unter dem Druck der Überbevölkerung ächzen. Viele britische Bürger sind darüber nicht glücklich. Doch weil das Gesetz, das dies erlaubt, Teil eines Vertrages ist, und weil der Vertrag Vorrang gegenüber der parlamentarischen Gesetzgebung genießt, kann nichts dagegen getan werden. Es ist, als würden die Briten auch durch irgendein göttliches Gesetz regiert, als enthielte jede darin enthaltene Verordnung Gottes Willen, weshalb selbst die allernotwendigsten Änderungen aus unerforschlichen Gründen unmöglich sind.

Warum konnte das Experiment einer föderalen Regierung, die in Europa zu einem unberechenbaren Imperium geführt hat, in Amerika eine lebendige Demokratie erschaffen? Die Antwort ist einfach: Weil der amerikanische Föderalismus einen Nationalstaat und kein Imperium erschaffen hat. Dies geschah trotz der Auseinandersetzungen über die Rechte der Staaten, trotz des Bürgerkriegs, des Erbes der Sklaverei und der ethnischen Konflikte. Es konnte geschehen, weil die amerikanische Besiedlung säkulare Rechtsstaatlichkeit, territoriale Rechtsprechung und eine gemeinsame Sprache an einem Ort geschaffen hatte, an dem die Menschen emsig dabei waren, ihr *Zuhause* zu errichten. Die amerikanische Besiedlung verlangte von ihnen, einander in allererster Linie als *Nachbarn* zu behandeln, und nicht als Angehörige einer Rasse, einer Klasse, einer ethnischen Gruppe oder einer Religion. Sie waren alle zusammen Siedler in einem gemeinsamen Land. Ihre Loyalität zur politischen Ordnung entwuchs den nachbarschaftlichen Verpflichtungen, die Auseinandersetzungen unter ihnen mussten mithilfe der *Gesetze des Landes* gelöst werden. Das Recht galt innerhalb von territorialen Grenzen, die durch die vorher schon bestehende Verbundenheit der Bürger definiert wurden, und nicht durch irgendeine transnationale Bürokratie, die von Menschen, denen solche Grenzen nichts bedeuteten, gekapert werden konnte.

Kurz gesagt, Demokratie braucht Grenzen, Grenzen brauchen den Nationalstaat. Alles, was dazu beiträgt, dass die Menschen ihre Identität durch den *Ort, zu dem sie gehören,* definieren, spielt bei der Festigung ihres Gefühls der nationalen Zugehörigkeit eine Rolle. Ein

Beispiel dafür ist das *common law* der Angelsachsen, in dem Gesetze durch die Lösung lokaler Konflikte entstehen, und nicht von einem Herrscher verkündet werden. Das *common law* hat eine große Rolle dabei gespielt, die englische und amerikanische Überzeugung zu stärken, dass das Gesetz ein gemeinschaftliches Gut von all jenen ist, die innerhalb seines Gültigkeitsbereichs siedeln, und nicht das Werk von Priestern, Bürokraten oder Königen. Die gemeinsame Sprache und das gemeinsame Bildungswesen haben eine ähnliche Wirkung, indem sie Vertrautheit, Nähe und alltägliche Gepflogenheiten in Quellen der Verbundenheit verwandeln. Das Entscheidende bei der Entstehung der Nation ist, dass sie von unten wächst, durch die gewohnheitsmäßige freie Zusammenkunft unter Nachbarn, und so viel mehr Loyalität zum Ort und seiner Geschichte hervorbringt als zu Religionen und Dynastien, oder – wie heute in Europa – zu einer zum Selbstzweck gewordenen politischen Klasse. Nationen können zu einem komplexeren Ganzen verschmelzen – wie Wales, Schottland und England verschmolzen sind – oder sie können auseinandergehen wie die Tschechen und die Slowaken, oder wie das Vereinigte Königreich eines Tages auseinanderbrechen kann, wenn die Schotten ihre Souveränität wiederhaben wollen. Nationale Grenzen können schwach oder stark, porös oder undurchlässig sein. Aber in allen Formen verleihen sie den Bürgern eine Identität, unter der diese ihre Rechte und Pflichten als Staatsbürger und ihre Treue zu jenen zusammenfassen, von denen sie bei der Herstellung des inneren Friedens am meisten abhängen.

Das ist es, was am Nationalismus richtig ist, so, wie ich das sehe. Wenn wir uns die Frage stellen, wo wir hingehören, was unsere Loyalität und unsere Verpflichtungen bestimmt, so werden wir darauf weder in einer gemeinsamen Religion, noch weniger in den Bindungen des Stammes und der Verwandtschaft eine Antwort finden. Wir finden sie in den Dingen, die wir mit unseren Mitbürgern teilen, und insbesondere in dem, was uns hilft, Rechtsstaatlichkeit und eine einvernehmliche Politik zu verwirklichen.

Das Erste unter diesen Dingen ist das Territorium. Wir glauben daran, dass wir ein gemeinsames, durch das Recht bestimmtes Territorium bewohnen, dass es *uns* gehört, es ist der Ort, wo wir sind und wo unsere Kinder auch sein werden. Selbst wenn wir von anderswo kommen, ändert dies nichts an der Tatsache, dass wir uns diesem Territorium verpflichtet fühlen und unsere Identität – zumindest teilweise – durch es definieren.

Von fast gleich großer Bedeutung sind Geschichte und Gepflogenheiten, durch die das Territorium besiedelt wurde. Es gibt Rituale und Gepflogenheiten, die hier üblich sind, und die die Nachbarn im Geiste einer gemeinsamen Heimat verbinden. Zu den Ritualen und Sitten können auch Gottesdienste gehören, aber sie sind keineswegs unverzichtbar. Wenn es notwendig ist, können Rituale und Sitten neu interpretiert werden, um Nachbarn mit einzubeziehen, die anderen Glaubens sind. Deshalb haben die Erzählungen und Sitten der Heimat immer öfter säkularen Charakter. Die Geschichten mögen nicht wirklich wahr sein, sie können viele Mythen enthalten, wie die Geschichten, die die Franzosen über Jeanne d'Arc, die Bastille und über die Revolution, oder die Schotten über Robert the Bruce[33] und die Aufstände der Jacobiten[34] erzählen. Diese Geschichten sind das Ergebnis der gemeinsamen Loyalität und nicht ihre Quelle: Die Loyalität entsteht nicht, weil man an die Geschichten glaubt, sondern umgekehrt, weil die Loyalität sie braucht. Die Geschichten ändern sich je nach den Bedürfnissen des Erste-Person-Plurals. Sie sind, wie Platon sagte, edle Lügen, faktische Unwahrheiten, die wahre Gefühle ausdrücken. Rationale Menschen werden sie durchschauen und sie trotzdem respektieren, so, wie man religiöse Überzeugungen, die man nicht teilt, oder die Nationalhelden anderer Länder respektiert.

Deshalb gibt es in der Regel drei Arten von nationalen Mythen: Erzählungen von Ruhm, von Aufopferung und von Emanzipation,

---

33 Anm. der Übersetzerin: Robert the Bruce (1274–1329), König von Schottland von 1306 bis zu seinem Tod.

34 Anm. der Übersetzerin: Jacobiten wurden die Anhänger des katholikenfreundlichen Königs und Thronprätendenten Jacob II. (1633–1701) genannt.

wie man sie in den Geschichtsbüchern der jeweiligen Epoche finden kann. Viktorianische Geschichten erzählen von der *Gesegneten Insel* und ihrer Verteidigung, der Glorreichen Revolution und dem Aufbau des Empire, in dem die Sonne niemals untergeht. Hinter diesen Erzählungen des Ruhms tauchen die Geschichten der Aufopferung auf, die nationalen Mythen, die die Briten während der beiden Weltkriege bestärkten. Nichts verkörpert den Übergang von Ruhm zu Aufopferung besser als der 1948 in den Ealing Studios gedrehte Film *Scott of the Antarctic*, der dem Geist der Briten während der Entbehrungen des Zweiten Weltkriegs ein Denkmal setzte. Heute würden wir sagen, dass die Expedition Scotts von ähnlichen Motiven wie die Konkurrenz unter Schuljungen angetrieben wurde, sie war eine ultimative nutzlose Geste, für die die britischen Tugenden einem extremen Test unterzogen wurden. Scott und sein Team waren das transzendentale Ebenbild des »guten Verlierers«: der Spieler, der mit einem Lächeln im Gesicht alles opfert und weit weg von der Heimat beerdigt liegt, mit keiner anderen Leistung als der ehrenhaften Haltung, die zu seinem Ende geführt hatte. Der Sieg im Zweiten Weltkrieg kostete die Briten alles, was sie hatten. Aber Scotts Tod war der mythische Beweis dafür, dass Verlust der Gewinn sein kann.

Der Mythos der Aufopferung musste inzwischen dem Mythos der Emanzipation weichen, und die Geschichtsbücher mussten erneut umgeschrieben werden. Jetzt beginnt die britische Geschichte mit der Emanzipation der Sklaven, schreitet durch die Emanzipation der Arbeiter, der Suffragetten und der Frauen weiter voran, um in der Emanzipation von allen in der auf Gleichheit gegründeten Gesellschaften von heute zu münden. Das ist der Mythos, den Danny Boyle in seiner Eröffnungszeremonie für die Olympischen Spiele von 2012 in London präsentiert und damit die Massen mit Stolz erfüllt hat. Dieser Mythos bestimmt die Lehrpläne für Geschichte in unseren Schulen, und obwohl er kaum ein Körnchen Wahrheit enthält, hat er den besonderen Vorteil – ebenso wie die französischen Revolutionserzählungen –, dass er von Linken akzeptiert werden kann, und so können alle mit dieser gemeinsamen Identität zueinander finden.

Die nationale Erzählung mag sich ändern, aber es gibt etwas, was ihr zugrunde liegt und immer erhalten bleibt: das säkulare Recht. Wir, die in der englischsprachigen Welt erzogen wurden, haben die Idee verinnerlicht, dass das Recht die Zielsetzung verfolgt, für Gerechtigkeit zwischen individuellen Parteien zu sorgen und nicht ein gleichförmiges Befehlsregime zu errichten. Auch andere westliche Systeme haben die Bindung der Bürger an die politische Ordnung gestärkt, insbesondere das Römische Recht und seine vielen Ableitungen (wie der *Code Napoléon* unter anderem). Seit Beginn des Christentums war es offenkundig, dass das Neue Testament kein Versuch war, das Recht des Römischen Reiches zu ersetzen, sondern ein Bestreben, innerhalb dessen Raum für spirituelle Entwicklung zu schaffen. Christus betonte, dass das säkulare Recht befolgt werden müsse, und dass unsere Verpflichtungen Gott gegenüber nicht forderten, ihm zu trotzen oder es zu ersetzen. Auch sollten wir den pedantischen Verordnungen der Thora nicht zu viel Aufmerksamkeit widmen, denn »der Sabbat ist für den Menschen gemacht, und nicht der Mensch für den Sabbat«.

Wenn jemand im Geiste der Lehre erzogen wurde, dass legitimes Recht von Gott abstamme und ihm zu gehorchen die erste Pflicht sei, der wird die Ansprüche der säkularen Rechtsprechung bestenfalls als irrelevant, schlimmstenfalls als Usurpation erachten. Das ist die Botschaft der Schriften von *Sayyid Qutb,*[35] insbesondere des Buches *Zeichen auf dem Weg* (auf Englisch »Milestones«, im Original *Ma'alim fi'l tariq*) aus dem Jahre 1964. Er prangert das säkulare Recht, die nationale Identität und den Versuch an, eine rein menschliche politische Ordnung zu errichten, ohne dabei auf den offenbarten Willen Gottes Bezug zu nehmen. Das ist in den Augen Qutbs Blasphemie. Seine Anhänger, zu denen Osama Bin Laden und sein Nachfolger Ayman al-Zawahiri gehörten, wollten auf der arabischen Halbinsel den Gottesstaat errichten, damit zuerst die Heimat des Propheten und

35 Anm. der Übersetzerin: Sayyid Qutb (1906–1966), ägyptischer Theoretiker der Muslimbruderschaft.

dann die ganze Welt durch die Gesetze des Propheten regiert werden. Seitdem haben sie ihre Basis – *al-qu'eda* – im Cyberspace errichtet, was ein durchaus passender Ort ist für eine Sache, die sich nirgendwo im Besonderen und überall im Allgemeinen befindet.

Die islamistischen Bewegungen versprechen ihren Anhängern nicht die Staatsbürgerschaft unter einer territorialen Rechtsprechung, sondern die Bruderschaft – *ikhwān* – unter der Regentschaft Gottes. Obwohl das erklärte Ziel die weltweite islamische *Umma* ist, unter der alle treuen Gläubigen in gemeinsamem Gehorsam zusammenfinden, ist das aktuelle Verhalten der Bruderschaft selektiv und ausschließend. Sie kann sich nie besonders weit ausbreiten, ohne explosive und gewalttätige Zurückweisung zu erfahren. Die Gemeinschaft von Brüdern ist kein neues Gebilde, keine Körperschaft, die für ihre Mitglieder sprechen könnte. Sie bleibt grundsätzlich im Plural, da *ikhwān* der Plural von *akh*, das heißt Bruder, bedeutet und benutzt wird, um eine Versammlung Gleichgesinnter zu bezeichnen, die durch ihre gemeinsame Verpflichtung zusammengekommen sind, und nicht eine Institution, die Anspruch auf Souveränität ihnen gegenüber hätte, oder das Recht, sie gegenüber der Welt zu vertreten. Brüder empfangen keine Befehle: Sie handeln gemeinsam als Familie, bis sie sich zerstreiten und gegeneinander zu kämpfen beginnen.[36]

Die Unterscheidung, die ich gemacht habe zwischen dem westlichen politischen Erbe, das auf dem säkularen Recht, der Staatsbürgerschaft und dem Nationalstaat beruht, und der traditionellen islamischen Sicht, die sich auf göttliche Gesetze, Bruderschaft und Unterwerfung unter einen universellen Glauben beruft, ist natürlich nur ein Teil der Geschichte. Die islamische Welt hat sich in verschiedene Richtungen entwickelt. Der Unterschied zwischen einem Land wie dem Iran, mit einem einst rebellischen schiitischen Glauben und einer langen Geschichte der religiösen Gelehrsamkeit und der

36 Dieser Punkt hat mit dem Fehlen einer körperschaftlichen Rechtspersönlichkeit im islamischen Recht zu tun. Welche Konsequenzen das hat, beschreibt Malise Ruthven, *Islam in the World*, Oxford, Oxford University Press, 2006.

Geisteswissenschaften auf der einen Seite, und Ländern wie dem Jemen, der teilweise immer noch so ist, wie der Prophet ihn noch erlebt haben mag, auf der anderen Seite, ist größer als irgendwo zwischen zwei Ländern der westlichen Welt. Die islamische Welt steht den nationalen Grenzen, die ihnen die westlichen Mächte und die Vereinten Nationen aufgezwungen haben, argwöhnisch gegenüber. Deshalb war es unvermeidlich, dass die Islamisten ihren Zorn gegen den Westen richten, der eine fremde politische Ordnung erschaffen und ihnen aufgezwungen hat.

Die Opposition gegen die nationale Idee kommt jedoch nicht nur von außen. Wenn man sich die Meinungsträger in Großbritannien und Europa anschaut, oder Institutionen wie die Universitäten, wo das Selbstbildnis der europäischen Gesellschaften entwickelt und zum Ausdruck gebracht wird, dann wird man überall auf die Kultur der Ablehnung stoßen. Egal welchen Aspekt des westlichen Erbes, auf den unsere Ahnen noch stolz waren, wir betrachten, er wird in Universitätsseminaren dekonstruiert. Egal welche positive Errungenschaft unseres politischen und kulturellen Erbes wir nehmen, sie wird von den Medien und der akademischen Welt in Anführungsstriche gesetzt und so der Eindruck erweckt, dass es sich dabei um Schwindel oder Betrug handele. Und es gibt einen wichtigen Teil der linken politischen Meinungsträger, die dieser Kritik beipflichten und bestrebt sind, sie politisch zu verwirklichen.

Es ist diese »Kultur der Zurückweisung«, wie ich sie nenne, der wir die jüngeren Angriffe auf den Nationalstaat und die nationale Idee zuzuschreiben haben. Aber der Konservativismus ist eine Kultur der Bejahung. Er handelt von den Dingen, die wir schätzen und bewahren wollen. Ich glaube daran, dass jeder, der versteht, was im globalen Konflikt, der sich zurzeit entfaltet, auf dem Spiel steht, auch erkennen wird, dass die Nation unbedingt zu bewahren ist. Im Weiteren werde ich mich deshalb an Bürger wenden, die ihre Rechte und Pflichten im Rahmen der Nation begreifen und gelernt haben, Gott auf den Platz zu stellen, der ihm zusteht.

4. Die Wahrheit im Sozialismus

Sozialisten glauben daran, dass menschliche Wesen in einem tieferen Sinne gleich sind. Sie glauben auch daran, dass wenn durch die gesellschaftliche Stellung Vorteile entstehen, sich diese Gleichheit darin zeigen sollte, wie Menschen behandelt werden. Was gleiche Behandlung bedeutet, ist freilich umstritten. Kriminelle werden nicht in der gleichen Weise behandelt wie gesetzestreue Bürger; alte, gebrechliche und behinderte Menschen werden nicht in der gleichen Weise behandelt wie die gesunden. Aber Sozialismus bedeutet für die meisten seiner Befürworter ein politisches Programm, das allen Bürgern die gleichen *Chancen* auf ein erfülltes Leben zusichert, unabhängig davon, ob diese Chance am Ende auch realisiert wird. Wenn Menschen ihre Chancen verspielen oder versuchen, auf kriminelle Weise unfaire Vorteile zu gewinnen, dann müssen sie dafür die Konsequenzen tragen. Doch die meisten Sozialisten sind heute Anhänger der Doktrin der »sozialen Gerechtigkeit«, nach der nicht das Unglück, sondern die Ungerechtigkeit daran schuld sei, wenn ehrliche Menschen das Leben unter Nachteilen beginnen, die sie durch eigene Anstrengungen nicht ausgleichen können, und die ein unüberwindbares Hindernis bei der Erlangung von jenen Vorteilen bedeuten, die die gesellschaftliche Mitgliedschaft mit sich bringt.

Diese Vorstellung von sozialer Gerechtigkeit mag nicht kohärent sein. Aber sie spricht Gefühle an, die wir teilen. Ich habe die Auffassung vertreten, dass der politische Prozess, wie wir ihn geerbt haben, auf den Bürger angewiesen ist, der wiederum von einem lebendigen Erste-Person-Plural abhängt. Und im vorigen Kapitel habe ich – für mich unwiderlegbare – Argumente dafür aufgezeigt, wie dieser Erste-Person-Plural im nationalen Rahmen entsteht.

In einer Gesellschaft, die innerlich gespalten ist, in der lokale Widersprüche und Klassenkampf jedes Verständnis für das gemeinsame Schicksal auslöschen, kann kein Erste-Person-Plural entstehen. Deshalb haben britische Konservative im 19. Jahrhundert öfter gemeinsame Ziele mit der Reformbewegung der Chartisten verfolgt, und der größte konservative Denker der viktorianischen Epoche, John Ruskin, hat viele seiner Schriften an die städtische Arbeiterklasse gerichtet. Benjamin Disraeli[37] war nicht der Erfinder der Tory-Idee von der »einen Nation«, aber im Vorwort zu seinem Roman *Sybil* machte er klar, dass die Sache der Konservativen verloren ginge, wenn sie die neu in die Industriestädte geströmten Menschen nicht ansprechen und ihre Lage nicht ernst nehmen würden. Ein glaubhafter Konservativismus muss Wege aufzeigen, wie die Vorteile der gesellschaftlichen Mitgliedschaft auch auf jene ausgeweitet werden können, die es nicht geschafft haben, sie aus eigener Kraft für sich zu erwerben.

Es ist der Zusammenarbeit in der Gesellschaft zu verdanken, dass wir uns heute an die Sicherheit, den Wohlstand und die Langlebigkeit gewöhnen durften, die vor dem 20. Jahrhundert nicht einmal für eine Minderheit von Aristokraten vorstellbar waren. Das Gewebe unserer Aktivitäten, das unser Schicksal eng mit Fremden, die wir niemals kennenlernen werden, verknüpft, ist so komplex, dass wir es nie werden auftrennen können. Die Vorstellung vom Gesellschaftsvertrag wird niemals allen Beziehungen gerecht werden können – den Versprechungen, der Liebe, dem Zwang, dem Mitgefühl, der Hilfe, der Kooperation, den Verboten, den Beschäftigungen und dem Handel –, die die Mitglieder einer Gesellschaft zu einem organischen Ganzen verbinden. Deshalb ist der Wert der Mitgliedschaft nicht schätzbar. Hobbes mag zwar Unrecht gehabt haben, als er glaubte, die Verpflich-

37 Anm. der Übersetzerin: Benjamin Disraeli (1804–1881) britischer konservativer Ministerpräsident und Schriftsteller. Unter dem »feudalen Prinzip« verstand er, dass jedes Recht zugleich auch eine Pflicht bedeutet. Wer ein Stück Land besitzt, sei auch verpflichtet, darauf so zu achten, dass es auch zukünftigen Generationen dienen kann.

tungen innerhalb einer Gesellschaft auf einen Vertrag reduzieren zu können. Aber er hatte sicherlich Recht, wenn er dachte, dass das Leben außerhalb der Gesellschaft »einsam, arm, hässlich, brutal und kurz« sein würde. Je mehr wir dieser Ordnung entnehmen, umso mehr müssen wir ihr auch zurückgeben. Dies ist keine vertraglich festgelegte Verpflichtung. Es ist eine Verpflichtung aus Dankbarkeit und gilt für alles. Und deshalb muss sie als ein Grundpfeiler in die konservative Vorstellung von Sozialpolitik eingebaut werden.

Das ist meiner Meinung nach die Wahrheit im Sozialismus: Die Wahrheit, dass wir voneinander abhängig sind und es unsere Aufgabe ist, die Vorteile der gesellschaftlichen Mitgliedschaft auch für jene erreichbar zu machen, die es nicht geschafft hatten, sie aus eigener Kraft für sich zu erwerben. *Wie* das geschehen kann, ist eine komplizierte politische Frage. Das heutige Europa bietet anschauliche Beispiele dafür, wie mehr als ein Jahrhundert, nachdem Bismarck den Sozialstaat erfunden hatte, Sozialleistungen an die nicht Beschäftigbaren und die Unbeschäftigten ausgeweitet werden, und wie Gesundheitsversorgung als öffentliches Gut angeboten wird, entweder umsonst und nach Bedarf, oder auf anderem Wege, als gemeinschaftlich finanzierter angemessener Ersatz für Ausgaben. All diese Systeme haben ihre Vor- und Nachteile. Aber alle bringen zwei Probleme mit sich.

Zum Ersten tragen sie dazu bei, dass eine neue Klasse von Abhängigen entsteht. Es sind Menschen, die von Sozialleistungen abhängig sind, vielleicht schon seit mehreren Generationen, und die jeden Antrieb verloren haben, anders leben zu wollen. Oft sind Leistungen so strukturiert, dass jeder Versuch, ihnen durch Arbeit zu entkommen, zu einem Verlust statt einem Zugewinn beim Familieneinkommen führt.[38] Wenn erst dieser Kreislauf der Belohnung etabliert ist, entstehen Erwartungen, die innerhalb der betroffenen Familien weitergegeben werden. Phänomene wie außereheliche Geburten, Simulation

38 Beispiele dafür siehe in: Frank Field, *Welfare Titans, and Other Essays on Welfare Reform*, London, Civitas, 2002.

von Krankheiten und Hypochondrie werden belohnt und von Eltern an Kinder weitergegeben. So entsteht eine Klasse von Bürgern, die niemals von ihrer Arbeit gelebt haben und auch keinen kennen, der es je getan hätte. Die Kosten sind in erster Linie nicht wirtschaftlicher Natur: Die Sozialleistungen wirken sich direkt auf das Gefühl der Mitgliedschaft aus, indem sie die verantwortlich Lebenden erbosen und die abhängige Minderheit ihrer Möglichkeiten berauben, eine vollwertige bürgerliche Existenz zu führen.[39]

Zum anderen haben die Sozialsysteme das Problem, dass sie – so wie sie bisher entworfen sind – ein offenes Budget haben. Ihre Kosten steigen unentwegt: Das kostenlose Gesundheitssystem verlängert die Lebensspanne der Bevölkerung und führt zu immer höheren Kosten gegen Ende des Lebens und auch zu Belastungen des Rentensystems, die nicht durch die Einzahlungen gedeckt ist. Die Folge ist, dass Regierungen immer mehr Anleihen auf die Zukunft nehmen und das Vermögen der Ungeborenen im Interesse der jetzt Lebenden belasten. Die immer weiter wachsende öffentliche Schuld wird bedient, weil man annimmt, dass Regierungen nicht pleitegehen können und auch nicht pleitegehen werden, solange die Verschuldung auf dem heutigen Niveau bleibt. Doch die Vertrauenswürdigkeit der Staatsschuld hat durch die Ereignisse in Griechenland und Portugal schwer gelitten, und sollte das Vertrauen ganz schwinden, so wird ihm der Sozialstaat – zumindest so, wie wir ihn heute kennen – folgen.

Die Wahrheit im Sozialismus weist deshalb auf ein großes und weiter wachsendes politisches Problem hin. Zwei Hindernisse stehen modernen Regierungen im Weg, dieses Problem anzusprechen. Das erste ist die extreme Politisierung des Problems, weshalb es gefährlich geworden ist, die Wahrheit auszusprechen und dementsprechend schwer, danach zu handeln. Das zweite Hindernis ist, dass das Problem sehr eng mit den Debatten über die Natur des Staates verknüpft ist. Zu der Zeit, als Karl Marx am *Kapital* und am *Kommu-*

39 Für eine detaillierte Analyse der Lage in den USA siehe: Charles Murray, *Losing Ground: American Social Policy*, 1950–1980, New York, Basic Books, 1984.

nistischen Manifest gearbeitet hat, schien es selbstverständlich zu sein, den Klassenwiderspruch in der Sprache des Krieges zu beschreiben. In der marxschen Vision wird das Proletariat, das nichts außer seiner Arbeitskraft besitzt, von der Bourgeoisie, dem Besitzer der Produktionsmittel, ausgebeutet, indem sie ihm Stunden von »unbezahlter Arbeit« abpresst, die dann in seinen Händen zum »Mehrwert« gerinnt. Für Marx war das Verhältnis zwischen Bourgeoisie und Proletariat grundsätzlich antagonistisch, und er sagte voraus, dass es zu einem offenen »Klassenkampf« führen werde, wenn die »Lohnsklaven« einmal aufstehen, um ihre Herren zu enteignen. Doch dieser Kampf brach nur dann aus, als Intellektuelle die Chance bekamen, sie anzustacheln – so, wie es Lenin in Russland und Mao in China getan haben, in Ländern, von denen keines eine echte städtische Arbeiterklasse besaß.

Die Kriege des 20. Jahrhunderts führten uns die grundsätzliche Wahrheit vor Augen, dass Menschen bereit sind, für ihr Land zu kämpfen und sich zusammenzuschließen, um es zu verteidigen, aber sie werden nur selten für ihre Klasse kämpfen, selbst wenn Intellektuelle sie dazu drängen. Zugleich aber erwarten die Menschen, dass der Staat ihre Loyalität belohnt. So ging der moderne Sozialstaat ganz selbstverständlich und einem Konsens entsprechend aus den Kriegen des 20. Jahrhunderts hervor. Dringend notwendig ist heute nicht nur eine Reform des Sozialstaats, sondern auch des Konsenses, der zu seiner Gründung führte.

Wie die Debatte über Obamacare gezeigt hat, ist in Amerika darüber kein Konsens zu erreichen. Im Gegensatz zu den Regelungen von Medicare, einem Ergebnis der Verhandlungen der zwei wichtigsten Parteien, war Obamacare die Initiative einer einzigen Partei ohne Zustimmung der Opposition, und die Bestimmungen wurden unter 2000 Seiten von juristischem Jargon vergraben, deren Bedeutung weder der Öffentlichkeit noch dem Kongress je genau erklärt wurde. Wie zu erwarten war, führte das Gesetz zur Polarisierung der öffentlichen Meinung und zur Beschädigung des politischen Prozesses, währenddessen beide Seiten von sich behaupteten, die Interessen der Bürger zu vertreten. Doch keine Seite konnte davon überzeugen, dass zu den »Bürgern« auch jene gehörten, die ihr nicht zustimmten.

Ganz ähnlich wurden die jüngsten Versuche der Konservativen Partei zur Reform des Sozialsystems, mit der sie versuchte, die Armutsfalle zu vermeiden und das System bezahlbar zu machen, von den Linken als »ein Angriff auf die Armen und Verletzlichen« kritisiert. Überall in der westlichen Welt wird das Sozialsystem in seiner heutigen Form unbezahlbar, und das ständige Beleihen der Zukunft macht seinen absehbaren Zusammenbruch umso verheerender. Aber nur selten wagt es eine regierende Partei, radikale Reformen vorzunehmen, weil sie Angst haben, Geiseln der Linken zu werden, für die das Problem Kultcharakter hat und ein Mittel ist, ihre ausgelieferten Wähler bei der Stange zu halten.

Die Debatten sind weiter verfälscht worden durch die weit verbreitete relative Definition der Armut. Peter Townsend führte in seinem 1979 erschienenen Buch *Poverty in the United Kingdom*[40] den Begriff der »relativen Entbehrung« ein, womit er die vergleichsweise geringeren Möglichkeiten von Personen verstand, den Wohlstand der Umgebung zu genießen. Die Schlussfolgerung daraus war, dass 15 Millionen Briten (ein Viertel der Gesamtbevölkerung) am Rande der Armut lebten. Auf einer ähnlichen Grundlage definierte die letzte Labour Regierung Armut als einen Zustand, in dem jemand weniger als 60 Prozent des Durchschnittseinkommens zur Verfügung hat. Da es aufgrund der ungleichen Verteilung von Talenten, Energie und Fleiß unvermeidlich ist, dass es Menschen gibt, die über weniger als 60 Prozent des Durchschnittseinkommens verfügen, bedeutet diese Definition, dass die Armut, egal wie wohlhabend die Ärmsten auch sein mögen, niemals verschwinden wird. Mit diesem Trick ist es gelungen, jede Regierung wegen der Armen anzugreifen, selbst wenn deren Politik das Lebensniveau verbessert hatte. Die relative

40 Peter Townsend, *Poverty in the United Kingdom*, Harmondsworth, Penguin Books, 1979.

Definition untermauert auch den großen sozialistischen Irrglauben, demnach die Armen arm sind, weil die Reichen reich sind. Das impliziert, dass Armut nur durch Gleichheit, nicht aber durch Reichtum behoben werden könne.

Das zweite große Hindernis, das dem schlüssigen Nachdenken über die Armut im Wege steht, ist die Rolle, die der Staat heute im Leben seiner Klienten spielt. Wenn der Staat für den Lebensunterhalt sorgt, dann wird der Klient für den Politiker stimmen, der die Versorgung verspricht. Auf diesem Wege ist es linken Parteien gelungen, einen zuverlässigen Block von Wählern aufzubauen, deren Stimmen sie mit den Steuern jener erkaufen, die die andere Seite wählen. Diese Verwicklung des Staates in die elementarsten Entscheidungen der von ihm Abhängigen engt den Manövrierspielraum radikal ein. In Frankreich muss eine schwindende Mittelschicht mit ihren Steuern so viele vom Staat Abhängige unterstützen, dass der Spitzensteuersatz auf 75 Prozent des Einkommens erhöht werden musste, um die Budgetanforderungen einzuhalten. Und selbst unter diesen Umständen gelingt dies nicht, weil die Besteuerung in dieser Höhe dazu führt, dass die potenziellen Steuerzahler entweder auswandern oder lieber nicht arbeiten.

Ich habe von der Wahrheit im Sozialismus gesprochen. Doch diese Wahrheiten sind in Lügen verpackt. Eine dieser Lügen ist die Behauptung, dass der Sozialstaat das Sozialprodukt als gemeinsames Gut verwalte, indem er den Wohlstand »umverteile« und so sicherstelle, dass alle den ihnen zustehenden Teil erhalten. Dieses Bild, dem die Annahme zugrunde liegt, dass die Produkte menschlicher Arbeit so lange niemandem gehören, bis sie vom Staat verteilt werden, ist die Grundposition des linken Denkens. Sie ist einprogrammiert in die akademische Philosophie, sodass sie praktisch von keinem Punkt aus angreifbar ist. John Rawls fasst den Inhalt seines gefeierten »Unterschiedsprinzips« so zusammen: »Alle primären sozialen Güter – Freiheit von Zwang und Möglichkeit zum freien Handeln, Einkommen und Wohlstand und die Grundlagen des Selbstrespekts – sollten gleichmäßig verteilt sein, es sei denn eine ungleiche Verteilung von einem oder allen diesen Gütern dient dem Wohle der am wenigsten Begünstigten.«[41] Wenn man jedoch die Frage stellt: »Wer verteilt?«, wird man in seinem Buch keine Antwort finden. Der Staat ist allgegenwärtig, alles besitzend und allmächtig, indem er das Sozialprodukt verteilt, doch wird er nie beim Namen genannt. Die Idee, dass der Reichtum schon als er in die Welt kommt, Besitzer hat, die nur durch die Verletzung ihrer Rechte enteignet werden können, findet keinen Eingang in die linksliberale Weltsicht.

An diesem Punkt sollten wir unbedingt eine klare und transparente Sprache wählen, denn nur so können wir beschreiben, was auf dem Spiel steht. Der sozialistische Staat »umverteilt« kein gemeinsames Gut. Er besteuert die Verdienste der Steuerzahler und lässt sie als politische Rente seinen privilegierten Klienten zukommen. Diese Klienten halten ihre Renten fest, indem sie für jene stimmen, die sie ihnen sichern.[42] Wenn die Stimmen dafür ausreichen, werden die politischen Renten zum Dauerbesitz der Glücklichen, die sie für sich beanspruchen können. Wir können dann – wie zum Beispiel in Griechenland – die Entstehung einer neuen Klasse von Müßiggängern beobachten, die den Staat nutzen, um ihr Einkommen vom Rest der Gesellschaft abzupressen. Gleichzeitig wächst die Macht des Staates: Wenn über die Hälfte der Bevölkerung auf der Gehaltsliste des Staates steht wie heute in Frankreich, dann wird das Sozialprodukt von denen, die es produzieren, praktisch konfisziert und an die über sie verfügenden Bürokratien transferiert. Und diese Bürokratien werden in dem Maße, wie ihr Budget wächst, den Wählern gegenüber immer weniger verantwortlich.

Diese Mängel sind schon schwerwiegend genug. Dennoch glaube ich, dass die echten Verdrehungen des Sozialismus nicht in den auf den Kopf gestellten ökonomischen Theorien zu finden sind, die Marx so fasziniert haben, und auch nicht in den Theorien der sozialen Ge-

---

41 John Rawls, *Eine Theorie der Gerechtigkeit.* Hrsg. Von Otfried Höffe, Akademie Verlag, Berlin 2006.

42 Siehe James M. Buchanan, »Rent-seeking, non-compensated transfer, and laws of succession«, in *Journal of Law and Economics*, 26. April 1983, S. 71–85.

rechtigkeit, wie sie von Denkern wie John Rawles formuliert wurden. Die echte Verdrehung steckt in einem besonderen Irrtum, demnach im Leben einer Gesellschaft jeder Erfolg zugleich das Scheitern eines anderen ist. Daraus folgt, dass für alle Gewinne die Verlierer bezahlen würden. Die Gesellschaft soll ein Nullsummenspiel sein, in dem sich Kosten und Gewinne im Gleichgewicht befinden, und der Gewinn der Gewinner die Ursache der Verluste der Verlierer ist.

Dieser Nullsummenirrtum erfuhr seine klassische Formulierung in Marxens Mehrwerttheorie, die angeblich zeigt, dass der Profit des Kapitalisten von der Arbeiterschaft konfisziert wurde. Da jeder Wert seinen Ursprung in der Arbeit hat, nimmt der Kapitalist einen Teil des produzierten Wertes in Form von Profit (oder Mehrwert) weg. Der Arbeiter erhält nur einen Lohn, der ausreicht, um »seine Arbeitskraft zu reproduzieren«. Aber den Mehrwert eignet sich der Kapitalist an. Kurz gesagt, alle Profite in den Händen des Kapitalisten sind dem Arbeiter zugefügte Verluste – das heißt, Enteignung der unbezahlten »Mehrarbeit«.

Dieser Theorie hängen heute nicht mehr viele an. Was auch immer man von der Ökonomie des freien Marktes halten mag, sie hat uns zumindest davon überzeugt, dass nicht alle Transaktionen Nullsummenspiele sind. Einverständliche Übereinkünfte sind für beide Seiten vorteilhaft, denn warum sonst würde man sie eingehen? Das gilt für den Lohnvertrag ebenso wie jeden anderen Vertrag auch. Und trotzdem verblieb die Nullsummenvision ein wirksamer Teil des sozialistischen Denkens und eine probate Zuflucht bei jeder Herausforderung durch die Wirklichkeit. Für einen bestimmten Charaktertyp sind Niederlagen niemals Niederlagen durch die Realität, sondern immer zugefügt durch andere Menschen, die oft gemeinsam als Klassen, Stämme, Verschwörungen oder Clans handeln. Daher kommen die unbeantworteten und unbeantwortbaren Klagen von so vielen Sozialisten, die nicht zugeben können, dass die Armen vom Reichtum der Reichen profitieren. Ungerechtigkeit ist für diese Leute durch die Ungleichheit schlüssig erklärt, so, dass die bloße Existenz der wohlhabenden Klasse Begründung genug für den Plan ist, ihre Anlagen unter den »Verlierern« zu verteilen.

Wenn du mich verletzt, beschwere ich mich gegen dich: Ich will Gerechtigkeit, Rache oder zumindest eine Entschuldigung und einen Versuch der Entschädigung. Diese Art von Beschwerden finden zwischen dir und mir statt, und können sogar eine Gelegenheit sein, einander näherzukommen, sofern die richtige Reaktion erfolgt. Das Nullsummendenken ist nicht dieser Art. Es beginnt nicht mit einer Verletzung, sondern mit einer Enttäuschung. Man hält Ausschau nach einem im Gegensatz dazu stehenden Erfolg, gegen den man seinen Groll richten könnte. Erst so kann man sich selbst beweisen, dass der Erfolg des anderen der Grund für das eigene Scheitern war. Jene, die auf einen zukünftigen Staat der Glückseligkeit hoffen, enden oft bei solchen beliebigen Beschwerden, die sie mit sich schleppen und mit jedem beobachteten Zustand der Zufriedenheit verbinden, um die Erfolgreichen für ihr sonst unerklärliches eigenes Scheitern zur Verantwortung zu ziehen.

Die Griechen glaubten, dass wer sich zu stark über das von den neidischen Göttern erlaubte Mittelmaß erhob, auch den göttlichen Zorn hervorrufe: Das ist die Sünde der Hybris. Indem sie daran glaubten, konnten die Griechen ihren Ressentiments frönen, ohne zu sündigen. Sie konnten ihre angesehenen Bürger ins Exil schicken oder sie zum Tode verurteilen, und indem sie dies taten, glaubten sie, nur dem Urteil ihrer Götter zu folgen. So geschah es mit dem großen General Aristides, der die Hauptverantwortung für den Sieg über die Perser bei Marathon und Salamis trug und wegen seiner exemplarischen und selbstlosen Lebensführung als »der Gerechte« bezeichnet wurde: Er wurde von den Bürgern Athens geächtet und ins Exil geschickt. Plutarch berichtet, dass ein Analphabet, der Aristides nicht kannte, vor der Abstimmung auf Aristides zukam, ihm seine Scherbe für die Abstimmung gab und bat, den Namen Aristides darauf zu schreiben. Der fragte ihn, was ihm denn Aristides getan habe. »Nichts«, war die Antwort, »ich kenne ihn nicht einmal, aber es ärgert mich, dass er überall ›der Gerechte‹ genannt wird.« Nach dieser Antwort schrieb Aristides seinen Namen auf die Scherbe, weil er gerecht war.

Vorsichtige Leute mögen die Auffassung Nietzsches, dass das *Ressentiment* die Quintessenz unserer sozialen Gefühle sei, ablehnen. Aber sie werden seine Allgegenwart und Neigung anerkennen, sein Gift durch die selbstdienliche Anwendung des Nullsummenirrtums zu nähren. Das Denken in Nullsummenkategorien scheint spontan in modernen Gemeinschaften immer dann aufzutauchen, wenn die Folgen des Wettbewerbs und der Kooperation spürbar werden. Die russische Oktoberrevolution griff nicht nur die Übergangsregierung Kerenskys an. Ziel des Angriffs waren die Erfolgreichen, die etwas erreicht hatten und deshalb unter ihren Zeitgenossen herausragten. In jedem Bereich und in jeder Institution wurden die an der Spitze identifiziert, enteignet, ermordet oder ins Exil geschickt. Lenin persönlich beaufsichtigte die Beseitigung jener, die er für die Besten hielt.[43] Dem Nullsummenirrtum entsprechend sollte das die Methode sein, das Leben der Übriggebliebenen zu verbessern. Auch Stalins Angriff auf die Kulaken, die grundbesitzenden Bauern, steht beispielhaft für diese Einstellung, wie auch Hitlers Verfolgung der Juden, deren Privilegien und Vermögen nach Auffassung der Nazis auf Kosten der deutschen Arbeiterklasse entstanden waren. Die gleiche Logik kann man in der Explosion der antibürgerlichen Gefühle im Frankreich der Nachkriegszeit entdecken, die zu Werken wie Jean-Paul Sartres *Saint Genet* und Simone de Beauvoirs *Das andere Geschlecht* führte, und auch zum Teil der Philosophie der Achtundsechziger wurde.

Mir scheint es, dass dem Nullsummenirrtum der weit verbreitete Glaube zugrunde liegt, dass Gleichheit und Gerechtigkeit dasselbe seien, eine Idee, die die Grundüberzeugung der Sozialisten zu sein scheint und Eingang in die universitären Lehrgänge der politischen Philosophie gefunden hat. Nur wenige Menschen glauben, dass wenn Jack mehr Geld hat als Jill, dies ein Zeichen von Ungerechtigkeit sei.

---

43 Zu einer außergewöhnlichen Episode siehe Lesley Chamberlain, *The Philosophy Steamer*, London, Atlantic Books, 2006.

Wenn jedoch Jack zu einer Klasse mit mehr Geld und Jill zu einer mit weniger Geld gehört, dann kommt sofort das Nullsummendenken in Gang, und es wird behauptet, dass Jacks Klasse auf Kosten von Jills reich geworden sei. Das ist die Triebkraft hinter der marxistischen Mehrwerttheorie. Hier ist eines der wichtigsten Motive hinter den gegenwärtigen Sozialreformen zu suchen, die wirkungsvoll die gewichtigen Anliegen der Gerechtigkeit unterminieren und einen falschen Ersatz an ihre Stelle setzen. Für eine bestimmte egalitäre Mentalität ist es unbedeutend, dass Jack für seinen Reichtum gearbeitet hat, während Jill sich dem freiwilligen Nichtstun hingab. Es ist unbedeutend, dass Jack Talent und Energie besitzt, während Jill beides nicht hat, es ist unbedeutend, dass Jack verdient, was er hat, während Jill nichts verdient. Die einzig wichtige Frage ist die der Klasse und der »sozialen« Ungleichheit, die ihr entspringt. Konzepte wie Recht und Verdienst spielen keine Rolle, Gleichheit bleibt das einzige Ziel.

Im Ergebnis ist in der modernen Politik eine völlig neue Idee von Gerechtigkeit entstanden – eine, die nur wenig oder gar nichts mit Recht, Verdienst, Belohnung oder Vergeltung zu tun hat, und praktisch völlig abgetrennt ist von den Handlungen und Verantwortlichkeiten der Individuen. Dieses neue Konzept von Gerechtigkeit (von dem manche behaupten würden, dass es gar kein Konzept der Gerechtigkeit sei)[44] unterlag den Bildungsreformen in westlichen Gesellschaften, insbesondere in Großbritannien, wo althergebrachte Klassenvorurteile eine Vertretung im Parlament gewannen und das Schulwesen zu ihrem Angriffsziel erklärten. Es lohnt sich, über dieses Beispiel nachzudenken, denn es illustriert, warum es fast unmöglich ist, dem Nullsummendenken zu entfliehen.

Ich hatte das große Glück, in die örtliche *grammar school* aufgenommen zu werden, und konnte von dort aus meinen Weg durch die Schule, dann über die Universität von Cambridge hin zu einer akademischen Karriere machen. Meine Schule nahm sich die Pri-

---

44 Siehe dazu Patrick Burke, *The Concept of Justice: Is Sozial Justice Just?*, London, Continuum, 2011.

vatschulen zum Vorbild, übernahm ihre Lehrpläne, ihren Stil und einige ihrer Manieriertheiten. Sie wollte ihren Schülern die gleichen Möglichkeiten bieten, die sie gehabt hätten, wenn ihre Eltern reich gewesen wären. Es war ein Erfolg. Jene, die das Glück hatten, in die High Wycombe Royal Grammar School aufgenommen zu werden, bekamen die beste denkbare Bildung, und der Beweis hierfür ist, dass unsere ehemaligen Schüler so viele akademische Mitglieder in Cambridge stellten, wie keine andere Schule außer Eton.

Jene, die jungen Menschen aus ärmeren Familien diese Chancen boten, handelten aus einem gewissen Pflichtgefühl heraus. Doch die Pflichten der Wohltätigkeit sind nicht identisch mit jenen der Gerechtigkeit. Wenn wir einer Pflicht zur Gerechtigkeit nicht entsprechen, tun wir Unrecht – mit anderen Worten, wir fügen jemandem Unrecht zu. Zum Konzept der Gerechtigkeit gehören auch die Konzepte von Recht und Verdienst; die Pflicht zur Gerechtigkeit ist ausdrücklich auf eine andere Person gerichtet, und berücksichtigt ihre Rechte, Verdienste und berechtigten Ansprüche. Das Konzept der Wohltätigkeit ist nicht so eindeutig zielgerichtet, und die Verpflichtungen, die daraus entspringen, haben ein offenes Ende. Wenn jemand seine Wohltätigkeit einer Person zukommen lässt und dabei seine Mittel erschöpft, sodass er eine zweite nicht mehr unterstützen kann, die die Hilfe jedoch genauso dringend brauchen würde, dann geschieht dieser zweiten Person kein Unrecht. Indem man dieser einen Person geholfen hat, hat man seine Pflicht erfüllt. In einem gewissen Maße entsteht die egalitäre Auffassung in der Politik durch den Argwohn gegenüber der Wohltätigkeit und dem Wunsch, alle Pflichten als Pflichten zur Gerechtigkeit zu deuten. Gerechtigkeit erlaubt keine willkürlichen Unterscheidungen unter jenen, die die gleichen Ansprüche haben, wenn die einzige Grundlage für den Anspruch die Not ist. Wie ich im Weiteren noch beweisen werde, hat sich diese enge Auffassung von Pflicht fundamental zersetzend für die bürgerlichen Institutionen erwiesen.

Die Entstehung der *grammar schools* entspricht einer langen Tradition von Wohltätigkeit (unsere Schule wurde 1542 gegründet), sie wurden dann irgendwann in das staatliche Bildungssystem integriert. Wenn manche Schüler Erfolg haben, müsse das das Scheitern von anderen verursachen, würden jetzt Anhänger des Nullsummenirrtums behaupten. Dadurch entstehe ein gespaltenes Bildungssystem, das Erfolgreichen alle Möglichkeiten biete, die Scheiternden jedoch am Wegesrand »für ein Leben gebrandmarkt« zurückließe. Mit anderen Worten: Für den Erfolg der wenigen zahlten die anderen mit ihrem Scheitern. Gerechtigkeit erfordere Chancengleichheit. So war die Bewegung für die Gesamtschulen geboren, zusammen mit der Feindseligkeit gegenüber der Einrichtung von Leistungsklassen und der Entwertung der Prüfungen, damit das staatliche Schulsystem keine »Ungleichheiten« produziere und reproduziere.

Es ist einfach, im Bildungswesen Gleichheit herzustellen. Es reicht aus, alle Möglichkeiten zu beseitigen, herausragend zu sein, damit es keinem Kind gelingen wird, jemals etwas zu lernen. Der zynische Beobachter wird feststellen, dass genau das passiert ist. Es liegt mir fern, diesem Zynismus zu folgen, obwohl diese Ansicht viele Male zum Ausdruck gebracht wurde, seitdem Anthony Crosland und Shirley Williams, beide Labour-Bildungsminister, ausgezogen waren, um die *grammar schools* zu zerstören.[45] Ich möchte nur ein Beispiel dafür liefern, wie der Nullsummenirrtum funktioniert. Ein System, das Kindern aus armen Familien die Möglichkeit geboten hatte, durch Talent und Fleiß vorwärtszukommen, wurde aus dem einzigen Grund zerstört, weil es den Unterschied zwischen Erfolg und Scheitern kannte. Es ist natürlich eine Tautologie, zu sagen, dass Prüfungen dazu da sind, um Erfolg vom Scheitern zu scheiden, und es kann nicht der Anspruch der Gerechtigkeit sein, diesen Unterschied einzuebnen. Doch das neue Konzept der »sozialen« Gerechtigkeit kam den Egalitären zur Hilfe und ermöglichte ihnen, ihre Böswilligkeit den Erfolgreichen gegenüber als Mitgefühl für den Rest zu verkaufen.

---

45 Ein Beispiel dafür findet sich in den »Black Papers« von Kingsley Amis und anderen, in deren erster Ausgabe, siehe C. B. Cox und A. E. Dyson (Herausgeber): *Fight for Education*, London, Critical Quarterly Society, 1969.

Etwas Realismus müsste uns doch daran erinnern, dass menschliche Wesen verschieden sind, und Kinder zwar an einer Sache scheitern, in einer anderen jedoch erfolgreich sein können. Nur ein Bildungssystem, das dieser Diversität entspricht, wird es mit gut entworfenen und strengen Prüfungen Kindern ermöglichen, die Fähigkeit, die Kompetenz und den Beruf zu finden, die ihren Eignungen entsprechen. Das Nullsummendenken geht davon aus, dass der Bildungserfolg eines Kindes durch das Scheitern eines anderen bezahlt werde, und das zwingt die Bildung in eine Richtung, die ihr fremd ist. Das Kind, das an Latein scheitert, kann in Musik oder Metallbearbeitung sehr erfolgreich sein, wer die Universität nicht schafft, kann als Armeeoffizier erfolgreich sein. Wir alle wissen, dass es so ist, für die Bildung gilt das ebenso wie für die Märkte: Sie sind keine Nullsummenspiele. Doch als solche werden sie behandelt, wann immer auch die falsche Hoffnung auf die utopische Idee der »Bildung für Gleichheit« verfolgt wird. Es gehört zur Routine von Politikern und Bildungsexperten, Orte herausragender Bildung zu identifizieren – Oxford und Cambridge, *grammar schools, choir schools*[46] – und Wege zu finden, sie zu bestrafen oder ganz zu schließen. Davon würden – nach Vorstellung der Anhänger des Nullsummenirrtums – dann die anderen profitieren, und wir würden endlich ein Bildungssystem erreichen, das den Erfordernissen der »sozialen Gerechtigkeit« entspricht.

Die Zurückweisung des Nullsummendenkens und des damit zusammenhängenden Konzepts der »sozialen Gerechtigkeit« bedeutet nicht, die Ungleichheit in ihrer heutigen Form zu akzeptieren. Wir können die Idee der sozialen Gerechtigkeit durchaus infrage stellen, ohne zu behaupten, dass alle Ungleichheiten gerecht seien. Außerdem, Ungleichheit gebiert Verbitterung, und Verbitterung muss überwunden werden, wenn wir soziale Harmonie anstreben. Reiche Leute sind sich oft dessen bewusst und tun deshalb etwas dagegen.

---

46 Anm. der Übersetzerin: Choir schools sind schulische Einrichtungen für musikalisch begabte Knaben, meist angeschlossen an eine Kathedrale oder ein Kollegium.

Sie können für wohltätige Organisationen spenden, einen Teil ihres Vermögens darauf verwenden, um anderen zu helfen, und im Allgemeinen ein angemessenes Maß an Sympathie denen gegenüber zeigen, die weniger Glück hatten als sie. Sie können insbesondere Unternehmen gründen, um Arbeitsplätze anzubieten und so anderen eine Beteiligung an ihrem eigenen Erfolg zukommen zu lassen. So war es in Amerika üblich, und das ist einer der Gründe dafür, dass Amerikaner – nach meiner Erfahrung –, wie benachteiligt sie auch immer sein mögen, sich über die Erfolge anderer freuen, weil sie daran glauben, dass sie in irgendeiner Weise daran beteiligt sein werden.

In europäischen Ländern allerdings ist es nicht üblich, sich über den Erfolg anderer zu freuen. Wir haben oft Angst davor, dass unser Reichtum, unsere Macht und unser Erfolg in weltlichen Dingen bekannt werden, weil wir die Aggressionen fürchten, die sie hervorrufen könnten. Nietzsche hielt das *Ressentiment* für einen tiefen Bruch in unserer Zivilisation, der sich sowohl in der christlichen Religion als auch in der Demokratie und in den sozialistischen Programmen seiner Zeit manifestierte. Max Scheler verteidigte das Christentum gegen Nietzsches Vorwurf und schrieb das Ressentiment vielmehr der bürgerlichen Moral zu, für die materielle Besitztümer das Maß aller Dinge seien.[47] Der Sozialismus war für Scheler nur die letzte Form, die diese Moral annahm. Und es besteht kein Zweifel, dass das Ressentiment eine wichtige Rolle bei der heutigen Haltung gegenüber der Ungleichheit spielt. Ich sehe keine andere Lösung für das weit verbreitete Ressentiment als die amerikanische – den Reichtum zu nutzen und so viele Menschen wie möglich dafür zu interessieren, dass man es erfolgreich nutzt, sowie die neidvermeidenden Strategien anzuwenden, wie sie Helmut Schoeck beschrieben hat.[48] Doch die Dinge haben sich in eine Richtung entwickelt, die das alte amerikanische Modell bedrohen. Sowohl vor als auch nach der Finanzkrise von 2008 begann eine plötzliche und eskalierende Dispa-

47 Max Scheler, *Ressentiment*, 1912–1915, free download www.scribd.com.
48 Helmut Schoeck, *Envy, a Theory of Social Behaviour*, Liberty Fund, download Mises.org.

rität zwischen den Einkünften am oberen und dem unteren Ende der Einkommensskala. Dies geschah überall in der entwickelten Welt, aber ganz besonders in Amerika. Der Wirtschaftswissenschaftler und ehemalige Weltbankpräsident Joseph Stiglitz ist der Meinung, dass die reichsten Amerikaner nicht nur ihren Reichtum vermehrt hätten, während die weiter unten entweder auf dem gleichen Niveau verharrten oder in Armut absanken, sondern, was noch wichtiger sei: Der Reichtum an der Spitze sei auf Kosten von jenen weit unter ihnen vermehrt worden.[49] Wenn das wahr sein sollte, dann muss jede Politik zur Milderung der Armut auch das Problem der Ungleichheit ansprechen und irgendeine Form der Umverteilung auf Kosten der jetzt den Reichtum Besitzenden in die Wege leiten. Doch ich weiß nicht, ob die Schlussfolgerungen Stiglitz' richtig sind. Denn auf eine verdeckte Weise steckt der Nullsummenirrtum in seinen Argumenten. Wenn Reiche gleichzeitig noch reicher werden wie die Armen ärmer, dann ist noch nicht gesagt, dass die Verluste der Armen als Profite an die Reichen *transferiert* wurden. Solange es nicht gelingt, hier eine Kausalität herzustellen, können wir nicht sicher sein, dass eine Politik des Ausgleichs zwischen Reich und Arm langfristig irgendwem nutzen könnte.

Ich habe argumentiert, dass wir nur dann die Vorteile einer Gesellschaft genießen können, wenn wir bereit sind, sie mit anderen zu teilen – das wäre für mich der wahre Kern des Sozialismus, den wir von dem ihn umgebenden Ressentiment trennen müssen. Genau wie beim Nationalismus ist auch beim Sozialismus die Kernwahrheit als Irrlehre übertrieben worden. So ist aus der Wahrheit ein Fehler und aus einem natürlichen Empfinden ein religiöses Bedürfnis geworden. Es gibt die – vor allem von linken Intellektuellen empfundene – starke Versuchung, das unvollkommene Individuum durch die reine Abstraktion zu ersetzen, die reale Welt umzugestalten, als bestünde sie nur aus Kräften, Bewegungen, Klassen und Ideen, die sich alle in der Stratosphäre der historischen Notwendigkeit bewegen, aus

49 Joseph Stiglitz, *The Price of Inequality*, New York, W. W. Norton, 2012.

der man die chaotische Realität ausgeschlossen hat. Das erkannte Orwell in einer von Intellektuellen erschaffenen Welt – eine von der kommunistischen Partei erträumten und eingeführten Welt, dessen Destillat in seinem Buch 1984 der »Ingsoc« war. Der Sozialismus als das System zur Verbesserung des vorhandenen Systems spricht uns alle an. Aber als ein Versuch, die menschliche Natur zu verändern, und uns zu verpflichten, die Welterlösung anzustreben, ist er eine gefährliche Utopie. Der Versuch, den Himmel auf Erden zu errichten, führt unweigerlich in die Hölle. Das können wir heute, nachdem die westliche Welt den Kalten Krieg und den kommunistischen Albtraum hinter sich gelassen hat, klar erkennen. Und trotzdem ist die »totalitäre Versuchung«, wie sie Jean-François Revel[50] bezeichnet hat, immer noch da: die Versuchung, die Gesellschaft neu zu erschaffen, indem die Gleichheit von oben, durch einen gütigen sozialistischen Staat verfügt wird, dessen guter Wille niemals infrage gestellt werden kann, weil niemand weiß, was geschieht, wenn er eines Tages verwirklicht wird.

50 Jean-François Revel, *La Tentation Totalitaire*, Paris, Robert Laffont, 1976.

5. Die Wahrheit im Kapitalismus

Das Wort »Kapitalismus« kam in die europäischen Sprachen durch die Werke des französischen utopistischen Philosophen Saint-Simon. Es wurde von Marx aufgegriffen, um damit den institutionalisierten Privatbesitz von »Produktionsmitteln« zu bezeichnen. Marx stellte den Kapitalismus anderen »Produktionsverhältnissen« gegenüber – insbesondere der Sklaverei, dem Feudalismus und dem Sozialismus – und sagte voraus, dass der Kapitalismus, ebenso wie er den Feudalismus in einer gewalttätigen Revolution gestürzt habe, durch den Sozialismus gestürzt werde. Zu gegebener Zeit werde der Sozialismus »absterben«, um dem »vollständigen Kommunismus« Platz zu machen, der am Ende der Geschichte stehe. Die Theorie ist unglaubwürdig, die Voraussagen falsch und ihre Hinterlassenschaft fürchterlich. Trotzdem schafften es ihre Begriffe, die Sprache der politischen Debatten des 19. Jahrhunderts zu verändern, und nun müssen wir mit dieser Erbschaft zurechtkommen. Das Wort »Kapitalismus« wird weiterhin benutzt, um eine Ökonomie zu beschreiben, die auf dem Privateigentum und dem freien Austausch beruht. Und der Begriff »Sozialismus« bezeichnet immer noch die verschiedenen Versuche, bestimmte Aspekte des Kapitalismus zu begrenzen, zu kontrollieren oder zu ersetzen. In allen seinen Erscheinungen ist der Kapitalismus also – ebenso wie der Sozialismus – eine Frage des Maßes.

Es ist wichtig, die Begriffe, die von toten Theorien ererbt wurden, genau zu verstehen. Sie können eine Aura der Autorität haben, aber sie verzerren das Verständnis und belasten unser Bewusstsein durch das »Neusprech«, wie es George Orwell in *1984* so großartig beschrieben hat. Orwell wollte in seinem Buch zeigen, dass die enthumanisierte Sprache des Marxismus auch zu einer enthumanisierten Welt führt, in der der Mensch zur Abstraktion und die Wahrheit zu einem bloßen Instrument in den Händen der Macht wird. Diesen Punkt sollten Konservative, die die Theorien des 19. Jahrhunderts hinter sich lassen wollen, niemals vergessen, denn es sind Theorien, deren Positionen nicht nur veraltet, sondern in gewisser Weise auch unsäglich geworden sind. Wir müssen einen frischen Blick auf die Welt werfen und die natürliche Sprache menschlicher Beziehungen benutzen.

Trotzdem wäre es töricht und naiv, anzunehmen, dass alle Angriffe auf das, was wir »Kapitalismus« nennen, grundlos seien, oder dass man auf sie keine Antworten geben müsse. Um diese Antwort entwickeln zu können, müssen wir bei den Wahrheiten im Kapitalismus beginnen, Wahrheiten, die der Sozialismus traditionell negiert. Diese Wahrheit ist einfach folgende: Das Privateigentum und der freie Austausch sind in jeder größeren Volkswirtschaft notwendig – überall dort, wo Überleben und Wohlstand der Menschen von der Aktivität Fremder abhängt. Nur wenn die Menschen das Recht auf Eigentum haben und für ihre Bedürfnisse frei tauschen können, was sie besitzen, kann eine Gesellschaft der Fremden ihre Wirtschaft koordinieren. Die Sozialisten können dies tief in ihren Herzen nicht akzeptieren. Sie sehen die Gesellschaft als einen Mechanismus zur Verteilung von Ressourcen unter denen, die sie haben möchten, als wenn die Ressourcen schon vor den sie erzeugenden Aktivitäten existiert hätten, und als gebe es einen Weg, genau zu bestimmen, wem was zusteht, ohne die lange Vorgeschichte der wirtschaftlichen Kooperation zu berücksichtigen.

Darauf wiesen die Ökonomen der österreichischen Schule, insbesondere Ludwig von Mises und Friedrich August von Hayek während der Debatte über die Frage »Wirtschaftsrechnung« hin. Diese Debatte wurde zu einer Zeit geführt, als die ersten Vorschläge für eine sozialistische Wirtschaft gemacht wurden, in der Preise und Produktionsziele der staatlichen Kontrolle unterliegen würden. Die Antwort der Österreicher auf diese Vorschläge enthält drei grundlegende Ideen. Erstens: Die wirtschaftliche Aktivität hängt von der Kenntnis der Wünsche, Bedürfnisse und Ressourcen von anderen ab. Zweitens: Dieses Wissen existiert breit verstreut in der Gesellschaft und ist nicht das Eigentum einer Person. Und drittens: Beim freien Austausch von Gütern und Dienstleistungen bietet der Preis den Zugang zu diesem Wissen – nicht als eine theoretische Aussage, sondern als ein Signal zum Handeln. Preise bieten in einer freien Wirtschaft die Lösung für zahllose gleichzeitige Gleichungen, die die individuelle Nachfrage und die vorhandenen Angebote abbilden.

Wenn Produktion und Verteilung durch eine zentrale Behörde bestimmt werden, liefern die Preise keine Information mehr über den Mangel an Ressourcen oder über das Maß der Nachfrage. Das entscheidende ökonomische Wissen, das in der freien Wirtschaft als eine soziale Tatsache existiert, ist dadurch zerstört worden. Als Folge bricht die Wirtschaft entweder ganz zusammen, begleitet von langen Schlangen, Überproduktion oder Mangelwirtschaft, die an die Stelle der spontanen Verteilungsordnung treten, oder sie wird durch den Schwarzmarkt ersetzt, wo der Austausch zu realen Preisen stattfindet, die die Menschen bereit sind, für die Waren zu zahlen.[51] Dieses Ergebnis wurde ausreichend durch die Erfahrungen der sozialistischen Ökonomien bewiesen, trotzdem werden die Argumente für die Planwirtschaft weiterhin unterstützt, weil es sich nicht um empirisch untermauerte, sondern um *a priori*-Argumente handelt. Sie beruhen auf umfassenden philosophischen Konzepten, die sozial generierte und sozial verbreitete Informationen betreffen.

Das Entscheidende ist, dass der Preis eines Produkts nur dann eine verlässliche wirtschaftliche Information liefert, wenn die Wirtschaft frei ist. Nur unter den Bedingungen des freien Austauschs werden die Budgets der individuellen Konsumenten dem erkenntnistheo-

---

51 Siehe dazu Ludwig von Mises, *Die Gemeinwirtschaft – Untersuchungen über den Sozialismus*, Stuttgart, Lucius & Lucius, 2007; sowie Essays von Friedrich August von Hayek, *Individualism and Economic Order*, London, Chicago, University of Chicago Press, 1948, insbesondere die Essays über sozialistische Wirtschaftsrechnung.

retischen Prozess, wie man ihn nennen könnte, zugeführt, im Laufe dessen dann in der Form des Preises die kollektive Lösung für ihr gemeinsames Problem herausdestilliert wird, nämlich die Antwort darauf, was produziert und für welchen Preis es gehandelt werden soll. Alle Versuche, sich in diesen Prozess einzumischen, entweder durch die Kontrolle der Versorgung oder der Produktpreise, werden zum Verlust von ökonomischem Wissen führen. Denn dieses Wissen ist in keinem Plan enthalten, sondern nur in den Aktivitäten freier Agenten, indem sie – entsprechend den Regeln von Angebot und Nachfrage – ihre Güter produzieren, anbieten und verkaufen. Die Planwirtschaft, die eine rationale Verteilung anstelle der »Zufallsverteilung« durch den Markt setzt, zerstört genau jene Informationen, von denen die Funktionsfähigkeit der Wirtschaft abhängt. Sie unterminiert deshalb ihre eigene Informationsbasis. Sie ist ein perfektes Beispiel für ein angeblich rationales Projekt, das überhaupt nicht rational ist, da sie von Wissen abhängt, das nur unter den Bedingungen zu haben ist, die sie zu zerstören angetreten ist.

Eine logische Konsequenz dieses Arguments ist, dass wirtschaftliches Wissen, wie es in Preisen enthalten ist, nur in einem System existieren kann, das durch die freie Tätigkeit von zahllosen rational entscheidenden Akteuren entsteht, und das nicht in ein System von Vorschriften oder in Eingaben für irgendein problemlösendes Gerät übersetzt werden kann. Wahrscheinlich haben die Ökonomen der österreichischen Schule als Erste verstanden, dass wirtschaftliche Aktivitäten die besondere Logik von kollektiven Handlungen zeigen, in denen die Reaktion einer Person die Informationsbasis einer anderen verändert. Aus dieser Erkenntnis entstand die Spieltheorie, die von John von Neumann und Oskar Morgenstern als erster Schritt zur Erklärung von Märkten entwickelt wurde, die heute jedoch ein eigener Zweig der Mathematik ist und in allen Bereichen des sozialen und politischen Lebens gebraucht (und missbraucht) wird.[52]

52 John von Neumann, Oscar Morgenstern, *The Theory of Games and Economic Behaviour*, Princeton, Princeton University Press, 1944.

Hayek behauptet in seiner erkenntnistheoretischen Idee des Marktes nicht, dass der Markt die einzige Form einer spontanen Ordnung sei. Auch behauptet er nicht, dass der Markt die *ausreichende* Voraussetzung für die wirtschaftliche Koordination oder die soziale Stabilität sei. Die Theorie stellt nur fest, dass der Preismechanismus Wissen erzeugt und beinhaltet, das für die wirtschaftliche Koordination *notwendig* ist. Die Koordination kann durch Konjunkturzyklen, Marktversagen oder externe Effekte zerstört werden und ist für ihre dauerhafte Existenz auf jeden Fall von anderen spontanen Ordnungen abhängig. John O'Neill verteidigte sein Konzept eines milden Sozialismus gegenüber Hayeks Argumenten für die freie Wirtschaft mit der Behauptung, der Preismechanismus vermittle nicht alle Informationen, die für die Koordinierung der Wirtschaft notwendig seien, und Informationen allein seien ohnehin nicht ausreichend.[53] Es gibt gute konservative Gründe, um O'Neill zuzustimmen, aber es sind Gründe, die Hayek anerkennt. Der Markt wird durch andere Formen spontaner Ordnung aufrechterhalten, von denen nicht alle epistemischen Charakters sind, aber einige unter ihnen – moralische und rechtliche Traditionen zum Beispiel – erzeugen eine Art Solidarität, ohne die die Märkte nicht aufrechterhalten werden können.

Implizit war auch Hayek der Meinung, dass der freie Austausch sowie beständige Sitten und Gebräuche in gleicher Weise erklärt werden können. Beide sind unabdingbare Destillationen sozial notwendigen Wissens, während der eine synchron, der andere diachron funktioniert. Beide bringen so die Erfahrungen unendlich vieler anderer Akteure in jede Entscheidung ein, die hier und heute getroffen wird. Hayek betont, dass der freie Markt Teil einer weitergehenden spontanen Ordnung ist, die auf dem freien Austausch von Gütern, Ideen und Interessen beruht – dem Spiel der Katallaxie, wie er sie nennt.[54] Aber dieses Spiel erstreckt sich über die Zeit, und – um einen Gedanken von Edmund Burke zu übernehmen – zu den Spielern

---

53 John O'Neill, *Market: Ethics, Knowledge an Politics*, London, Routledge, 1998.
54 Friedrich August v. Hayek: *Law, Legislation and Liberty*, Band 2, S. 108–109.

gehören ebenso die Toten und die Ungeborenen, die ihre Präsenz nicht durch den Markt, sondern durch Traditionen, Institutionen und Gesetze bemerkbar machen.

Deshalb haben die Befürworter der Forderung, die soziale Ordnung solle dem Markt Grenzen setzen, recht. Doch in einer wahren spontanen Ordnung sind die Grenzen ohnehin schon in Form von Sitten, Gesetzen und Moral vorhanden. Wenn diese Güter verfallen, können sie durch keine Gesetzgebung ersetzt werden, meint Hayek. Denn sie existieren spontan oder gar nicht, und die gesetzlichen Versuche zur Errichtung einer »guten Gesellschaft« können gerade jene Reste von Wissen gefährden, die eine solche Gesellschaft ermöglichen würden. Statt unsere Aktivitäten in die vom Recht geforderten Kanäle zu lenken, wie es das *common law* tut, setzt die soziale Gesetzgebung konkrete Ziele fest. Sie verwandelt das Recht in ein Instrument der gesellschaftlichen Planung und lässt zu, dass utilitaristisches Denken den Vorgaben des natürlichen Rechts übergeordnet wird. In Notfällen oder beim Auftreten von massiven Ungleichgewichten kann Gesetzgebung die einzige zur Verfügung stehende Waffe sein. Aber wir sollten immer daran denken, dass Gesetzgebung keine rechtliche Ordnung hervorbringen kann, sondern sie voraussetzt, und dass in unserem Falle – in der Anglosphäre – die rechtliche Ordnung durch die unsichtbare Hand entstanden ist, die in individuellen Konflikten versucht hat, Gerechtigkeit zu schaffen.

Anders gesagt: Rechtsordnungen entstehen spontan und nicht durch einen rationalen Plan, ebenso wie Wirtschaftsordnungen. Deshalb überrascht es nicht, dass britische konservative Denker – insbesondere David Hume, Adam Smith, Edmund Burke und Michael Oakeshott – dazu neigten, keinen Gegensatz zwischen der Verteidigung des freien Marktes und einer traditionalistischen Vision der sozialen Ordnung zu sehen. Sie vertrauten auf jene spontanen Grenzen, die dem Markt durch den moralischen Konsens der Gemeinschaft auferlegt werden, und betrachteten sowohl den Markt als auch dessen Beschränkungen als das Werk der gleichen unsichtbaren Hand. Es kann sein, dass der moralische Konsens gerade dabei ist, zusammenzubrechen. Doch dieser Zusammenbruch ist teilweise die Folge staatlicher Interventionen und wird durch sie ganz bestimmt nicht wiederhergestellt werden können.

Dies ist der Punkt, an dem Konservative zur Vorsicht mahnen dürften. Obwohl Hayek recht haben mag, wenn er sowohl den freien Markt als auch die traditionelle Moral als Formen von spontanen Ordnungen betrachtete und beide epistemologisch begründete, folgt daraus nicht, dass die beiden Seiten nicht in Konflikte geraten könnten. Die Sozialisten sind beileibe nicht die Einzigen, die auf die zerstörerische Wirkung des Marktes auf die Formen menschlicher Siedlungen hinweisen oder auf den Unterschied zwischen Preis und Wert. Tatsächlich können viele Traditionen, die Konservativen besonders lieb und teuer sind (unter dem Gesichtspunkt von Hayeks »evolutionärer Rationalität«), als Versuche interpretiert werden, das Leben vor dem Markt zu bewahren. Die traditionelle Sexualmoral zum Beispiel, die darauf besteht, dass jede Person heilig sei, die Ehe einen sakramentalen Charakter habe und Sex außerhalb des Liebesgelübdes eine Sünde sei, bedeutet – aus der Hayekschen Perspektive gesehen –, dass die Sexualität vom Markt genommen, ihr Warencharakter zurückgewiesen und sie gegenüber Tauschgeschäften eingefriedet wird. Diese Praxis hat eine offensichtliche soziale Funktion, die jedoch nur erfüllt werden kann, wenn Sexualität als ein Bereich intrinsischen Wertes gesehen und die Befolgung sexueller Verbote als absolutes Gebot erachtet wird. In allen Gesellschaften ist die Religion, die spontan entsteht, mit nicht verhandelbaren Ideen verbunden. Kurz gesagt, heilig ist, was keinen Preis hat. Es ist genau die Sorge um das Preislose und nicht Handelbare, was die konservative Sicht auf die soziale Ordnung kennzeichnet, wie ich es in Kapitel 2 bereits beschrieben habe.

Daraus folgt, dass das »Spiel der Katallaxie« keine vollständige Beschreibung von Politik liefert. Es beantwortet auch nicht die Frage, wie und in welchem Maße der Staat in den Markt eingreifen soll, um anderen, möglicherweise widersprechenden Formen von spontaner Ordnung Raum zu schaffen, oder negative Nebenwirkungen, für die jede menschliche Kooperation anfällig ist, zu korrigieren. Diese

Frage markiert den Punkt, an dem Konservative und Sozialisten zusammenfinden und auch die Natur des Konfliktes zwischen ihnen klar wird. Die Wahrheit im Kapitalismus, dass in einer Gesellschaft von Fremden das Privateigentum unter den Bedingungen des freien Austausches der einzige Weg ist, die wirtschaftliche Kooperation zu managen, ist keine Antwort auf die Anliegen der Kapitalismuskritiker, deren Zielobjekt nicht die freie Wirtschaft ist, sondern die Verzerrungen, die in ihr auftreten und die Vorurteile und Misstrauen unter den Verlierern nähren.

Es ist die wichtigste Lektion sowohl aus Adam Smiths ursprünglicher Verteidigung der freien Wirtschaft als des nutzbringenden Wirkens der »unsichtbaren Hand« als auch von Hayeks Verteidigung der spontanen Ordnung als dem Instrument der ökonomischen Information, dass es sich um eine freie Wirtschaft handelt, die von freien Individuen betrieben wird. Und freie Wesen sind verantwortungsvolle Wesen. Die wirtschaftlichen Transaktionen unter dem Regime des Privateigentums hängen nicht allein von der Unterscheidung zwischen Mein und Dein ab, sondern auch von der Beziehung zwischen Mir und Dir. Ohne Verantwortlichkeit kann niemandem vertraut werden, und ohne Vertrauen würden die Tugenden der freien Wirtschaft nicht zur Geltung kommen. Jede Markttransaktion braucht Zeit, und zwischen ihrem Beginn und ihrer Vollendung kann nur das Vertrauen und nicht die Eigentümerschaft für die Ordnung der Dinge sorgen.

Das ist vielleicht offenkundig. Es ist etwas weniger offenkundig, dass vertrauenswürdige Individuen nur unter bestimmten Bedingungen existieren und dass die freie Wirtschaft das Vertrauen ebenso einfach zerstören wie auch aufrechterhalten kann. Keine Marktwirtschaft kann richtig funktionieren ohne rechtliche und moralische Sanktionen, um individuelle Agenten zu veranlassen, bei ihren Geschäftsabschlüssen zu bleiben und die Kosten für ihr eventuelles Fehlverhalten zu tragen. Aber moderne Ökonomien haben Wege gefunden, um die so entstehenden Kosten zu vermeiden oder sie weiterzugeben, wodurch die Strafen für unehrliches oder manipulatives Verhalten effektiv vermieden werden können. In den Volkswirtschaften, die von Adam Smith und seinen Nachfolgern im 19. Jahrhundert betrachtet wurden, waren die im Besitz der Marktteilnehmer befindlichen Güter echtes Eigentum, für das der Besitzer vollständig verantwortlich war und um das er sich selbst gekümmert hat. Das Haus, das Pferd, der Heuschober wurden durch den Verkäufer unterhalten, der für den Zustand, in dem er die Güter verkaufte, verantwortlich war. Aber durch das Wachstum der modernen Finanzmärkte werden auf dem Markt allerlei Güter getauscht, die keine derartige konkrete Realität im Leben jener besitzen, die mit ihnen handeln, und die so schnell getauscht werden, dass kaum eine Haftbarkeit für ihren Zustand durchgesetzt werden kann. Wir haben das während der Subprime-Hypothekenkrise in Amerika erlebt, als Banken mit Schulden handelten, die weder sie noch jemand anderer garantieren konnte. Wir sehen es auf den Märkten der Hedgefonds, wo Manager mit Wetten handeln, die andere auf Geschäfte eingegangen sind, die keine der Transaktionsparteien unter Kontrolle hatte. Dieser Handel mit »unechten Besitztümern« wird oft von geisterhaften Agenten betrieben, die an keinem bestimmten Ort existieren, die von den Orten, an denen sie zur Verantwortung gezogen werden könnten, verschwinden, sobald Untersuchungen oder Steuerforderungen drohen, um irgendwo in weiter Ferne wieder aufzutauchen, wo sie gegenüber allen Anklagen, die gegen sie erhoben werden könnten, Immunität in Anspruch nehmen.

Dieser Handel mit Phantomen provoziert starke Reaktionen: Sie seien bestimmt unehrlich. Oder wenn sie nicht unehrlich sind, dann extrem unfair, weil sie der Wirtschaft Gewinne entziehen, ohne zu ihr beigetragen zu haben. Sie erzeugen ein Ungleichgewicht, das sie auch noch ausbeuten, um riesige Profite abzuschöpfen, während andere dazu gezwungen sind, die entsprechenden Verluste auf sich zu nehmen.

Ist diese Kritik zutreffend? Oder ist sie eine andere Erscheinungsform des Nullsummenirrtums, den ich im vorigen Kapitel dargelegt habe? Oder handelt es sich dabei um die neueste Form der uralten Klage gegen den »Wucher«, indem Zinsen, Versicherungen und der

Handel in Futures als die Besteuerung der ehrlichen Arbeit anderer Leute angesehen wird, ohne zum Produkt beizutragen? Es ist schwer zu sagen, zumal in der modernen Ökonomie so viel von komplexen Finanzinstrumenten abhängt, die bisher auf wenig oder gar nicht bekannte Weise eingesetzt werden. Es ist natürlich, wenn als Antwort darauf Sympathien mit den gegenwärtigen Versuchen, »islamische Bankgeschäfte« einzuführen, aufkommen, weil dabei die Verdammung von Zins, Versicherung und anderen Geschäften mit »unechten Besitztümern« durch den Propheten in das Sparen und Investieren eingebaut wurden. Doch das daraus resultierende System ist in komplizierter Weise abhängig von juristischen Fiktionen (*hiyal*), die das Problem nur verstärken, weil sie unechte Besitztümer zum Inhalt von finanziellen Verträgen machen.[55] Es scheint mir, dass uns nichts anderes übrig bleibt, als in den sauren Apfel zu beißen und zu akzeptieren, dass die neuen Finanzinstrumente eine natürliche Ausweitung der Marktgesetze auf einen Bereich sind, der noch nicht vollständig erkundet wurde. Wenn wir davon ausgehen, dass die Nutzung dieser Instrumente immer unehrlich ist, berauben wir uns der Unterscheidungsmöglichkeit zwischen jenen, die ehrlich mit diesen unechten Besitztümern handeln, und jenen, deren Ziel Ausbeutung und Betrug ist.

Konservative glauben an Privateigentum, weil sie die Autonomie des Individuums respektieren. Aber es muss auch gesagt werden, dass viel zu viele Konservative versäumt haben, den massiven Missbrauch des Eigentums ernst zu nehmen. Libertäre Ökonomen haben zu Recht die Rolle des Marktes bei der Verbreitung von Freiheit und Wohlstand betont und klar nachgewiesen, dass der Lohnvertrag nicht – wie Marx behauptet hat – ein Nullsummenspiel ist, bei dem eine Partei gewinnt, was die andere verliert, sondern eine Einigung zum gegenseitigen Vorteil. Aber der Markt ist nur dann der gutartige Mechanismus, den Hayek und andere beschrieben haben, wenn er

55 Siehe Nabil Saleh, »Unlawful Gain and Legitimate Profit« in *Islamic Law, Riba, Gharar, and Islamic Banking*, Cambridge, Cambridge University Press, 1986.

durch den unparteiischen Rechtsstaat eingehegt wird und alle Teilnehmer die Kosten ihrer Aktionen ebenso zu tragen haben, wie sie die Vorteile genießen können.

Leider hat sich die Realität immer weiter von dieser idealisierten Auffassung vom Markt entfernt. Sicherlich haben die privaten Geschäfte auf der lokalen Ebene all die vorteilhaften und freiheitsförderlichen Eigenschaften, die die Libertären betonen. Doch sobald wir uns über diese Ebene erheben und die Aktivitäten der großen Konzerne betrachten, verändert sich das Bild. Statt eines positiven Wettbewerbs um die Marktanteile, sehen wir den bösartigen Wettbewerb zur Externalisierung der Kosten. Ein Unternehmen, das seine Kosten auf andere abwälzen kann, genießt Vorteile denen gegenüber, die ihre Kosten selbst tragen müssen, und wenn die Kosten so weit verteilt werden konnten, dass die Opfer nicht zu identifizieren sind, kann man sie als tatsächlich abgeschrieben erachten.

Nehmen wir ein einfaches Beispiel – eine Flasche. Früher war es ziemlich teuer, Flaschen zu produzieren, und als ich Kind war, haben die Hersteller von Getränken in Flaschen zwei Pence für eine Flasche berechnet. Das Pfand wurde zurückgezahlt, wenn man die Flaschen ins Geschäft zurückbrachte, wo sie für die erneute Nutzung durch den Getränkehersteller eingesammelt wurden. Zwei Pence waren damals viel Geld – etwa die Hälfte des Getränkepreises. Niemand warf Flaschen weg, sie wurden alle wiederverwendet. Nirgendwo entlang der Bahngleise konnte man das Glitzern zersplitterten Glases sehen. Unsere Welt war umgeben von Gras, nicht Glas. Gras wuchs am Wegesrand und an den Gleisböschungen und wurde höchstens durch Fußspuren unterbrochen.

Heute können Flaschen, ob aus Glas oder Plastik, billig hergestellt werden, und deshalb ist es für die Hersteller billiger, sie ihrem Schicksal zu überlassen, als sie wieder einzusammeln. Diese Praxis hat große Folgen für Umwelt und Gesellschaft. Aber sie sind nicht durch den Hersteller erschaffen worden, und es kann auch keine spezielle Opfergruppe identifiziert werden. Noch leben wir in der Anfangsphase der biologisch nicht abbaubaren Verpackungen. Aber heute schon sind die wunderschönen Landschaften in vielen Regionen Englands vollgemüllt mit Plastikflaschen, Bechern, Sandwichverpackungen. Sie füllen die Wasserläufe und die Gräben, verstopfen die Abflüsse, verstärken die Überschwemmungen, sind eine Gefahr für die Tierhaltung und die Wildtiere und drohen nationale Denkmäler zu vernichten, mit unberechenbaren Folgen für den gesellschaftlichen Zusammenhalt.

Warum erheben die Verteidiger des Marktes nicht ihre Stimme gegen diese Praxis der Externalisierung der Kosten? Denn letztlich bedeutet die Weitergabe von Kosten, ohne die Verantwortung für sie zu übernehmen, nicht nur, dass sie anderen aufgebürdet werden. Sie zerstört auch das System von Belohnung und Strafe und damit das Potenzial des Marktes, sich als selbstregulierendes System zu behaupten. Die Leichtigkeit, mit der große Hersteller ihre Kosten abwälzen können, ist ein offenkundiger Missbrauch, durch den sich der Markt – sonst einer der zentralen Werte der Konservativen – selbst diskreditiert.

Als Disraeli erstmals erkannte, dass das Privateigentum ein integraler Teil der konservativen Sache ist, die mit aller Kraft gegen die Sozialisten verteidigt werden sollte, fügte er eine wichtige Voraussetzung hinzu, was er »das feudale Prinzip« nannte, nämlich, dass das *Recht* auf Eigentum auch eine *Pflicht* ist. Wer die Vorteile des Eigentums genießt, ist auch verantwortlich dafür, insbesondere jenen gegenüber, für die es eine Belastung bedeuten könnte. Er ist verantwortlich gegenüber den weniger Glücklichen, gegenüber den Ungeborenen und gegenüber dem gemeinsamen Erbe. Disraelis Sorge galt der neuen städtischen Arbeiterklasse, Umweltfragen waren noch nicht auf seiner politischen Agenda. Doch diese gehören heute an die erste Stelle von jedermanns Agenda, und es gibt keine denkbare Chance, dass die konservative Verteidigung des Eigentums die Jugend bekehren könnte, wenn wir nicht versuchen, sie zu überzeugen, dass nicht staatliche Kontrolle, sondern das private Eigentum die Erde vor dem menschlich erzeugten Müll retten kann. Ich komme auf dieses Problem noch einmal in Kapitel 8 zurück.

Ganze Zweige der modernen Ökonomie sind durch die Praxis der Übertragung von Kosten entstanden. Das auffälligste Beispiel dafür ist der Supermarkt. Für einen großen Teil der Kosten, die durch die großumfängliche Zentralisierung des Vertriebs von Lebensmitteln in Supermarktketten entstehen, kommen die Steuerzahler auf. Einkaufszentren und große Warenhäuser werden bei öffentlich finanzierten Transportwegen und Flächennutzungsplänen bevorzugt und haben damit gegenüber dem lokalen Handel einen uneinholbaren Vorteil. Zugleich bringen diese extensiven Verteilungsnetzwerke riesige ökologische und ästhetische Kosten mit sich. Diese weniger konkreten Kosten muss auch die allgemeine Öffentlichkeit tragen, der auch die langfristige Verantwortung für die sich immer weiter ausdehnende Zersiedlung und die Folgen der Energieabhängigkeit aufgebürdet wird. Zu diesen Belastungen kommen noch die Verpackungskosten, die etwa 25 Prozent des Gewichts jener Waren ausmachen, die über den Tresen der Supermärkte gehen. Die meisten dieser Verpackungen sind nicht abbaubar und existieren des größenbedingten Kostenvorteils willen, der den Supermärkten ermöglicht, die Kosten ihrer einzigen echten Konkurrenten, der kleineren Lebensmittelläden, zu unterbieten.

Auf diesem Wege und auf vielen anderen Wegen haben es die Supermärkte geschafft, die echten Kosten ihres Erfolges zu externalisieren – lokale Geschäfte zu verdrängen, indem sie die Menschen nötigten, ins Einkaufszentrum zu fahren, um ihre Vorräte zu besorgen, indem sie die billigen Lebensmittel bis in die letzten Winkel des Landes brachten, ohne mit den lokalen Produzenten darüber zu verhandeln, und ohne die echten Kosten dieser Lebensmittel zu bezahlen. Eine ähnliche Geschichte kann über fast alle Geschäftsketten in Europa oder Amerika erzählt werden. Sie kann erzählt werden über die Baumaterialienhersteller, die Hersteller von Softdrinks und Süßigkeiten, die Hersteller und Vertreiber von Werkzeug und Eisenwaren. Kurz gesagt, der globale Kapitalismus ist in gewisser Hinsicht weniger eine Übung in der Ökonomie des freien Marktes, wo Kosten im Interesse der Gewinne vorausgesetzt werden, sondern eine Art

Räuberbanden-Verhalten, das die Kosten im Interesse der hier und heute machbaren Gewinne der zukünftigen Generation aufbürdet.

Wie können wir dem »feudalen Prinzip« wieder Geltung verschaffen in einer Ökonomie, die sich so weit in diese Richtung entwickelt hat? Das sollte eines der wichtigen und beunruhigenden Themen auf der konservativen Agenda sein. Aber weder in Amerika noch in Europa kann das Thema überhaupt nur erwähnt werden. Selbst die Sozialisten schrecken davor zurück, die *echte* unternehmerische Räuberei zu kritisieren, die Raub an den zukünftigen Generationen ist, an dem wir auch beteiligt sind. Die Eliten von New Labour und der deutschen Sozialdemokraten tun das Gleiche wie die Unternehmensvorstände, mit denen sie häufig zusammen sind: Sie transferieren die Kosten ihrer Politik an zukünftige Regierungen, genau in der gleichen Weise, wie die großen Unternehmen ihre Kosten an die Ungeborenen weitergeben.

Das Beste, worauf wir hoffen können, ist das Aufkommen einer neuen Form von Konservativismus, der ähnlich wie Disraeli das Privateigentum gegen jene verteidigt, die es missbrauchen, und die Freiheit der jetzt lebenden Generation so sichert, dass sie nicht die zukünftigen Generationen belastet. Dieser Konservativismus würde weniger – oder gar nicht – der globalen Wirtschaft, der Welthandelsorganisation WTO und dem neuen, von China verkörperten gesetzlosen Kapitalismus, zujubeln. Und er würde den Bürgern der westlichen Demokratien ein Modell des verantwortungsvollen Unternehmertums aufzeigen, in dem die kleinen Unternehmungen, die verantwortungsvolle Buchführung und die lokale Verankerung wieder den ihnen gebührenden Platz erhalten. Ohne dies wird der Markt nicht zum Gleichgewicht finden, sondern Hals über Kopf in eine Umweltkatastrophe stürzen.

Ich werde auf das Problem der externen Effekte in Kapitel 8 zurückkehren. Aber es gibt noch ein anderes Problem, das Konservative ansprechen sollten. Die Anziehungskraft des Marxismus entsteht heute nicht durch die Theorie der Ausbeutung oder das Versprechen der Revolution und auch nicht durch die Kritik der Bourgeoisie. Er entsteht durch die Analyse des »Warenfetischismus« im ersten Band von *Das Kapital.* Diese Analyse ist die Urquelle der fortdauernden Kritik an den Märkten und entstammt ursprünglich den Schmähungen des Alten Testaments gegen den Götzendienst. Es wird beklagt, dass der Markt die menschlichen Bedürfnisse verfälscht, alles in Waren verwandelt, auch jene Dinge, die niemals gehandelt und höchstens als Geschenke getauscht werden sollten, alles mit einem Preis versieht und uns in eine Welt vorübergehender Illusionen und falscher Erwartungen führt, in eine »ästhetisierte« Welt, und uns so durch unsere selbsterzeugten Begierden versklavt.[56]

Diese Kritik ist auf vielerlei Weise und in verschiedenem Ton vorgetragen worden, beruht aber immer auf der Unterscheidung zwischen den wahren Wünschen, die zur Erfüllung führen, und den falschen Wünschen, die bloße »Versuchungen« sind und zur Spaltung, Entfremdung und Zerrissenheit des Selbst führen. Diese Unterscheidung liegt im Herzen der Religion und ist das Thema vieler ernsthafter Kunstwerke. Sie muss zur Kenntnis genommen werden, zumal wir in einer Zeit des Überflusses leben. Materielle Werte, Götzendienst und sinnliche Genüsse erodieren ununterbrochen unser Bewusstsein dafür, dass es tatsächlich Güter gibt, die nicht gehandelt werden können, denn der Handel mit ihnen zerstört sie – Güter wie Liebe, Sex, Schönheit und Heimat. Diese Güter versteht man nicht, bevor man sie empfangen hat. Wir können sie auch nicht quantifizieren oder in eine Kosten-Nutzen-Rechnung einsetzen.[57] Sie entstehen durch menschliche Beziehungen und existieren nur, wenn sie geteilt werden. Im vorletzten Kapitel komme ich auf diese Güter zurück, um zu zeigen, warum sie im Leben des *homo oeconomicus* keinen Platz haben.

---

56 Für die jüngste und niemals endende Kritik siehe Gilles Lipovetsky und Jean Serroy, *L'esthétisation du monde: vivre à l'age du capitalisme artiste,* Paris, Gallimard, 2013. Die früheren Versionen der Kritik stammen von Thorstein Veblen, Theodor W. Adorno, Herbert Marcus, Vance Packard, J. K. Galbraith, Naomi Klein ... und vielen hundert anderen.

57 Selbstverständlich gibt es verrückte Ökonomen, die uns zeigen, wie man diese preislosen Güter bepreist. Für ein besonders absurdes Beispiel siehe Richard Posner, *Sex and Reason,* Cambridge MA, Harvard University Press, 1992. Für eine allgemeine Kritik siehe Philip Roscoe, *I Spend, Therefore I Am,* London, Viking, 2014.

Auch wenn dieses Argument in seinem Kern durchaus sinnvoll ist, sollten wir – glaube ich – zögern, bevor wir die Unterscheidung zwischen wahren und falschen Bedürfnissen akzeptieren, und davon ausgehen, dass die Bestandteile des moralischen Lebens, die alle Eltern ihren Kindern beibringen sollten, durch die Marktwirtschaft gefährdet sind. Auf den Märkten werden Güter verkauft – das stimmt. Aber wir entscheiden darüber, ob wir gewisse Dinge abschirmen und davor bewahren, gehandelt zu werden, wenn es sein muss durch Gesetze, wenn eine Übereinkunft darüber nicht vorhanden ist. Da es zur Marktwirtschaft keine Alternative gibt, bleibt die einzige Frage, wie wir die Güter, die nicht gehandelt werden sollen, davor abschirmen. Das ist nicht nur eine politische Frage. Sie betrifft die Bildung, die Bräuche, die Funktionsweise der bürgerlichen Gesellschaft und auch die Gesetzgebung.

Wir können der Ausbreitung des Warencharakters, wie es der Wohlstand naturgemäß mit sich bringt, nicht entrinnen. Aber wir können bestrebt sein, ihm durch guten Geschmack, die Liebe zur Schönheit und den Sinn für Anstand Grenzen zu setzen. Die guten Dinge entstehen nicht durch die Politik, auf jeden Fall nicht durch eine liberale oder sozialistische Politik. Es ist vergeblich, nach politischen Lösungen für Übel zu suchen, die wir nur bekämpfen können, wenn wir uns die Vorteile des gesellschaftlichen Zusammenhalts zunutze machen, die ihrerseits wiederum von den Märkten abhängen. Wenn wir den Nationalismus und den Sozialismus betrachten, so, wie ich sie in den beiden letzten Kapitel beschrieben habe, müssen wir erkennen, dass deren schlimmste Formen dann auftauchen, wenn ihre Anhänger sie als eine Entsprechung für den religiösen Glauben verfolgen: als eine absolute Unterwerfung, die keinen Zweifel erlaubt, die totale Aufopferung erfordert und dafür Erlösung verspricht. Eine ähnliche Alternative zur Warenwelt fordern die Marxisten unserer Tage. Denn was ist letztendlich das Heilmittel gegen den Fetischismus, wenn nicht die »wahre Religion«, die eine unbekannte Transzendenz an die Stelle eines erfahrbaren Götzen stellt?

An diesem Punkt müssen wir den großen Wert des Liberalismus anerkennen. Seit seiner Geburt während der Aufklärung wies er unermüdlich hin auf den Unterschied zwischen der religiösen und der politischen Ordnung sowie auf die Notwendigkeit des Regierens ohne göttliche Gesetze.

6. Die Wahrheit im Liberalismus

Die Bedeutung des Wortes »liberal« hat sich häufig geändert. Heute wird das Wort in den Vereinigten Staaten benutzt, um Linke im europäischen Sinne zu beschreiben: Liberale sind Leute, die glauben, dass der Staat Macht und Ressourcen nutzen sollte, um die Geschicke der Bürger gleich zu gestalten. Sie erwarten vom Staat, dass er in der Wirtschaft und bei der Regulierung des Alltags eine größere Rolle spielt, als es die Konservativen normalerweise anstreben würden. Doch diese Wortbedeutung ist praktisch das genaue Gegenteil von dem, was das Wort »liberal« im 19. Jahrhundert bedeutet hatte, als liberale Parteien aufbrachen, um die Botschaft zu verbreiten, dass die politische Ordnung die individuelle Freiheit garantieren müsse und dass Herrschaft und Zwang nur dann berechtigt seien, wenn es um die Verteidigung der Freiheit geht. In diesem Kapitel werde ich über die Wahrheit im Liberalismus im Sinne jener Philosophie schreiben, die die Freiheit des Individuums als ein Ziel, vielleicht sogar als das wichtigste Ziel von Regierung betrachtet, und indem sie dieses Ziel verfolgt, die politische von der religiösen gesellschaftlichen Ordnung trennt.

Die hebräische Bibel und der Koran stellen die religiöse Form gesellschaftlicher Ordnungen dar. Sie ist eine Ordnung, in der die Gesetze auf göttlichen Vorschriften beruhen und die irdischen Ämter von Gott übertragen sind. Von außen betrachtet sind Religionen von jenen Gemeinschaften definiert, die sie annehmen, und ihre Funktion ist es, diese Gemeinschaften zusammenzuschweißen, sie gegen äußere Erschütterungen zu wappnen und ihre Reproduktion zu sichern. Das Fundament einer Religion ist die Frömmigkeit, das heißt, die Unterwerfung unter göttliche Befehle. Wenn dieses Verhalten erst verankert ist, steht es hinter allen Schwüren und Versprechungen, verleiht der Ehe ihr Heiligtum und begründet alle Opfer, die sowohl im Frieden als auch im Krieg erforderlich sein könnten. Deshalb haben Gemeinschaften mit einem gemeinsamen religiösen Glauben einen Vorteil im Kampf um Gebiete, und alle besiedelten Gebiete unseres Planeten sind Orte, wo einst eine vorherrschende Religion Ansprüche angemeldet und sie verteidigt hat. Diese Geschichte erzählt uns das Alte Testament.

Im Gegensatz dazu wird in einer politischen Ordnung die Gemeinschaft durch menschengemachte Gesetze und Entscheidungen regiert, ohne Bezug auf göttliche Vorschriften zu nehmen. Religion ist ein statischer Zustand; Politik ein dynamischer Prozess. Während die Religion die unhinterfragte Unterwerfung fordert, bietet die politische Ordnung Teilnahme, Diskussion und auf Zustimmung beruhende Gesetzgebung. So war es in der westlichen Tradition, und es ist in erster Linie dem Liberalismus zu verdanken, dass diese Tradition erhalten blieb, insbesondere angesichts der ständigen Verführung, die wir zurzeit durch den lautstarken Islamismus erleben, der nahelegt, die beschwerliche Aufgabe der Kompromisssuche zu verleugnen und bei nicht hinterfragbaren Befehlen Zuflucht zu suchen.

Der Wettbewerb zwischen Religion und Politik ist keine moderne Erscheinung. Das wissen wir nicht nur aus der Bibel, sondern auch aus den griechischen Tragödien. Sophokles' *Antigone* handelt vom Konflikt zwischen der politischen Ordnung, repräsentiert und aufrechterhalten durch Creon, und der religiösen Pflicht, vertreten durch die Person von Antigone selbst. Die erste ist öffentlich und betrifft die ganze Gemeinschaft, die zweite ist privat und betrifft Antigone allein. Deshalb kann der Konflikt nicht gelöst werden. Das öffentliche Interesse hat keine Macht über Antigones Entscheidung, ihren toten Bruder zu beerdigen, während die durch die Götter Antigone auferlegte Pflicht für Creon keine akzeptable Begründung für die Gefährdung des Staates ist.

Über einen ähnlichen Konflikt berichtet die *Orestie* von Aischylos, in der eine Abfolge von religiösen Morden, beginnend mit Agamemnons Ritualopfer seiner Tochter, am Ende zur entsetzlichen Verfolgung des Orestes durch die Furien führt. Die Götter verlangen die Morde; die Götter bestrafen sie auch. Das Haus Atreus ist der Religion verpflichtet, aber die Dilemmata werden von ihr nicht gelöst. Eine Lösung ergibt sich erst, wenn die Entscheidung der Stadt überlassen wird – personifiziert durch Athene. In der politischen Ordnung – sagt uns das Stück – ersetzt Recht die Rache, und ausgehandelte Lösungen treten an die Stelle von absoluten Befehlen. Die Botschaft der *Orestie* hallt in den Jahrhunderten der westlichen Zivilisation wider: Es ist die Politik, nicht die Religion, die den Frieden sichert. Die Rache ist mein, sagt der Herr, aber das Recht ist mein, sagt die Stadt.

Die griechischen Tragiker verfassten ihre Werke am Anfang der westlichen Zivilisation. Aber ihre Welt setzt sich in unserer fort. Ihr Recht ist das Recht der Stadt, in der politische Entscheidungen durch Beratung, Teilnahme und Widerspruch gefällt werden. Im Kontext der griechischen Stadt-Staaten sind die Anfänge der politischen Philosophie entstanden, und die Debatten über die großen Fragen der Gerechtigkeit, Autorität und Verfassung sind von Plato und Aristoteles schon mit den heutigen Termini geführt worden. Der Liberalismus ist aus dem jahrhundertelangen Nachdenken darüber entwachsen, wie einvernehmliches Regieren des Volkes gestaltet werden kann, damit es sich bereitwillig den Gesetzen unterwirft, die von anderen Menschen und nicht von Gott gemacht sind.

Die einvernehmlich regierte Gesellschaft entsteht nicht unbedingt durch einen expliziten oder impliziten gesellschaftlichen Vertrag. Die einvernehmlichen Beziehungen entstehen in der Gesellschaft unter den Bürgern und zwischen den Bürgern und den Amtsträgern, in der Form von täglichen Gefälligkeiten, Fußballspielen, Theateraufführungen oder Familienessen. Wie Adam Smith deutlich machte, kann Ordnung aus einvernehmlichen Handlungen entstehen. Aber sie entsteht durch die »unsichtbare Hand« und nicht durch Verordnungen, die jemand erlassen hat. Im vorigen Kapitel habe ich Hayeks

Verteidigung des *common law* in seinem Werk *Law, Legislation and Liberty* erwähnt. Darin argumentiert er, dass auch das Recht aus freien Transaktionen entsteht, nicht, weil es verfügt wurde, sondern *implizit durch unsere Handlungen*. Das *common law* fasst zusammen, was vernünftige Menschen – explizit oder auch nicht – annahmen, als sie sich an freien Transaktionen beteiligten. Das Schadensersatzprinzip, wonach der Übeltäter das Opfer entschädigen muss; das Vertragsprinzip, wonach der Vertragsbrecher dem Partner seinen Verlust ersetzen muss; das Fairnessprinzip, wonach der, der Fairness will, selbst fair handeln sollte – all diese Prinzipien werden in freien Übereinkünften bereits vorausgesetzt. Das *common law* entsteht durch ihre Anwendung in konkreten Fällen und führt zu Abhilfe und Regeln, durch die wir, freie und verantwortliche Wesen, unsere Positionen in einer Welt der Fremden behaupten können.

In einer einvernehmlichen Ordnung werden die Entscheidungen, von denen unsere Beziehungen zu anderen abhängen – außer im Falle eines Notstands – frei getroffen. Entscheidungen sind dann frei, wenn jeder seinen Weg durch das Leben durch Verhandlungen ebnet und seine Chancen nach bestem Wissen und ohne fremden Zwang nutzen kann. Der traditionelle Liberalismus vertritt die Ansicht, dass eine solche Gesellschaft nur dann möglich ist, wenn die individuellen Mitglieder souverän über ihr eigenes Leben bestimmen können, das heißt, dass sie frei sind, Vorschlägen ihre Zustimmung zu geben oder auch nicht, unabhängig davon, welche Beziehungen bei den Vorschlägen betroffen sein mögen. Individuelle Souveränität kann nur dann bestehen, wenn der Staat Rechte garantiert: wie das Recht auf Leben, Unversehrtheit und Eigentum, und so die Bürger vor Übergriffen und Zwang durch andere beschützt, wozu auch der Schutz vor Übergriffen und Zwang durch den Staat selbst gehört.

In der Regel ist es üblich, in der Diskussion dieser Angelegenheiten einen Unterschied zwischen Untertan und Bürger zu machen. Sowohl Untertanen als auch Bürger sind verpflichtet, den Gesetzen und dem Staat, der sie erzwingt, zu gehorchen. Doch während der Gehorsam des Untertans uneingeschränkt ist und vom Staat eingefordert wird, ohne dafür im Gegenzug etwas anzubieten, erfolgt der Gehorsam der Bürger unter der Voraussetzung, dass ihre Souveränität respektiert wird. Bürgerschaftsrechte sind die Bedingung für eine einvernehmliche Gesellschaft souveräner Bürger. Dies ist eine wertvolle Errungenschaft der westlichen Zivilisation, die heute keineswegs überall in der Welt vorhanden ist, und vor allem von Islamisten grundsätzlich missverstanden wird. Diese streben eine perfekte und unhinterfragte Folgsamkeit gegenüber den von Gott niedergelegten Gesetzen von den Untertanen an, die für immer darauf verzichtet haben, diesen Gesetzen zu widersprechen.

Die moderne Demokratie ist zwangsläufig eine Gesellschaft von Fremden. Und nur jene Demokratien können sich erfolgreich nennen, in denen Fremde ausdrücklich Teil des Netzes der Verpflichtungen sind. Bürgerschaft bedeutet die Bereitschaft, Verpflichtungen gegenüber Unbekannten anzuerkennen und entsprechend zu handeln. Dies befähigt Fremde gegen die Obrigkeit zusammenzustehen und ihre gemeinsamen Rechte zu behaupten. Deshalb sind die Bürgerrechte ein Schutzschild gegen Unterdrückung und das Echo der Stimmen des Widerspruchs. Ohne diese Zuflucht gibt es keinen Weg für den Widerspruch, außer durch Verschwörung, um die herrschende Macht zu stürzen. Diese Gedanken sind schon im Erlass des *Habeas Corpus* enthalten.

Westliche Gesellschaften haben den Wert der Bürgerrechte nicht erfunden, sondern umgekehrt, sie sind ihnen entwachsen. In den Artikeln von *The Federalist*[58] wurde der öffentliche Geist ganz eindeutig den Interessengruppen, den Cliquen und dem privaten Intrigantentum gegenübergestellt. Wie James Madison zeigte, reichen demokratische Wahlen nicht aus, um interne Uneinigkeiten zu überwinden oder um den wahren Geist der öffentlichen Verantwortung in die Herzen jener einzupflanzen, die gewählt wurden. Nur in einer Re-

58 Anm. der Übersetzerin: *The Federalist*, oder später *The Federalist Papers*, sind eine Serie von 87 Artikeln, die zwischen 1787 und 1788 in amerikanischen Zeitungen unter dem Pseudonym »Publius« zum Thema der amerikanischen Verfassung erschienen sind. Die Verfasser waren Alexander Hamilton, James Madison und John Jay.

publik, das heißt, nur dort, wo die Ämter der öffentlichen Vertretung durch Bürger besetzt werden, die gegenüber jenen, die sie gewählt haben, verantwortlich sind, nur dann wird das Walten der Macht durch wahren Patriotismus beseelt.[59] Die Verfassung der Vereinigten Staaten war im Wesentlichen deshalb erfolgreich, weil ihre Verfasser eine Republik gründen wollten, in der die Institutionen die konkrete Verkörperung von Verpflichtungen unter Fremden waren: eine Republik, in der Interessengruppen eher soziale als politische Macht haben durften. Die Demokratie sollte ein Mittel zur Erreichung dieses Ziels sein. Doch sie ist ein gefährliches Mittel, und sie ist auf das Bestehen des bürgerschaftlichen Geistes angewiesen, wenn sie nicht zum Schlachtfeld von Sonderinteressen verkommen soll.

Es ist kennzeichnend für unsere Zeit, die Tugend des Bürgersinns mit dem demokratischen Geist gleichzusetzen, und so wird der Glaube bestärkt, dass ein guter Bürger sei, wer alle Fragen zur Abstimmung stellt. Es verhält sich gerade andersherum: Der gute Bürger weiß, wann die Abstimmung der *falsche* Weg ist, eine Angelegenheit zu entscheiden, und wann der richtige. Denn er weiß, dass seine Verpflichtungen Fremden gegenüber verletzt werden können, wenn Mehrheitsentscheidungen allein über deren Schicksal entscheiden. Das hatten Alexis de Tocqueville und John Stuart Mill im Sinn, wenn sie vor der Tyrannei der Mehrheit warnten.[60] Die politische Ordnung ermöglicht es, über die Herrschaft der Mehrheit hinauszugehen. Es war das große Geschenk des politischen Liberalismus an die westliche Zivilisation, die Bedingungen auszuarbeiten, unter denen die abweichenden Meinungen geschützt werden können, und die religiöse Einheit durch die rationale Diskussion unter Gegnern abgelöst werden kann.

---

59 Siehe James Madison, «The Federalist, No. 10«, in George W. Carey und James McClellan (eds.) *The Federalist*, Dubuque, IA, Kendall/Hunt, 1990, S. 46–49.

60 Siehe Alexis de Tocqueville, *Über die Demokratie in Amerika*, Stuttgart, Reclam, Philipp, jun. GmbH, Verlag, 1986, und John Stuart Mill, *Of Representative Government*, London, Parker Son and Bourn, 1861.

In westlichen Demokratien sind sich Regierungen dessen bewusst, dass viele, wenn nicht sogar die meisten, nicht für sie gestimmt haben, und sie deswegen bestrebt sein müssen, auch für jene akzeptabel zu sein, die mit ihnen nicht einverstanden sind. Es gibt freilich Aspekte des Lebens, in denen Kompromisse entweder verdächtig oder gar verboten sind. In der Schlacht mit dem Feind sucht man keine Kompromisse. Im Glauben schließt man mit dem Teufel keine Kompromisse. Aber gerade dann, wenn der Glaube in die Politik eindringt, ist der politische Prozess besonders in Gefahr. Das ist der Grund dafür, warum im modernen Ägypten aufeinanderfolgende Präsidenten versucht hatten, die Muslimbruderschaft aus der Macht herauszuhalten. Die Muslimbruderschaft ist der Überzeugung, dass Recht und Politik nicht von Kompromissen handeln, sondern von Folgsamkeit und dem unabänderlichen Willen Gottes.

Im 17. Jahrhundert hat der Bürgerkrieg Großbritannien zerrissen. Im Kern wurde der Bürgerkrieg um Religion geführt. Auf der einen Seite stand der Wunsch der Puritaner, die Herrschaft Gottes über die Bürger von Großbritannien ungeachtet ihrer Wünsche zu verhängen, auf der anderen Seite die Präferenz der Stuart-Könige für den römisch-katholischen Glauben, die der Mehrheit zutiefst zuwider war und sich als Instrument für die abgelehnte fremde Einmischung erwiesen hatte. In einem Bürgerkrieg benehmen sich beide Seiten schlecht, eben weil der Geist des Kompromisses den Schauplatz verlassen hat. Die Lösung ist nicht der Erlass neuer Dekrete von oben, sondern die Zulassung der Legitimität von Opposition und die Politik des Kompromisses. Dies wurde im Laufe der Glorreichen Revolution 1688 erkannt, und das Parlament als die höchste gesetzgebende Institution wurde wiederhergestellt. Im folgenden Jahr wurden in der *Bill of Rights* die Rechte der Bürger gegenüber der herrschenden Macht (die Rechte, die im *Habeas Corpus* enthalten sind, mit inbegriffen) nochmals bestätigt. So verstanden ist ein Recht das Schild, das das Individuum rundum schützen soll. Indem wir über dieses Konzept nachdenken, werden wir nicht nur die Wahrheit im Liberalismus verstehen, sondern auch die weitreichenden Funktionsstörungen und Lügen, die in die Politik unter seiner Herrschaft eingedrungen sind.

Die Idee von den »natürlichen« oder »menschlichen« Rechten ist aus zwei Denkströmungen entstanden. Da war zum einen der uralte Glaube, dass es eine universelle Norm – das Naturrecht – geben müsse, die für alle Menschen überall auf der Welt gelte und die einen Standard biete, an dem jedes konkrete rechtliche System gemessen werden könne. Und da war die Annahme des *common law*, dass das Recht unter anderem die Aufgabe habe, das Individuum vor willkürlicher Macht zu beschützen. Indem er beide Ideen miteinander kombinierte, befürwortete John Locke ein System der Naturrechte. Diese Rechte würden garantieren, dass das Individuum sein Leben souverän gestalten, Beziehungen durch Vereinbarungen eingehen und sich von ihnen – bei gegenseitigem Einverständnis – ebenso zurückziehen kann. In diesem Sinne – wie es in der *Bill of Rights* enthalten ist – müssen Menschenrechte als *Freiheiten* verstanden werden, Freiheiten, die respektiert werden, indem die Leute in Ruhe gelassen werden. Die Theorie der Menschenrechte ist dazu da, um Regierungen Grenzen zu setzen, und darf nicht dazu genutzt werden, die Macht der Regierungen zu vergrößern, sofern sie nicht dem Zweck dienen, ihre grundlegende Aufgabe zu erfüllen, nämlich die individuelle Freiheit zu verteidigen.

Der ursprüngliche Text der Europäischen Menschenrechtskonvention legt ebenso diese Auffassung nahe. Die Konvention erklärt die Implikationen dieser Rechte – auf das Leben, auf die Freiheit und auf das Streben nach Glück, wie sie in der amerikanischen Unabhängigkeitserklärung befürwortet wurden. Die anglo-amerikanische Tradition des Verfassungsrechts muss in diesem Sinne interpretiert werden: Sie ist bestrebt, die Macht der Regierungen einzuschränken, ohne ihre Vorteile zu verlieren. Diese Tradition hat uns die Fixpunkte der liberalen Rechtsprechung geschenkt: nämlich die Doktrin der Gewaltenteilung, die Theorie der richterlichen Unabhängigkeit und die Idee der Gerichtsprozeduren, nach der jeder Bürger vor dem Gesetz gleich ist und die Richter unparteiisch sein müssen.

Doch dies ist der Punkt, an dem die Wahrheit im Liberalismus fast unbemerkt in eine Lüge abgleitet. Denn zusammen mit dem Streben nach Freiheit ist auch die Gegenbewegung für das sogenannte »*empowerment*« entstanden. Die negativen Freiheiten der traditionellen Theorien der Naturrechte wie die von John Locke helfen nicht, die ungleiche Verteilung von Macht und Chancen in menschlichen Gesellschaften auszugleichen. Deshalb begannen die Verfechter des Egalitarismus die Liste der negativen Freiheiten mit immer mehr positiven Freiheiten zu ergänzen, die in verschiedenen internationalen Abkommen spezifiziert wurden und nicht nur die Nichteinmischung von anderen einfordern, sondern ihnen positive Pflichten auferlegen. Dabei berufen sie sich auf die zweite Wurzel der Idee von den Menschenrechten, nämlich auf das »Naturrecht«, das verlangt, dass jede Gesetzesnorm einem universellen Standard entsprechen müsse.

Dies wird in der Menschenrechtsdeklaration der Vereinten Nationen sichtbar, die mit einer Liste der Freiheitsrechte anfängt, und dann plötzlich ab Artikel 22 radikale Forderungen an den Staat zu stellen beginnt – Forderungen, die nur durch positive Handlungen des Staates erfüllt werden können.

> *»Jeder Mensch hat als Mitglied der Gesellschaft Recht auf soziale Sicherheit; er hat Anspruch darauf, durch innerstaatliche Maßnahmen und internationale Zusammenarbeit unter Berücksichtigung der Organisation und der Hilfsmittel jedes Staates in den Genuss der für seine Würde und die freie Entwicklung seiner Persönlichkeit unentbehrlichen wirtschaftlichen, sozialen und kulturellen Rechte zu gelangen.«*

Es steht eine gewichtige politische Philosophie hinter diesem Artikel. In dem darin beschriebenen Recht steckt eine nicht weiter spezifizierte Liste von weiteren Rechten – wie ökonomische, soziale und kulturelle Rechte, die man für unverzichtbar hält – nicht für die Freiheit, sondern für die »Würde« und die »freie Entwicklung der Persönlichkeit«. Was auch immer diese Forderungen in der Praxis bedeuten mögen, es ist offenkundig, dass sie eine bedeutende Erweiterung der Menschenrechte bedeuten, weit über jene grundlegenden Freiheiten hinausgehend, die in der Amerikanischen Deklaration enthalten sind. Diese sind unerlässlich für jede Art von einvernehmlichem Regieren. Das Gleiche kann jedoch nicht über die Forderungen von Artikel 22 in der Deklaration der Vereinten Nationen gesagt werden.

Die UN-Deklaration fährt in der gleichen Art weiter fort, indem sie das Recht auf Arbeit, auf Freizeit und auf ein Lebensniveau, das Gesundheit garantiere, verlangt, sowie noch weitere Rechte, die tatsächlich Forderungen an den Staat sind und keineswegs Freiheiten vor seinen Übergriffen.

Ich behaupte nicht, dass diese Vergünstigungen *keine* Rechte seien, aber selbst wenn sie welche wären, hätten sie nicht die gleiche Berechtigung wie die Freiheitsrechte, die vorher in der Deklaration garantiert wurden. Darüber hinaus öffnen sie die Tür für eine »Inflation der Rechte«, wie wir sie in den letzten Jahrzehnten beobachten konnten, und es drohen viele Konflikte bei der Interpretation derartiger Menschenrechte. Wenn das »Recht auf Familienleben«, wie es in der Europäischen Menschenrechtskonvention enthalten ist, dazu benutzt wird, einem Kriminellen, der auch illegaler Migrant ist, zu ermöglichen, die Abschiebung zu vermeiden;[61] wenn das vom Europäischen Gerichtshof für Menschenrechte deklarierte Recht auf traditionelle Lebensführung einer ethnischen Gemeinschaft dazu führt, dass unter Missachtung des Planungsrechts eine Wohnwagensiedlung errichtet wird und so ihrem Umkreis Eigentumswerte vernichtet werden; wenn das Gericht von British Columbia »das Recht, nicht beleidigt zu werden« entdeckt, das von einem Bühnenkomiker verletzt worden sein soll, der auf ein lesbisches Paar reagierte, als es in der ersten Reihe seiner Show provokant knutschte;[62] wenn Banker behaupten, ihre ungeheuerlichen Boni seien »Menschenrecht«;[63] wenn die Gerichte mit solchen und ähnlichen Fällen überlastet werden, da täglich bis zu sieben solcher Fälle vor britischen Gerichten landen

61 MailOnline, 6. Dezember 2013.
62 *National Review* online, 21. April 2011.
63 *Financial Times*, 7. Oktober 2013.

und den Steuerzahler etwa zwei Milliarden Pfund kosten, dann ist es berechtigt, zu fragen, ob das Konzept der Menschenrechte tatsächlich wohlbegründet ist, und ob es fundierte Argumente gibt, um zwischen den vielen Bewerbern die echten von den falschen Menschenrechten unterscheiden zu können.

Das erste Argument in einer Antwort, die der amerikanische Philosoph Ronald Dworkin formuliert hat, sagt, dass »Rechte Trumpf sind«.[64] Das heißt, wenn man vor einem Gericht nachweisen kann, dass die eigenen Interessen als ein Recht gelten, wird man den Prozess gegen jeden gewinnen, dessen Interessen zwar bedeutend sein mögen, aber nicht in dieser Weise geschützt sind. (Rechte sind »ausschließende Gründe«, wie der israelische Philosoph Joseph Raz formulierte).[65]

Der zweite wichtige Punkt ist, dass die Entscheidungen eines Gerichts im Gegensatz zu den Lösungen der Gesetzgebung keine Kompromisse sind. Es ist nicht ihr Ziel, die vielen Interessen, die in eine Situation eingehen, miteinander zu versöhnen. Das Gericht sieht sich nicht als Instanz, um eine Politik des guten Regierens für eine Gemeinschaft zu formulieren – denn das ist die Aufgabe der Gesetzgebung und nicht des Gerichts. Das Gericht sieht seine Aufgabe darin, einen Konflikt mit einer Entscheidung für eine Partei zu lösen. Unter normalen Bedingungen ist eine Auseinandersetzung über Rechte ein Nullsummenspiel, in dem eine Partei alles gewinnt und die andere alles verliert. Einen Trostpreis gibt es nicht. Die Präzedenzfallregelung führt darüber hinaus dazu, dass jeder Gerichtsentscheid ein Loch in die Gesetzgebung reißt. Denn diese wäre berufen, solche Fälle wie die zur Entscheidung stehenden zu lösen. Dies ist eine der Gefahren, die der Menschenrechts-Gesetzgebung innewohnt: Dass sie nämlich ein Instrument in die Hände des einfachen Bürgers gibt, mit dem selbst die wichtigsten Teile öffentlicher Politik im Interesse des Einzelnen umgeworfen werden können, unabhängig vom gesell-

64 Ronald Dworkin, *Taking Rights Seriously*, Oxford, Oxford University Press, 1977.
65 Joseph Raz, *The Authority of Law*, Oxford, Oxford University Press, 1979.

schaftlichen Interesse und von gesellschaftlichen Gütern. So konnten Terroristen in Großbritannien ihre Abschiebung verhindern, indem sie behaupteten, dieses oder jenes »Menschenrecht« werde damit verletzt. Ohne über Kriterien zu verfügen, um echte Menschenrechte vom Schwindel zu unterscheiden, werden wir niemals sicher sein, dass unsere Rechtsvorschriften – egal wie weise, wohlwollend und verantwortlich sie auch sein mögen – nicht von Einzelnen ausgespielt werden können.

Der dritte wichtige Punkt ist, dass die gesetzlichen Festlegungen von Menschenrechten und die verschiedenen gerichtlichen Entscheidungen dazu nicht unbedingt das gleiche philosophische, moralische und politische Gewicht haben. Das Konzept der Menschenrechte verdient diesen Namen nur, wenn die zu ihm gehörenden Rechte *a priori* gelten, mit anderen Worten Rechte sind, die mit philosophischen Argumenten untermauert werden können, statt nur durch das Wirken von bestimmten Rechtssystemen. Was die grundlegenden Freiheitsrechte betrifft, haben etliche Autoren die entsprechenden philosophischen Argumente vorgebracht: Robert Nozick, der mit den Kantschen Prämissen beginnt, oder John Finnis, der von den Thomistischen Voraussetzungen ausgeht, und noch etliche andere.[66] Ich glaube, dass wir alle die Kraft der Idee erkennen, dass es Dinge gibt, die man menschlichen Wesen nicht antun kann: Bestimmte Güter, das Leben mit inbegriffen, dürfen ihnen nicht genommen werden, außer sie hätten es in irgendeiner Weise *verwirkt*. Das Recht auf Leben, Unversehrtheit und auf das Streben, unsere Ziele ungestört verfolgen zu können (das mit dem gleichen Recht für andere einhergeht), sind einleuchtende Kandidaten. Man kann nachvollziehen, wie das Recht auf diese Dinge im Zentrum der politischen Kooperation liegt: Denn ohne eine gewisse Garantie dafür, dass die Menschen in dieser Hinsicht zumindest vor Übergriffen geschützt werden, könnte

66 Robert Nozick, *Anarchy, State and Utopia*, Cambridge MA, Harvard University Press, 1974. John Finnis, *Natural Law and Natural Rights*, Oxford, Oxford University Press, 1980.

kein Rechtssystem existieren, das jene, die ihm unterliegen, freiwillig akzeptieren.[67]

Darüber hinaus verstehen wir diese grundlegenden Freiheiten auch deshalb als Rechte, weil wir die gegenseitige Pflicht anerkennen, sie zu respektieren. Mein Recht auf Leben ist deine Pflicht, mich nicht umzubringen, und die Pflichten, andere nicht anzugreifen und zu verletzen, erfahren eine natürliche Unterstützung durch die Moral und können durch das Recht einfach erzwungen werden. Wenn wir allerdings diesen engen Bereich der grundlegenden Freiheiten verlassen, betreten wir ein zwielichtiges und umstritteneres Territorium. Der Fall, in dem der Wohnwagensiedlung erlaubt wurde, die Einrichtungen einer alten Gemeinde zu zerstören, beruhte auf den Vorschriften der Nicht-Diskriminierung, einer Vorschrift, die über die grundlegenden Freiheitsrechte hinausgeht und in den Bereich der Rechtsprechung gehört.[68] Es ist bemerkenswert, dass diese Vorschrift, die verhindern sollte, dass eine Gruppe von Bürgern Privilegien genießt, die einer anderen Gruppe versagt bleiben, hier genau dafür genutzt wurde, für eine Minderheit Privilegien einzufordern, die der Mehrheit juristisch untersagt wurden. Die Minderheit waren in diesem Fall jene, die für sich in Anspruch nahmen, zum »fahrenden Volk« zu gehören, was sie offensichtlich berechtigte, als »ethnische Gruppe« aufzutreten.[69] Zu ähnlich paradoxen Konsequenzen führte in Amerika die »positive Diskriminierung«, womit gemeint ist, dass den Mitgliedern früher benachteiligter Gruppen privilegierte Rechte gewährt werden, um ihre Lage zu »berichtigen«.

Das ursprüngliche Ziel, das der Liberalismus mit den Naturrechten verfolgte, war der Schutz des Individuums vor der Willkür der Macht. Man besaß Rechte als Individuum, unabhängig davon, welcher Gruppe oder Klasse man angehörte – wie John Locke und seine

---

67 Diese Idee hat Immanuel Kant wunderbar in seine Interpretation des Gesellschaftsvertrags eingebaut. Siehe mein Buch: *Kant, a Very Short Introduction*, Oxford, Oxford University Press, 2007, Kapitel 7.

68 Die Details dazu sind zu finden in *The Daily Mail* online, 2008.

69 Race Relations Act, 1976, and Human Rights Act, 1998.

Anhänger meinten. Diese Rechte zwingen andere, einen selbst als freies Wesen zu behandeln, das souverän über sein Leben verfügt, und den gleichen Anspruch auf Respekt hat wie die anderen auch. Doch die neuen Ideen der Menschenrechte sprechen einer Gruppe Rechte zu, die sie anderen verweigern. Ethnische Minderheiten oder gesellschaftliche Klassen haben Rechte, die nicht jeder Bürger für sich einfordern kann. Menschen können heute bevorzugt oder verdammt werden aufgrund von Klasse, Rasse, Rang oder Beruf, und das im Namen der liberalen Werte. Deshalb zeugen die Rechte, die den Kern der internationalen Erklärungen bilden, von einer grundsätzlichen Veränderung der liberalen Philosophie. Die Rechte sind nicht mehr Freiheiten, sondern Ansprüche, und verlangen nicht gleiche Behandlung, sondern das gleiche Ergebnis.

Ein Freiheitsrecht auferlegt anderen eine allgemeine Pflicht, aber es setzt keine spezifische Beziehung voraus und stellt keine besonderen Forderungen an irgendein Individuum. Es ist ein Recht, das durch andere verletzt werden kann. Es wird respektiert, indem man nichts tut. Die Pflicht, sich danach zu richten, ist weder beschwerlich noch eine besondere Verantwortung einer bestimmten Person. Ein solches Recht ist es, von einem Ort zum anderen ziehen zu dürfen, das Recht auf Leben, Unversehrtheit und Besitz, sowie andere Rechte, die traditionell aus dem Naturrecht folgen. Man respektiert sie durch Nichteinmischung, und die Pflicht, sie einzuhalten, gilt klar und unmissverständlich für jeden.

Das ist ganz offensichtlich nicht der Fall bei Ansprüchen, insbesondere wenn die Ansprüche unspezifische Güter betreffen wie Gesundheit, Bildung, ein gewisses Lebensniveau und so weiter. Es gibt tatsächlich elementare moralische Ansprüche, die allen eine individuelle Pflicht auferlegen. Es ist ein vernünftiges Argument, dass der Mann, der in der berühmten Parabel von Christus von Dieben ausgeraubt wird, einen Anspruch – einen moralischen Anspruch – an alle hatte, die an ihm vorbeigingen, den nur ein einziger, der gute Samariter, zu erfüllen bereit war. Doch Fälle, die die grundsätzliche Moral betreffen, stellen an uns alle individuelle Ansprüche und können nicht durch den Staat beantwortet werden. Was die spezifischeren Ansprüche betrifft, die Menschen einander gegenüber erheben – auf Beistand, auf das Teilen von Gütern, auf Schadensersatz –, diese erfordern eine *Vorgeschichte*, eine spezielle Beziehung zwischen dem Anspruchsteller und der Person, an die sich der Anspruch richtet, was erst die Rechtfertigung dafür ist, dass dieser Anspruch eine Pflicht ist. In Abwesenheit einer solchen Vorgeschichte gibt es auf die Frage, wer verpflichtet ist, diese allgemeinen Ansprüche zu erfüllen, unvermeidlich nur eine Antwort: der Staat. Große, unbestimmte Ansprüche machen die massive Ausdehnung der Staatsmacht erforderlich, ebenso die Abtretung der vielen verschiedenen individuellen Verantwortlichkeiten an den Staat sowie die Zentralisierung des gesellschaftlichen Lebens in der Regierungsmaschinerie. Mit anderen Worten: Ansprüche als Rechte treiben uns unvermeidlich in eine Richtung, die wirtschaftlich katastrophal und für viele moralisch inakzeptabel ist. Diese Richtung widerspricht diametral den Zielsetzungen, die durch die ursprüngliche Idee der Menschenrechte angestrebt wurde – es ist eine Richtung, die unter anderem zur Vergrößerung der Staatsmacht statt ihrer Begrenzung führt.

Es gibt einen noch schwerer wiegenden Grund, warum man über die Ausdehnung des Konzepts der Naturrechte auf den Bereich der Ansprüche beunruhigt sein sollte. In einer wegweisenden Studie hat der amerikanische Jurist Wesley Newcomb Hohfeld dargelegt, dass das Konzept der Rechte zu einer ganzen Familie von Konzepten gehört: zu den Konzepten der Haftung, der Sicherheit, der Pflicht, der Erlaubnis, der Macht und so weiter, die wie modale Konzepte – wie Möglichkeit, Notwendigkeit und Wahrscheinlichkeit – zu den verflochtenen Operationen des rationalen Geistes gehören.[70] Das Konzept der Rechte gehört zum »Kreis der juristischen Termini«, die auf komplizierte Weise wechselseitig definierbar sind und gemeinsam die systematische Operation des rationalen Intellekts beschreiben.

70 Wesley Newcomb Hohfeld, *Fundamental Legal Conception as Applied in Judicial Reasoning an Other Legal Essays*, New Haven, CT, Yale University Press, 1946.

Es gibt so etwas wie eine »Berechnung der Rechte und Pflichten«, wie ich es formulieren würde, die rationale Wesen anwenden, um ihre Streitigkeiten zu lösen und Einigkeit über Dinge zu erzielen, die zu den gemeinsamen oder kollidierenden Interessen gehören. Die Möglichkeit dieser Berechnung unterscheidet uns von den niederen Tieren und stünde uns auch dann zur Verfügung, wenn wir sie nicht durch die gemeinsame Rechtsordnung unterstützten. Das Konzept der Rechtsprechung gehört zu dieser Rechnung: Es ist unrecht, wenn einem Rechte und Belohnung versagt werden, es ist gerecht, wenn »jeder das ihm Zustehende« erhält, wie das Römische Recht – Aristoteles folgend – es ausdrückt.

Warum nutzen Menschen diese juristischen Termini? Was gewinnen sie dadurch? Warum hat es so vielen Regionen der Welt Stabilität gebracht, sodass man sie als ganz natürlich ansieht? Die Antwort ist: Man spricht über Rechte, weil dies die Menschen befähigt, für sich einen Bereich der persönlichen Souveränität zu beanspruchen, in der ihre Entscheidung das Gesetz ist. Wenn ich das Recht habe, in einem bestimmten Zimmer zu sitzen, dann kann man mich nicht von dort vertreiben, ohne mir dabei unrecht zu tun. Indem wir solche Rechte festlegen, definieren wir Fixpunkte, die Orte der Sicherheit, von wo aus Menschen verhandeln und zum Einverständnis gelangen können. Ohne diese Fixpunkte wäre es unwahrscheinlich, dass Verhandlungen und freie Übereinkünfte überhaupt stattfinden, und wenn sie stattfinden, ist es unwahrscheinlich, dass sie sich als stabil erweisen. Wenn ich keine Rechte habe, dann besitzt die Vereinbarung unter uns keine Erfolgsgarantie, und mein Handlungsbereich ist offen für die ständige Einmischung durch andere. Dann kann ich nichts tun, um meine Verhandlungsposition so zu definieren, dass sie andere zur Anerkennung zwingt.

Das heißt, Rechte ermöglichen uns, eine Gesellschaft zu errichten, in der einvernehmliche Vereinbarungen die Norm sind. Dies geschieht dadurch, dass sie für jeden von uns einen Bereich der Souveränität definieren, aus dem andere ausgeschlossen sind. Das erklärt Ronald Dworkins Ansicht, dass »Rechte Trumpf sind«, wie er in seinem Buch *Taking Rights Seriously* beschreibt. Ein Recht gehört zur Umfriedung, die mein souveränes Territorium definiert: Indem ich es beanspruche, erhebe ich ein absolutes Veto gegen Dinge, die andere tun könnten. Es erklärt auch den direkten Zusammenhang zwischen Recht und Pflicht: Die Absolutheit des Rechts entspricht der Absolutheit der Pflicht, es zu respektieren. Und es erklärt auch, warum die Auseinandersetzungen vor Gericht den Charakter eines Nullsummenspiels haben, wenn Rechte zur Entscheidung hinzugezogen werden.

Wenn wir Rechte auf diese Weise betrachten, also als Instrumente zur Verteidigung unserer Souveränität, durch die der freie Umgang zwischen souveränen Partnern zum Zement der Gesellschaft wird, erkennen wir sofort, warum Freiheitsrechte einen begründeten Anspruch auf Universalität haben, während Anspruchsrechte – getrennt von Moral und von jeder spezifischen Vorgeschichte von Verantwortung und Abkommen – eine Gefahr für die auf Konsens beruhende Ordnung bedeuten. Wenn gegenüber jemandem ein Anspruch erhoben wird, der in Form eines Rechts ausgedrückt wird, dann bedeutet das die Auferlegung einer Pflicht. Wenn diese Pflicht nicht einer freien Handlung oder einer Verantwortungskette entspringt, die stichhaltige Gründe für einen Anspruch begründen, dann wird der als Recht ausgedrückte Anspruch die Souveränität anderer aufheben. Wir sagen ihm: Da ist etwas, was du tun oder liefern musst, obwohl deine Pflicht durch nichts, was du getan hast oder wofür du verantwortlich bist, begründet ist, und obwohl es sich nicht um eine Pflicht handelt, die aus einem moralischen Gesetz folgt. Es ist einfach eine Forderung, die du erfüllen musst.

Wie verschieden ist dieser Fall von dem der Freiheitsrechte! Freiheitsrechte sind ihrer Natur nach Einrichtungen zum Schutz der Souveränität. Sie bedeuten ein Veto dagegen, was andere mir antun, mir wegnehmen können. Sie sind keine Forderungen, was andere für mich tun oder mir geben sollen, sie sind nicht dazu da, andere zu zwingen, zu tun oder zu geben, woran ich ein Interesse habe. Die von Freiheitsrechten definierte Pflicht ist die der Nichteinmischung; Freiheitsrechte beschützen das fundamentalste Interesse, das ich habe, nämlich die Entscheidungsbefugnis in all jenen Angelegenheiten, die mich am meisten betreffen.

Aus meinen Erörterungen folgt, dass das Konzept des Naturrechts und der natürlichen Rechte die Frage nach dem Verhältnis von Recht und Moral aufwirft. Drückt der Begriff des »Naturrechts« nur die Einschränkungen aus, die moralische Urteile für unsere Lebensführung bedeuten? Und wenn es so ist, soll dann das Rechtssystem bestrebt sein, moralischen Prinzipien Ausdruck zu verleihen? Oder verweist das Naturrecht auf eine andere Art von Einschränkung, die mehr im Einklang mit der Idee der liberalen Gesellschaft ist, in der verschiedene Lebensstile und »verschiedene Konzepte des Guten« friedlich miteinander um ihren Platz an der Sonne konkurrieren? Die Geschichte der *Bill of Rights*, wie es John Locke erklärt, verweist auf dieses letztere Konzept: Rechte schützen und vergrößern den Raum für moralische Entscheidungen, statt ihn im Namen irgendeiner inquisitorischen Agenda einzuschränken.

John Stuart Mill argumentierte kraftvoll in diesem Geiste, dass – egal welche moralischen Prinzipien wir haben – wir nur dann friedlich zusammenleben können, wenn wir akzeptieren, dass unsere Prinzipien nicht durch Gesetze erzwingbar sind.[71] Der Staat kann die Freiheit seiner Bürger einschränken, aber nur, um sie vor Schaden zu bewahren. So gesehen reicht die moralische Missbilligung einer Aktivität niemals aus, um sie durch das Recht zu verbieten. In den 1960er-Jahren wurde Mills Argument erfolgreich angewendet, um einige der repressivsten Verbote des Sexuallebens aus dem englischen Recht zu entfernen. Doch niemand war imstande den Begriff des »Schadens« mit jener Klarheit zu definieren, wie es die Kriterien Mills erfordert hätten. Mehrere durch das britische Parlament verabschiedete Gesetze nahmen Bezug auf die »öffentliche Moral« als ausreichender Grundlage, gewisse Aktivitäten zu kriminalisieren, ohne dass deren Schädlichkeit hätte nachgewiesen werden können.

71 John Stuart Mill, *Über die Freiheit*, Ditzingen, Reclam, 1974.

(Es ist auf dieser Grundlage geschehen, dass die Regierung zuerst die Pelztierzucht und dann das Jagen mit Hunden verboten hat.) Und die meisten Menschen würden gewiss nicht bis zum Nachweis des Schadens warten wollen, um Pädophilie zu verbieten. Wir befinden uns dabei auf schwierigem Territorium, denn die Versuchung ist groß, zu argumentieren, dass andere zwar nicht das Recht haben, mir, einem freien Wesen, ihre Moral aufzudrängen, ich jedoch das Recht besitze, sie daran zu hindern, Dinge zu tun, die ich widerwärtig finde.

Kurz gesagt, die Beziehung zwischen Recht und Moral ist tiefgehend und konfliktreich. Doch bei den vielen Ansprüchen in der Menschenrechtsdeklaration geht es allein um die Moral, ohne dass es Einschränkungen durch die Praxis der Politik oder durch die vielen kollidierenden Interessen geben würde, zwischen denen Politiker vermitteln müssen. Die Moral, um die es hier geht, ist nicht die alte konservative, die auf den Werten der Familie und des gesellschaftlichen Anstands beruht, sondern die Moral der urbanen Eliten, in der die Freiheit vor Diskriminierung und die freie Wahl des Lebensstils Vorrang vor den alten Formen der sozialen Ordnung haben.

Die Parabel von Christus und dem guten Samariter bürdet uns allen eine große Last auf. Doch diese Last auf den Staat abzuwälzen, zu sagen, der Staat möge diese moralische Pflicht in ein Recht des Empfängers verwandeln, in ein Recht, das darüber hinaus gegen den Staat und damit gegen die ganze Gesellschaft gerichtet ist, bedeutet einen großen Schritt weg von der ursprünglichen Idee des Liberalismus, nämlich eines Staates, der auf der Souveränität des Individuums basiert. Man bewegt sich damit auf eine neue Idee von Gesellschaft zu, verordnet durch eine alles überwölbende Moralität, die nur wenig oder gar nichts damit zu hat, wie die Menschen leben. Die Richter an den Gerichtshöfen der Menschenrechtsgerichtsbarkeit jonglieren deshalb mit abstrakten Berechnungen von gesetzlichen Privilegien, während sie die Kosten ihrer Entscheidungen jenen aufbürden, die damit gar nichts zu tun haben. Und niemand weiß, ob diese Kosten wirklich getragen werden können. Deshalb ist in Großbritannien eine immer stärkere Unzufriedenheit mit den Menschenrechten entstanden, insbesondere mit den Entscheidungen eines ausländischen Gerichts, dessen Aufgabe die immer neue Erfindung von Rechten und deren Durchsetzung zu sein scheint.

Zugleich haben die angeblichen Menschenrechte anstatt die Macht des Staates einzugrenzen, dazu beigetragen, seine Macht vielmehr zu vergrößern, und sie haben den Staat dazu gebracht, sich in alle unsere Auseinandersetzungen einzumischen und die Seite der bevorzugten Partei zu ergreifen. Rechte, die für den Liberalen die *conditio sine qua non* der friedlichen Politik waren, sind so zu einer Kriegserklärung an die Mehrheitskultur geworden.

7. Die Wahrheit im Multikulturalismus

Der Konservativismus als politische Philosophie ist mit der Aufklärung entstanden. Er wäre ohne die wissenschaftliche Revolution, die Überwindung der religiösen Konflikte, das Aufkommen des säkularen Staates und den Triumph des liberalen Individualismus nicht möglich gewesen. Konservative erkannten überwiegend die Vorteile des neuen Konzepts der Bürgerschaft an, das die Quelle der Macht bei den Bürgern und beim Staat als ihrem – teilweise gewählten – Vertreter sah. Sie bemerkten auch die Umkehrung der Richtung in den Regierungsgeschäften, die dies bedeutete. Ab jetzt, so stellten sie fest, würde Verantwortung von oben nach unten und nicht von unten nach oben verlaufen. Die Regierenden müssen den Regierten antworten, und Verantwortlichkeiten werden von nun an auf allen Ebenen nicht verfügt, sondern übernommen.

Zugleich sprachen Konservative eine Warnung an die Aufklärung aus. Für Herder, de Maistre, Burke und andere sollte die Aufklärung nicht als vollständiger Bruch mit der Vergangenheit verstanden werden. Sie war nur sinnvoll vor dem Hintergrund eines lange in die Vergangenheit zurückreichenden kulturellen Erbes. Der liberale Individualismus bot eine neue und in vielerlei Hinsicht inspirierende Vision menschlicher Existenz. Er war jedoch abhängig von den Traditionen und Institutionen, die die Menschen in einer Weise verbanden, wie es die bloße, individualistische Weltsicht nicht leisten konnte. Die Aufklärung stellte die These auf, es gebe eine universelle menschlichen Natur, bewegt durch universelle moralische Gesetze, aus denen der Staat mit Einverständnis der Regierten entstehe. Fortan sollte der politische Prozess durch die freien Entscheidungen der Individuen so gestaltet werden, dass die Institutionen, die diese freien Entscheidungen ermöglichen, beschützt werden. Es war wunderschön, logisch und inspirierend. Hatte aber keinen Sinn ohne das kulturelle Erbe des Nationalstaates und ohne die Formen sozialen Lebens, die in ihm wurzelten.

In diesem Sinne traf Hegel seine berühmte Unterscheidung zwischen Kultur und Zivilisation. Er vertrat die Ansicht, dass die Zivilisation von den europäischen Nationen geteilt werden könne – und sie wurde tatsächlich in immer größerem Maße geteilt –, doch ihre Kulturen seien unverwechselbar. De Maistre reagierte auf die Französische Revolution und auf die – wie er sagte – götzendienerische Idee von der Nation als Quelle allen Rechts und Gegenstand von Anbetung. Er wies auf das christliche Erbe und auf die von Gott geschaffenen primären sozialen Institutionen (wie Ehe und Familie) und Verfassungen hin, die politische Ordnungen entstehen lassen. Edmund Burke vertrat die Ansicht, dass Bräuche, Tradition und »Vorurteile« die Voraussetzungen der politischen Ordnung seien; dass sie Weisheit enthielten, die durch Beratungen rationaler Individuen niemals entstehen könne, und ohne dem würde die Gesellschaft »in Staub und Pulver der Individualität« zerfallen.

All diese Gedanken waren Warnungen. Sie bedeuteten auch, dass die durch die Aufklärung gewonnene Freiheit ein fragiles und bedrohtes Gut war. Sie hing von einer kulturellen Grundlage ab, die sie selbst nicht garantieren konnte. Nur wenn Menschen durch mehr zusammengehalten werden als die Bindung durch die freie Wahl, wird die freie Wahl die hervorgehobene Bedeutung erlangen können, die die neue politische Ordnung versprach. Diese starken Bindungen entstehen in den Tiefen der Gemeinschaft, zusammengewoben durch Sitten, Zeremonien, Sprache und religiöse Bedürfnisse. Kurz gesagt, die politische Ordnung braucht die Einheit in der Kultur, etwas, was die Politik selbst niemals liefern kann.

Diese skeptische Bemerkung hallte durch das ganze 19. Jahrhundert, als Antwort auf die wachsende Zuversicht über die Möglichkeiten demokratischen Regierens. Aber die Wirkung wurde in dem Maße abgeschwächt, wie die Politik zum Teil der Kultur wurde. Insbesondere in der englischsprachigen Welt begannen die Menschen zu verstehen, dass Kultur nicht die atavistische und aus der Tiefe kommende, von Herder beschworene Erscheinung war, die in uralten Bräuchen, geistigen Andeutungen und Volkssprachen zum Ausdruck kam. Kultur dringt in das soziale Leben ein, passt sich den Institutionen an, die sich wiederum der Emanzipation des Volkes anpassen. War nicht die Glorreiche Revolution von 1688 ein Beweis dafür, indem sie die Rolle der Religion im Leben der *polis* neu ordnete? War nicht die Amerikanische Revolution ein ebensolcher Beweis, indem sie die politischen Ideen der Aufklärung in den Mittelpunkt des gesellschaftlichen Lebens rückte und eine erstaunliche nationale Übereinkunft über die Rolle des Staates und die Rechte des Individuums erreichte? Damit wurde die Kultur Amerikas vollständig verändert, und so darf man ohne Weiteres behaupten, dass hier eine Nation entstanden war, die durch die Politik erschaffen wurde. Die neue Nation definierte sich ausdrücklich als »das Land der Freien«, und bestätigte im ersten Verfassungszusatz zur Verfassung, dass die Religionsfreiheit das wichtigste Recht des Bürgers und eine absolute Schranke der Verfügungsgewalt des Kongresses sei.

Berühmt-berüchtigt waren und sind die Konflikte zwischen der durch die Verfassung verfügte bürgerliche Ordnung und den lokalen Bindungen der amerikanischen Gemeinden – eine von ihnen führte sogar zu einem verheerenden Bürgerkrieg. Nichtsdestotrotz, nachdem eine gewisse Zeit vergangen war, tauchte in Amerika und in der ganzen englischsprachigen Welt etwas auf, was man als »bürgerliche Kultur« bezeichnen könnte. Es war eine Auffassung des politischen Prozesses, die im Einklang stand mit der nationalen Bindung, dem Ort, an dem und in Verbindung mit dem sie entstanden war, ebenso wie mit der Lebensweise und dem Erbe der Institutionen und Gesetze, mit denen der Bürger durch das Schicksal verbunden war. So wurde die aufklärerische Idee von der Bürgerschaft mit den bestehenden Loyalitäten der Menschen verwoben.

Das ist – behaupte ich – die Wahrheit, die im Multikulturalismus steckt. Dank der »Bürgerkultur«, die im Westen in der Zeit nach der Aufklärung entstanden war, ist die gesellschaftliche Mitgliedschaft von seinen religiösen Bezügen, von Bindungen an Rasse, Ethnie und Verwandtschaft befreit, ebenso von den Initiationsritualen, mit denen die Gemeinschaften Anspruch auf die Seelen ihrer Mitglieder erheben und gegen die Vergiftung durch die Sitten anderen Stämme abschirmen. Deshalb ist es so einfach, in westliche Länder einzuwandern. Vom Einwanderer ist nur die Annahme der Bürgerkultur und die Akzeptanz der Verpflichtungen verlangt, die in ihr enthalten sind.

Daraus folgt allerdings nicht, dass die politische Verpflichtung auf einen Vertrag reduziert werden könnte, auch wenn manche das glauben mögen. Sie wurzelt immer noch in einer bestimmten vorpolitischen Mitgliedschaft, in dem Territorium, Geschichte, Nachbarschaft und Sitten eine entscheidende Rolle spielen. Doch diese vorpolitische Mitgliedschaft hat sich durch die liberal-individualistischen Ansichten der Bürger als angreifbar erwiesen. Unsere Verpflichtungen anderen, dem Land und dem Staat gegenüber sind in eine Richtung revidiert worden, die die Aufnahme von Menschen von außerhalb der Gemeinschaft zuließ – vorausgesetzt, dass sie ebenfalls bereit waren, dem liberalen Ideal der Bürgerlichkeit folgend zu leben. So kamen viele Migranten in die westlichen, insbesondere die englischsprachigen Länder, um die Vorteile zu genießen, die die liberale Gesetzgebung mit sich bringt, aber ohne zu verstehen und zu akzeptieren, welche Kosten diese bedeutet. Vielen war die Form von Loyalität fremd, die scheinbar so abstrus, abgehoben und frei vom Zusammengehörigkeitsgefühl der Religion ist. Doch das ist ein anderes Thema, auf das ich noch zurückkommen werde.

Die aufklärerische Vision der menschlichen Natur beruht auf der Idee, dass menschliche Wesen überall die gleiche Urteilskraft besitzen, und dass diese Urteilskraft von selbst zu einer gemeinsamen Moralität und zu einem gemeinsamen Spektrum an Leidenschaften führen werde. Kunstwerke der europäischen Aufklärung behandelten häufig andere Kulturen, andere Länder und Klimaregionen, um ausdrücklich auf die gemeinsame Menschlichkeit der verschiedenen Völker der Welt hinzuweisen. Beispiele dafür sind Montesquieus *Persische Briefe*, Lessings *Nathan der Weise*, Mozarts *Entführung aus dem Serail*, MacPhersons *Ossianische Gedichte*, Goethes *West-östlicher Divan* und Tausende weniger berühmte Werke. Sie alle erinnern uns an die unglaubliche Neugier, die in der europäischen und amerikanischen Gesellschaft gegenüber der Vielfalt der menschlichen Erfahrungen und Gemeinschaften entstanden war. Und es ist der Arbeit westlicher Anthropologen im 19. Jahrhundert zu verdanken, dass wir so viel darüber erfahren konnten, wie Menschen waren, bevor Technologie, Wissenschaft und die Kenntnisse des modernen Lebens sie beeinflusst hatten.

Es war eine der langfristigen Auswirkungen, dass sich westliche Gesellschaften für die Einwanderung geöffnet und ein Ideal von Bürgerschaft entwickelt haben, das – wie man hoffte – Menschen verschiedener Abstammung und Hintergründe befähigen würde, zusammenzuleben und zu erkennen, dass die echte Quelle ihrer Verpflichtungen nicht darin liegt, was sie trennt – Rasse und Religion insbesondere – sondern darin, was sie eint: das gemeinsame Territorium, das gute Regieren, die täglichen Routinen der Nachbarschaft, die Institutionen der bürgerlichen Gesellschaft und die Arbeitsweise des Rechts. Manchmal funktioniert das, manchmal auch nicht. Und wenn es funktionieren soll, wird es den Anstrengungen von beiden Seiten zu verdanken sein, die Neuankömmlinge in die sie umgebende Lebensweise zu integrieren, so, dass die gemeinsame Kultur der Bürgerlichkeit sich anpasst und sie aufnimmt.

Das ist die Wahrheit im Multikulturalismus. Im Ergebnis der Aufklärung und allem, was es für die westliche Zivilisation bedeutet hat, können fremde Gemeinschaften von unserer Lebensweise absorbiert und in sie integriert werden, auch wenn sie bei ihrer Ankunft sonderbaren Göttern huldigen. Doch gerade diese in Amerika so präsente zivilisatorische Tugend ist dazu benutzt worden, die Ansprüche unserer Zivilisation umzukehren und an uns selbst zu richten. Im Namen des Multikulturalismus sollen wir unsere ererbten Sitten und unseren

Glauben zurückdrängen, ja, sogar ablegen, sollen eine »inklusive« Gesellschaft werden, in dem sich alle Neuankömmlinge wohl fühlen, unabhängig davon, ob sie sich anstrengen, sich ihrer neuen Umgebung anzupassen. Wir sind dazu aufgefordert worden im Namen der *political correctness*, die einherging mit der Verleugnung des Liberalismus, wie ich es am Ende des vorigen Kapitels beschrieben habe.

Die *political correctness* mahnt uns, so »inklusiv« wie nur möglich zu sein, und weder in Gedanken noch in Taten ethnische, sexuelle, religiöse oder verhaltensauffällige Minderheiten zu diskriminieren. Um inklusiv zu sein, werden wir ermutigt, genau das zu verunglimpfen, was wir ganz besonders als *unser* Eigenes empfinden. Der Generaldirektor der BBC hat vor einiger Zeit seine Organisation und ihre Programme als widerwärtig weiß und den Interessen der Mittelschicht dienend verurteilt. Akademiker verhöhnen Bildungsinhalte als Werke von »toten, weißen, europäischen Männern«. Eine britische, im Bereich der Rassenbeziehungen tätige Wohltätigkeitsorganisation hat die Zustimmung zur »britischen« nationalen Identität als rassistisch gebrandmarkt. All diese beleidigenden Erklärungen entsprechen den Normen der *political correctness*. Und obwohl dabei Menschen aufgrund ihrer Klasse, Rasse, Geschlecht oder Farbe bewusst verdammt werden, ist das Ziel dieser Erklärungen nicht etwa der Ausschluss des Andersartigen, sondern die Verurteilung unserer selbst. Die freundliche Befürwortung der Inklusion ist nur eine Maske für den gar nicht freundlichen Wunsch, jene auszuschließen, die früher zu den Ausschließenden gehört haben, mit anderen Worten, das kulturelle Erbe zu verleugnen, das uns geformt hat.

Die Mentalität des »Nieder mit uns!« zielt darauf, unsere alten und unhaltbaren Loyalitäten mit dem Wurzeln auszureißen. Und wenn die alten Loyalitäten sterben, sterben auch die alten Formen der Mitgliedschaft. Die Aufklärung, die den eigenen Zusammenhängen folgend zu einer Kultur der Zurückweisung zu führen scheint, zerstört damit die Aufklärung selbst, weil sie jene Gewissheiten zerstört, auf denen die Bürgerlichkeit beruht. Diesen Prozess können wir im intellektuellen Leben des Westens beobachten.

Der interessanteste Aspekt dieser Kultur der Zurückweisung war der Angriff auf die Vernunft, dem die Schriftsteller, Philosophen und Politiktheoretiker der Aufklärung eine zentrale Rolle zuschrieben. Die alte Anziehungskraft der Vernunft wurde zur bloßen Anziehungskraft von westlichen Werten erklärt, die Vernunft zu einer Konvention herabgewürdigt und damit ein Maß an Objektivität eingefordert, das wahrscheinlich keine Kultur erfüllen kann. Denn Kulturen bieten Mitgliedschaft und keine Wahrheiten, und können deshalb keine exklusiven Ansprüche an jene stellen, die sie von außerhalb ihres eigenen Territoriums betrachten. Die westliche Kultur habe nur ihren eigenen ethnozentrischen Charakter verbergen wollen, indem sie für sich in Anspruch nahm, dass ihre Quelle die Vernunft sei – so zumindest lautet die »postmoderne« Kritik an ihr. Man habe die westliche Art zu denken so hingestellt, als sei sie von universeller Kraft. Die Vernunft sei deshalb eine Lüge, und indem wir diese Lüge entlarven, enthüllen wir die Unterdrückung im Zentrum unserer Kultur.

Die Entthronung der Vernunft geht Hand in Hand mit dem Verlust des Glaubens an die objektive Wahrheit. Die Autoritäten, deren Werke am häufigsten zitiert werden, um die »westliche Kultur« zu entlarven, sind ausnahmslos hartgesottene Ungläubige. Kein Argument kann ihre Verachtung für die Kultur erschüttern, die das Argumentieren überhaupt möglich gemacht hat. Wie Skeptiker gleich feststellen werden, kann man die Gesetze der Wahrheit und der rationalen Schlussfolgerungen nicht verteidigen, ohne sie zugleich vorauszusetzen. Die Verteidiger der alten Bildungsinhalte und der ihnen innewohnenden Disziplin landen in einer meta-logischen Sackgasse und können nur still beobachten, wie die neuen antiautoritären Autoritäten ihre Gebiete kolonisieren.

Der beliebteste Zeuge ist Nietzsche, denn er sagte ganz offen: »Nein, gerade Tatsachen gibt es nicht, nur Interpretationen.« Entweder ist das, was Nietzsche sagte, wahr, und dann ist es nicht wahr, da es ja keine Wahrheiten gibt, oder es ist falsch. Aber nur vom Gesichtspunkt der Aufklärung gesehen ist diese Antwort ein Gegenargument. Die neuen Bildungsinhalte verdrängen die Gegenargumente ebenso, wie sie die Wahrheit verdrängen. Das erklärt die Anziehungskraft von einigen modernen Denkern wie Michael Foucault, Jacques Derrida und Richard Rorty. Sie sind nicht wegen ihrer Argumente zu intellektueller Berühmtheit gelangt, sondern weil sie der Zurückweisung von Autorität Autorität verliehen und sich absolut der Idee verpflichtet haben, dass absolute Verpflichtungen unmöglich seien. Bei allen ist die Idee präsent, dass Wahrheit, Objektivität und Bedeutung Chimären sind, und alles, was wir haben können und brauchen, die warme Sicherheit unserer eigenen Meinungen ist.[72] Deshalb ist es vergeblich, gegen die neuen Autoritäten zu argumentieren. Kein noch so rationales Argument kann dem massiven »Willen zu glauben«, der die normalen Leser so fesselt, widersprechen. Denn schließlich setzte das rationale Argument genau das voraus, was sie »infrage stellt«, nämlich die Möglichkeit von rationalen Argumenten. Alle diese Autoritäten verdanken ihre Reputation einer Art religiösem Glauben: dem Glauben an der Relativität aller Ansichten, diese mit inbegriffen. Denn dies ist der Glaube, auf dem die neue Mitgliedschaft begründet ist – der Erste-Person-Plural der Verneinung.

Man kann das sehr genau in den Schriften von Richard Rorty beobachten, der etwas befürwortet, was de facto den Rückzug von der Idee der Aufklärung bedeutet im Namen von etwas, was er als »Pragmatismus« bezeichnet. Er nimmt an, dass er damit in der Tradition von C. S. Peirce und William James stehe, die behauptet haben, die wissenschaftliche Wahrheit einer Vorstellung und ihre praktische Brauchbarkeit seien voneinander nicht zu trennen. Die brauchbarste Vorstellung ist jene, die die beste Handhabe der Welt bietet: also eine Vorstellung, die, wenn man ihr entsprechend handelt, die größte Aussicht auf Erfolg verspricht. Ganz offensichtlich ist das jedoch keine ausreichende Definition des Unterschieds zwischen wahr und unwahr. Jeder, der an einer amerikanischen Universität Karriere ma-

72 Ich habe versucht, meine Argumente gegen Foucault und Derrida zusammenzufassen in: *An Intelligent Person's Guide to Modern Culture*, South Bend, in St. Augustine's Press, 2000; in der Neuauflage unter dem Titel *Modern Culture*, London, Continuum, 2004.

chen will, wird den Glauben an den Feminismus für nützlich halten, genau so, wie rassistische Überzeugungen für einen Apparatschik an der Universität in Nazi-Deutschland nützlich waren. Aber das ist beileibe kein Beweis für die Richtigkeit beider Auffassungen. Was also meinen wir wirklich, wenn wir von »nützlich« sprechen? Einer der Vorschläge ist dieser: Eine Vorstellung ist nützlich, wenn sie Teil einer erfolgreichen Theorie ist. Doch eine erfolgreiche Theorie muss imstande sein, wahre Vorhersagen zu treffen. Daraus folgt, dass wir uns im Kreis gedreht haben, indem wir Wahrheit als Nützlichkeit und Nützlichkeit als Wahrheit definiert haben. Es ist in der Tat schwer, einen plausiblen Pragmatismus zu finden, der am Ende nur so viel bedeutet wie: Eine wahre Aussage ist eine, die auf eine Art nützlich ist, wie wahre Aussagen nützlich sind. Einwandfrei, aber leer.

Die Gefahr der Leere schreckt Rorty, der Pragmatismus als Waffe gegen die alte Idee der Vernunft erachtet, jedoch nicht. Selbst obwohl er kläglich an der Erklärung dessen scheitert, woraus Pragmatismus wirklich besteht, schreckt dieses Scheitern seine Anhänger nicht, sie nehmen es einfach hin. Denn Rorty beschwört seinen Pragmatismus als wäre er ein Zauberspruch, der – einmal ausgesprochen – uns in eine Welt entführt, in der die Macht der Vernunft nicht mehr gilt. Das qualifiziert ihn als Guru in den geisteswissenschaftlichen Fakultäten. Mit seinen eigenen Worten:

»Pragmatisten betrachten als wahr ... was uns zu glauben gut tut ... Sie betrachten die Kluft zwischen Wahrheit und Rechtfertigung nicht als etwas, was überbrückt werden muss, indem man die natürliche und transkulturelle Rationalität abgrenzt und dazu benutzt, bestimmte Kulturen zu kritisieren und andere zu loben, sondern einfach als die Kluft zwischen dem aktuellen Guten und dem möglichen Besseren ... Für Pragmatisten ist die Sehnsucht nach Objektivität nicht die Sehnsucht danach, vor den Beschränkungen der eigenen Gemeinschaft zu fliehen, sondern der Wunsch nach so viel intersubjektivem Einverständnis wie nur möglich, der Wunsch, den Bezug des ›Wir‹ so weit auszudehnen, wie nur möglich.«[73]

Mit anderen Worten, der Pragmatismus befähigt uns, die Idee einer »transkulturellen Rationalität« zu verwerfen. Die alten Ideen von Objektivität und universellen Wahrheiten gelten nicht mehr; alles was zählt, ist die Tatsache, dass wir gleicher Meinung sind.

Doch wer ist wir? Und worüber sind wir einig? Wenn man Rortys Essays liest, findet man es schnell heraus. »Wir« alle sind Feministen, Liberale, Befürworter der Befreiung der Homosexuellen und der offenen Lehrpläne; »wir« glauben nicht an Gott und an keine ererbte Religion; die alten Ideen von Autorität, Ordnung und Selbstdisziplin zählen nicht für uns. »Wir« entscheiden, was ein Text bedeutet, indem wir durch unsere eigenen Worte einen Konsens herstellen, zu dem wir selbst gehören. Wir kennen keine Beschränkungen jenseits der Gemeinschaft, zu der wir gehören, weil wir es so beschlossen haben. Und weil es keine objektive Wahrheit außerhalb unseres selbsterzeugten Konsenses gibt, sind unsere Positionen von außen unangreifbar. Der Pragmatist entscheidet nicht nur, was er denkt, er kann sich auch jedem gegenüber verteidigen, der nicht dasselbe denkt.

Der wahre Pragmatist wird die Geschichte zweifellos ebenso erfinden, wie er alles andere auch erfindet, indem er »uns« davon überzeugt, mit ihm einer Meinung zu sein. Trotzdem lohnt es sich, einen Blick auf die Geschichte zu werfen, und sei es nur, um zu sehen, wie paradox und gefährlich Rortys Ansichten über den menschlichen Intellekt sind. Die islamische Umma – die Gesellschaft aller Gläubigen – war und ist der am weitesten verbreitete Konsens, den die Welt je gekannt hat. Er erklärt ausdrücklich den Konsens (*idschmā*) zum Kriterium der religiösen Wahrheit und unternimmt niemals endende Anstrengungen, so viele wie nur möglich unter seinem umfassenden Erste-Person-Plural zu vereinigen. Was auch immer Rorty mit »guten« und »besseren« Glauben gemeint haben mag, der fromme

73 Richard Rorty, *Objectivity, Relativism and Truth*, Cambridge, Cambridge University Press, S. 22–23.

Muslim ist sicherlich davon überzeugt, den besten überhaupt zu haben: einen Glauben, der Sicherheit, Stabilität, Glück, eine Handhabe für die Welt und ein reines Gewissen bietet, im Gegensatz zu den *kāfirūn*, die anderer Auffassung sind. Und doch, entsteht da nicht ein nagendes Gefühl, dass dieser herzerwärmende Glaube unwahr sein könnte, dass die entkräfteten Ansichten der postmodernen Atheisten doch noch richtig sein könnten? In Rortys Darstellung des Pragmatismus könnte ein Pragmatiker so etwas nie sagen, obwohl es genau das ist, was Rorty glaubt.

All diese Versuche, den Verpflichtungen, die uns die Vernunft auferlegt, zu entfliehen, beinhalten auch eine Art Zurückweisung der europäischen Aufklärung. Die Aufklärung selbst betrachtete sich nicht als jene enge und provinzielle Angelegenheit, die Rorty meint, wenn er sie verurteilt. Sie bedeutete, die universellen Werte und die gemeinsame menschliche Natur zu feiern. Sie feierte die universellen Werte und Orte, andere Zeiten und andere Kulturen, in einem heldenhaften Versuch, die Vision einer freien und sich selbst erschaffenden Menschheit zu verteidigen. Diese Vision wurde von den alten Bildungsinhalten inspiriert, durch genau jene Bildungsinhalte, die Rorty infrage stellen will.

Dies erklärt die Popularität eines anderen relativistischen Denkers, Edward Saïd, dessen Buch *Orientalismus* vorführte, wie man die Aufklärung als eine Form des Kulturimperialismus ablehnen kann.[74] Saïd behauptet, dass der Orient in der westlichen Kunst und Literatur als etwas Exotisches, Irreales, Theatralisches und deshalb Unzutreffendes erscheine. Die orientalistische Kunst der europäischen Aufklärung sei alles andere als eine großzügige Anerkennung anderer Kulturen (gemeint sind Lessings *Nathan der Weise* oder Goethes *West-östlicher Divan*), sondern vielmehr eine spanische Wand, die diese Kulturen hinter sich verberge. Der Orient hätte eine echte Alternative zur westlichen Aufklärung werden können, aber stattdessen wur-

74 Edward Saïd, *Orientalism*, New York, Pantheon, 1978.

de er als eine dekorative Folie für das imperiale Projekt des Westens neu konstruiert.

So gesehen wären die alten Bildungsinhalte der Aufklärung tatsächlich monokulturell und würden dazu dienen, die Sicht zu untermauern, dass die westliche Zivilisation allen ihren Rivalen von Natur aus überlegen sei. Dass die Aufklärung die Existenz einer universellen rationalen Sichtweise annahm, mittels derer die ganze Menschheit studiert werden könne, sei nichts anderes als die Rationalisierung imperialistischer Ansprüche. Im Gegensatz dazu müssen wir, Bewohner der amorphen und multikulturellen Umgebung der modernen Stadt, unsere Herzen und unseren Geist allen Kulturen gegenüber öffnen, ohne uns an eine einzige fest zu binden. Daraus folgt unweigerlich der Relativismus: die Erkenntnis, dass keine Kultur unsere besondere Aufmerksamkeit verdient, und dass keine Kultur von außen beurteilt oder verurteilt werden kann.

Doch auch hier stößt man auf ein Paradoxon. Denn jene, die diesen multikulturellen Ansatz verfolgen, verwerfen in der Regel die westliche Kultur besonders heftig. Während uns Saïd ermahnt, andere Kulturen aufgrund ihrer eigenen Maßstäbe zu beurteilen, verlangt er von uns zugleich, die westliche Kultur von einer Außenperspektive aus zu betrachten – ihr Alternativen gegenüberzustellen und sie feindselig, als ethnozentrisch, ja rassistisch zu beurteilen.

Darüber hinaus ist die Kritik an der westlichen Kultur in Wirklichkeit eine Bestätigung ihres Anspruchs auf Bevorzugung. Es ist der Aufklärung zu verdanken, dass die universalistische Moral, die Gleichheit der Rassen und der sexuellen Vorlieben so selbstverständlich geworden sind. Es ist das aufklärerische Konzept vom Menschen, das uns veranlasst, so viel von der westlichen Kunst und Literatur zu erwarten – mehr, als wir je von der Kunst und der Literatur von Java, Borneo oder China erwarten würden. Es ist gerade der Versuch, andere Kulturen zu umarmen und zu akzeptieren, der die westliche Kunst zur Geisel von Saïds scharfer Kritik gemacht hat – im Übrigen ein Versuch, der in der traditionellen Kunst Arabiens, Indiens oder Afrikas keine Entsprechung hat. Natürlich gab es gegenseitige

Beeinflussungen zwischen Westen und Osten. Die arabischen Vertreter der *falāsifa* lernten, so viel sie nur konnten, von der griechischen Philosophie und gaben das Wissen an ihre christlichen Nachbarn in Andalusien weiter. In jenen fruchtbaren Jahren der gegenseitigen Beeinflussung hätte man nur schwer sagen können, welche Zivilisation der Lehrer und welcher der Schüler auf dem Feld der ausgetauschten Gedanken gewesen war. Nichtsdestotrotz existiert außerhalb der Aufklärung keine andere vergleichbare Richtung des Denkens, die Künstler, Poeten, Musiker und Philosophen auf ihre bewussten Entdeckungsreisen in andere Kulturen hätte aufbrechen lassen. Ein Beispiel dafür ist die Tradition der Orientalistik, die während des 18. Jahrhunderts entstand und so außerordentliche Forscher anderer Kulturen hervorgebracht hat wie Sir William Jones of Calcutta und Max Müller, ohne deren Arbeiten die klassische indische Literatur bis zum heutigen Tag unerkannt geblieben wäre.[75]

Darüber hinaus kann nur eine sehr verengte Sicht die multikulturelle Annäherungsweise in unseren künstlerischen Traditionen übersehen, die viel phantasievoller ist als alles, was heute unter diesem Namen gelehrt wird. Lange schon vor der Aufklärung hat die westliche Kultur die universellen menschlichen Werte gefeiert. Sie wurzelte in der christlichen Erfahrung und bezog aus dieser Quelle den Reichtum menschlicher Gefühle, die sie unvoreingenommen über Phantasiewelten verteilte. Der *Rasende Roland* von Ludovico Ariosto, Cervantes' *Don Quijote*, Byrons *Don Juan*, Monteverdis *L'Incoronazione di Poppeia*, Longfellows *Hiawatha*, Shakespeares *Wintermärchen*, Puccinis *Madame Butterfly* und Mahlers *Lied von der Erde* sind Beweise dafür, wie die westliche Kultur ununterbrochen Ausflüge in Territorien wagte, die auf keiner christlichen Karte verzeichnet waren. Diese großen ästhetischen Errungenschaften gehören zusammen mit der säkularen Rechtsstaatlichkeit, der territorialen Rechtsprechung und dem Streben nach Bürgerlichkeit zu den Ergebnissen jener Loyalitä-

75 Diese Geschichte erzählt zum Teil Robert Irwin in *Dangerous Knowledge: Orientalism and its Discontents*, Woodstock, NY, Overlook Press, 2006. Bei Irwin ist auch eine vernichtende Kritik Saïds zu finden.

ten, die Männer und Frauen dazu befähigt haben, sich in ihren Phantasien mit Menschen von »anderswo« zu identifizieren.

Die Kultur der Zurückweisung weist auf die Erosion der Aufklärung auch in anderer Hinsicht hin. Wie schon öfter festgestellt, schwindet der Geist des freien Denkens in westlichen Schulen und Universitäten. Aus Gründen der *political correctness* werden Bücher den Lehrplänen zugefügt oder aus ihnen entfernt; durch Sprachregeln und Beratungsdienste wird die Sprache und das Verhalten von Studenten und Lehrern überwacht; viele Kurse sind so gestaltet, dass sie zu ideologischem Konformismus statt zu freiem Denken ermutigen, und es kommt oft vor, dass Studenten bestraft werden, wenn sie eine ketzerische Schlussfolgerung zu einem der Tagesereignisse äußern. Auf empfindlichen Gebieten wie den Studien über Rasse und Geschlecht richtet sich die Zensur nicht nur gegen Studenten, sondern auch gegen jeden Lehrer, der, egal wie unbefangen und gewissenhaft er auch sein mag, zu einem falschen Schluss gelangt sein sollte.

Die Kultur der Zurückweisung erinnert uns deshalb daran, dass das freie Denken keine übliche Funktion des menschlichen Geistes ist, und nur dann als attraktiv betrachtet wird, wenn es als Weg zur Mitgliedschaft gesehen wird. Wenn es jedoch nicht mehr möglich ist, auf diesem Wege zur Erfahrung der Mitgliedschaft zu gelangen, dann übernimmt eine neue Art des Denkens die Macht, eine, die ausdrücklich ein versprochenes soziales Ziel anstrebt und ein Ersatz für die alte, ausgemusterte Form der Zugehörigkeit ist. Die Geisteswissenschaften, so wie sie heute an amerikanischen und europäischen Universitäten meistens unterrichtet werden, dominiert ein einziges Thema, und das ist die Illegitimität der westlichen Zivilisation und der künstliche Charakter all der Unterscheidungen, auf denen sie beruht. Alle Unterscheidungen sind »kulturell«, deshalb »konstruiert« und deshalb »ideologisch«, in dem Sinne, wie von Marx definiert: fabriziert durch die herrschenden Gruppen und Klassen, um ihre Interessen zu verfolgen und ihre Macht sicherzustellen. Die westliche Zivilisation ist deshalb einfach eine Dokumentation dieses Unterdrückungsprozesses, und der wichtigste Grund es zu studieren, ist die Dekonstruktion ihres Anspruchs auf unsere Mitgliedschaft. Das ist der wichtigste Glaube, den die meisten Studenten der Geisteswissenschaften annehmen sollen, am besten noch bevor sie die intellektuelle Disziplin besitzen, diesen Glauben infrage zu stellen oder ihn mit der Literatur zu konfrontieren, die seine Unhaltbarkeit aufzeigt.

Um es einmal anders zu formulieren: Die Aufklärung entfernte die Theologie aus dem Herzen der Bildungsinhalte, um an ihre Stelle die unvoreingenommene Suche nach der Wahrheit zu setzen. Innerhalb kürzester Zeit jedoch erlebten wir, wie die Universität von einer anderen Art von Theologie erobert wurde – von einer gottlosen Theologie, sicher, die aber nicht weniger die fraglose Unterwerfung unter ihre Doktrin einfordert und nicht weniger leidenschaftlich Häretiker, Skeptiker und jene verfolgt, die sie entlarven. Es wird niemand mehr wegen seiner Ansichten verbrannt, er oder sie bekommt nur keine Professur, oder wenn es sich um Studenten handelt, fallen sie im Kurs durch. Doch die Wirkung ist die gleiche: Es wird eine Orthodoxie gestützt, an die niemand wirklich glaubt.

Aristoteles lehrte uns, dass alle menschlichen Wesen nach Wissen streben. Aber er vergaß hervorzuheben, dass sie es nur tun, wenn ihnen bestätigt wird, dass das Wissen sie bestätigen wird. Menschen wenden sich von unbequemen Wahrheiten ab und bauen Mauern, um sich dagegen abzuschirmen. Es ist schwer, eine solche Mauer allein zu errichten, aber zusammen mit anderen, beschützt durch eine finanziell gut ausgestattete Institution, kann jeder der Befestigung seinen eigenen Backstein aus diamantharter Prosa beifügen. Das Ziel ist nicht, Lügen zu verbreiten, sondern eine akzeptable *öffentliche Doktrin* zu erschaffen. Eine öffentliche Doktrin ist akzeptabel, wenn sie ein Fundament für eine stabile und im Inneren sichere menschliche Gemeinschaft liefert. Kurz gesagt, die enormen Veränderungen im kulturellen Leben der westlichen Gesellschaft haben ihren Ursprung in der Suche nach Gemeinschaft unter Menschen, auf die die alten Loyalitäten keine Anziehungskraft mehr ausüben.

Anstelle des alten Glaubens, der auf Gott, Urteilsvermögen und traditionellen Bindungen beruhte, wird jungen Menschen ein neuer Glaube vermittelt, der auf Gleichheit und Inklusion basiert, und es wird ihnen gesagt, dass das Urteil über andere Lebensweisen ein Verbrechen sei. Wenn das Ziel bloß wäre, ein Glaubenssystem durch ein anderes zu ersetzen, wäre eine rationale Diskussion möglich. Doch das Ziel ist, eine *Gemeinschaft* durch eine andere zu ersetzen. Das Projekt jedoch ist ausschließlich negativ: Es geht darum, junge Menschen von Bindungen abzuschrecken, die ihre moralische und religiöse Kraft bereits eingebüßt haben. Das Verbot der Beurteilung von anderen Kulturen geht einher mit der heftigen Verurteilung der Kultur, die die eigene hätte sein können – ein Verhalten, das wir seit dem 11. September 2001 häufig unter den meinungsformenden Eliten der Vereinigten Staaten beobachten können. Der Angriff auf das alte kulturelle Erbe führt zu keiner neuen Form der Mitgliedschaft, nur zu einer Art Entfremdung. Das ist der Grund, glaube ich, warum wir kulturkonservativ sein sollten. Die Alternative ist der Nihilismus, der unter der Oberfläche von Schriften von Rorty, Saïd, Derrida und Foucault lauert.

Der vielleicht schlimmste Aspekt dieses Nihilismus ist der routinemäßig vorgetragene Vorwurf des »Rassismus«. Er richtet sich gegen jeden, der den Werten der westlichen Zivilisation beipflichtet, sie unterrichtet und aufrechterhält. Aus Angst vor der Anklage, Rassisten zu sein, haben Kommentatoren, Politiker und die Polizeikräfte überall in der westlichen Welt aufgehört, jene kriminellen Sitten anzuklagen und zu bekämpfen, die sich mitten unter uns breitgemacht haben: Sitten wie Zwangsheirat, weibliche Genitalverstümmelung und »Ehrenmorde« sowie die immer stärker werdende Einschüchterung durch Islamisten von allen, die eine noch so milde Kritik am Islam äußern.

Der Vorwurf des »Rassismus« ist ein Versuch, der Kultur der Zurückweisung eine religiöse Richtung zu geben, die Haltung des Nicht-Dazugehörens in eine neue Art von Zugehörigkeit zu verwandeln, mit den entsprechenden Feinden, Bannern und dem Marsch vorwärts bis zum Sieg über den Status quo. Doch dahinter steckt eine tiefe Unwahrheit – dass nämlich Rasse und Kultur identisch seien, obwohl sie tatsächlich nichts miteinander zu tun haben. Es gibt keinen Widerspruch in der Idee, dass Felix Mendelsohn von der Rasse her Jude und von der Kultur her Deutscher war – ja, er war sogar in seiner Zeit der am meisten gemeinsinnige Vertreter der deutschen Kultur überhaupt. Es ist auch nicht widersprüchlich, zu behaupten, ein Mensch gehöre zwei Kulturen zugleich an. Moses, der Großvater von Felix Mendelsohn war ein großer Rabbiner, ein herausragender Repräsentant des jüdischen kulturellen Erbes und einer der Gründungsväter der deutschen Aufklärung. Viele der deutschen Sprachwissenschaftler, die aus der Aufklärung hervorgingen, waren ebenso multikulturell wie Moses Mendelsohn, so zum Beispiel Max Müller, deutsch von Geburt, Wahlengländer und mehr zu Hause in der indischen Kultur als kaum einer unter den heute Lebenden. Richard Wagner musste allerhand absurde denkerische Verdrehungen anstellen, um das »Jüdische« in der Musik von Felix Mendelsohn zu entdecken, von dem er übrigens viel gelernt hatte. Wagners widerlicher Essay über das Jüdische in der Musik ist eines der ersten Beispiele für die Lüge, mit der wir heute leben müssen, dass nämlich Rasse und Kultur die gleiche Idee seien. Damit wird zugleich behauptet, dass man, indem man gleiche Maßstäbe für die Beurteilung von Kulturen fordert, zugleich die Dominanz einer einzigen Rasse bestätigt.

Sobald wir Rasse und Kultur voneinander unterscheiden, ist der Weg offen zur Anerkennung dessen, dass nicht alle Kulturen gleichermaßen bewunderungswürdig sind, und dass nicht alle Kulturen bequem nebeneinander existieren können. Wer das verneint, verliert jede Möglichkeit eines moralischen Urteils und verleugnet damit auch die fundamentale Erfahrung von Gemeinschaften. Genau das hat die Multikulturalisten zögern lassen. Es ist die Kultur und nicht die Natur, die einer Familie einflüstert, dass ihre Tochter, die sich in jemanden außerhalb des erlaubten Kreises verliebt hat, umgebracht werden muss, dass Mädchen der Genitalverstümmelung unterzogen werden müssen, wenn sie als respektabel gelten sollen, und dass die

Ungläubigen vernichtet werden müssen, wenn Allah es so befielt. Man liest über diese Dinge und denkt, dass sie zu den vorgeschichtlichen Zeiten unserer Welt gehören. Aber wenn sie plötzlich unter uns passieren, dann neigt man dazu, aufzuwachen und die Wahrheit über eine Kultur, die dies befielt, zu begreifen. Dann wird man möglicherweise sagen, dies ist nicht *unsere* Kultur und hat *hier* nichts verloren. Und möglicherweise wird man sogar versucht sein, einen Schritt weiter zu gehen, einen Schritt, zu der die Aufklärung natürlich einlädt, und sagen, dass diese Dinge nirgendwo richtig sein können.

Denn was uns durch schmerzliche Erfahrungen vor Augen geführt wird – durch Erfahrungen, die wir hätten vermeiden können, wäre uns früher erlaubt gewesen, die Wahrheit auszusprechen –, ist, dass wir, wie jeder andere auch, unsere Sicherheit, unseren Wohlstand und unsere freiheitliche Existenz unserer gemeinsamen Kultur zu verdanken haben. Wir verlangen nicht, dass jeder den gleichen Glauben hat, das gleiche Familienleben führt oder an den gleichen Festivals teilnimmt. Aber wir haben eine gemeinsame bürgerliche Kultur, eine gemeinsame Sprache und eine gemeinsame öffentliche Sphäre. Unsere Gesellschaften beruhen auf dem jüdisch-christlichen Ideal der Nächstenliebe, nach der Fremde und Freunde die gleiche Zuwendung verdienen. Das verlangt von uns, die Freiheit und die Souveränität jeder Person zu achten, und die Schwelle zum Privatleben zu respektieren, die ohne Einladung zu überschreiten nicht zulässig ist. Unsere Gesellschaften verlangen Gesetzestreue und offene Verträge, und sie bekräftigen dies durch unsere Erziehungstraditionen, die unsere gemeinsamen Bildungsinhalte geformt haben. Es ist kein willkürlicher Kulturimperialismus, der uns veranlasst, die griechische Philosophie und Literatur, die hebräische Bibel, das Römische Recht und die mittelalterlichen Erzählungen und Ritterromane zu schätzen und sie in unseren Schulen zu unterrichten. Sie gehören *uns*, so wie die Rechtsordnung und die politischen Institutionen uns gehören: Sie sind ein Teil dessen, was uns werden ließ, wie wir sind, und überbringen die Botschaft, dass richtig ist, was wir sind. Die Vernunft bestätigt dies und sagt uns, dass unsere bürgerliche Kultur nicht der engstirnige Besitz selbstbezogener Gemeinschaften, sondern eine berechtigte Lebensweise ist.

Inzwischen können Einwanderer zu uns kommen und diese Dinge mit uns teilen: Die amerikanische Erfahrung bestätigt dies zur Genüge. Und sie können es umso einfacher tun, wenn sie erkennen, dass unsere Kultur in jeder sinnvollen Bedeutung des Wortes multikulturell ist. Sie enthält Elemente, die in der Antike aus der Region des Mittelmeeres aufgenommen und in den modernen Zeiten durch die Abenteuer europäischer Händler und Entdecker zu uns gebracht wurden. Doch diese kaleidoskopartige Kultur ist immer noch *eine Einheit*, mit einem Satz von unverletzlichen Prinzipien in ihrem Kern, und sie ist die Quelle des sozialen Zusammenhalts überall in Europa und Amerika. Unsere Kultur erlaubt ein großes Spektrum an Lebensstilen, sie erlaubt den Menschen, im Privaten ihre Religion und Familientraditionen zu praktizieren, während sie zugleich auch dem öffentlichen Raum mit seinen offenen Geschäften und gemeinsamen Bindungen angehören.

Was also geschieht, wenn Menschen mit festen, durch Glauben oder Clanzugehörigkeit bestimmten Identitäten in Länder der westlichen Kultur einwandern? Die Aktivisten sagen, dass wir ihnen Platz schaffen müssen, und dass wir das tun müssen, indem wir den Platz aufgeben, in dem *ihre* Kultur gedeihen kann. Wir können jedoch nur dann die Einwanderer willkommen heißen, wenn wir sie in *unserer* Kultur willkommen heißen, und nicht neben ihr oder in Gegnerschaft zu ihr. Das bedeutet jedoch, dass wir ihnen sagen müssen, dass sie Regeln, Sitten und Prozeduren akzeptieren müssen, die ihnen womöglich fremd sind im Vergleich zu ihrer früheren Lebensweise. Ist das ungerecht? Ich glaube nicht. Wenn Einwanderer zu uns kommen, tun sie es deshalb, weil sie dadurch gewinnen. Deshalb ist es nur vernünftig, sie daran zu erinnern, dass es auch etwas kostet. Doch jetzt erst ist unsere politische Klasse bereit, dies anzuerkennen und darauf zu bestehen, dass die Kosten gezahlt werden.

8. Die Wahrheit im Umweltschutz

Konservative teilen Edmund Burkes Ansichten über die Gesellschaft als einer Partnerschaft zwischen den Lebenden, den Ungeborenen und den Toten. Sie glauben eher an bürgerliche Zusammenschlüsse als an Interventionen des Staates, und sie akzeptieren, dass das Wichtigste, was Lebende tun können, ist, sich niederzulassen, ein Heim für sich zu schaffen und dieses Heim an ihre Kinder weiterzugeben. *Oikophilia*, die Liebe zum Heim, führt wie von selbst zur Sache des Umweltschutzes, und es ist erschütternd, dass die vielen konservativen Parteien der englischsprachigen Welt diese Sache nicht als ihre eigene erkannt haben.

Ich glaube, dass es dafür zwei Gründe gibt. Der eine ist, dass das Denken der Konservativen durch die Ideologie der Konzerne, die globalen Ambitionen der multinationalen großen Unternehmen und durch den Aufstieg des ökonomischen Denkens bei modernen Politikern vergiftet wurde. Diese Faktoren haben Konservative veranlasst, Bündnisse mit Leuten einzugehen, die meinen, die Bemühungen, Dinge zu erhalten, seien nutzlos und altmodisch.

Der zweite Grund ist, dass die Wahrheit im Umweltschutz durch die aufgeregte Propaganda der Umweltbewegung und der ungeheuren Größe des Problems, so wie sie von der Umweltbewegung dargestellt wird, vernebelt wurde. Wenn die Aufmerksamkeit der Welt auf die globale Erwärmung, die Veränderung des Klimas, das Artensterben und die schmelzenden Polkappen gerichtet wird – alles Probleme, die außerhalb der Handlungsfähigkeit nationaler Regierungen liegen und für die es keine sich sofort anbietende Lösung gibt –, dann wird als Ergebnis das Vertrauen in die normale Politik verloren gehen, die Verzweiflung über die menschliche Unfähigkeit wachsen, und als verzweifelte letzte Lösung werden radikale internationalistische Maßnahmen verabschiedet, die die Aufgabe der Souveränität bedeuten.

Im nächsten Kapitel werde ich etwas über die Wahrheit im Internationalismus sagen. Aber schon an diesem Punkt soll auf die große Gefahr hingewiesen werden, die er für die Arbeit der Politik bedeutet, denn er überträgt die Macht von gewählten und verantwortlichen Politikern auf nicht gewählte und nicht verantwortliche Bürokraten. Sobald dies passiert ist, neigen normale Bürger dazu, aufzugeben und ihre Köpfe in den Sand zu stecken.

Doch die Wahrheit im Umweltschutz ist von grundlegender Wichtigkeit für die politische Ordnung, und sie wurde vom englischen *common law* während seiner ganzen Geschichte anerkannt. In vielen Fällen entstehen Umweltprobleme, weil wir die absolut vernünftige Angewohnheit haben, die Vorteile unserer Aktivitäten zu genießen, während wir die Kosten auf andere abwälzen. Die Umwelt ist in Gefahr, weil wir die Kosten unserer Tätigkeiten externalisieren. Die Lösung liegt darin, nach Anreizen zu suchen, die dabei helfen, dass die Kosten wieder auf den Verursacher zurückfallen.

Umweltschützer haben die Tendenz, die Großkonzerne als die Hauptverbrecher hervorzuheben und die Umweltsünden an ihnen festzumachen – Ölgesellschaften, Autohersteller, Unternehmen der Holzgewinnung, die Agrarindustrie und die Supermärkte –, die ihre Gewinne dadurch erzielen, dass sie die Kosten auf andere abwälzen (unter anderem auf jene, die noch nicht geboren wurden). Aber hier werden Wirkung und Ursache miteinander verwechselt. In einer freien Ökonomie entsteht diese Art des Geldverdienens durch die unsichtbare Hand, durch Entscheidungen von uns allen. Der wahre Grund für die Existenz dieser Wirtschaftszweige ist unsere Nachfrage nach Autos, Öl, preiswerten Lebensmitteln und überflüssigen Luxusgütern. Natürlich trifft auch zu, dass die Großkonzerne ihre Kosten externalisieren, wann immer sie es nur können. Aber dasselbe tun wir auch. Wann immer wir eine Flugreise machen, einen Supermarkt aufsuchen, fossile Energieträger konsumieren, verlagern wir die Kosten auf andere und auf zukünftige Generationen. Die freie Wirtschaft ist von der individuellen Nachfrage angetrieben. Und in einer freien Wirtschaft sind nicht nur die Großkonzerne, sondern auch die Individuen bestrebt, die Kosten ihres Verhaltens zu exportieren.

Die Lösung ist nicht die sozialistische Aufhebung der freien Wirtschaft, da dies nur massive wirtschaftliche Macht in die Hände von nicht-verantwortlichen Bürokraten transferieren würde, die gleichermaßen daran interessiert sind, die Kosten zu exportieren, während sie ihre vom Sozialprodukt gezogenen Renten genießen. Die Lösung ist, unsere Nachfrage so zu gestalten, dass wir ihre Kosten selbst tragen und Druck auf die Unternehmen ausüben, damit sie ebenso handeln. Wir können unser Verhalten auf diese Weise nur korrigieren, wenn wir einen Anreiz haben, so zu handeln – Anreize, die stark genug sind, unseren Appetit zu zügeln.

Das rationale Eigeninteresse muss dabei eine wichtige Rolle spielen. Aber es müssen die bekannten Paradoxien kollektiver Entscheidungen berücksichtigt werden, die immer dann entstehen, wenn sich von Eigeninteresse angetriebene Akteure zusammentun, um Ressourcen zu erlangen, die wiederum durch ihre Entscheidungen beeinflusst werden. Zu dem allgemein bekannten Trittbrettfahrer-Problem und dem Gefangenendilemma haben Umweltschützer das Problem der »Tragik der Allmende« hinzugefügt – ein Problem, das immer dann entsteht, wenn Menschen um ihren Anteil an einer endlichen Ressource kämpfen und es im Ergebnis völlig aufbrauchen. Die Theoretiker des Gesellschaftsvertrags von Hobbes bis Rawls haben versucht, die Probleme der gesellschaftlichen Entscheidungen zu lösen, stießen jedoch immer wieder auf irgendeine Version des ursprünglichen Problems: Warum soll es vernünftiger sein, den Vertrag zu erfüllen, als nur so zu tun, als würde man ihn erfüllen? Die Antwort auf diese Probleme wurde immer bürokratischer: Es wurde ein System von Regulierungen erstellt, um Anreize für die Erhaltung statt des Aufbrauchens der Ressourcen zu schaffen, von denen wir alle abhängen. Aber – wie ich es in meinem Buch *Green Philosophy* zu zeigen versuche – während diese Reaktion zwar oft den ersten notwendigen Schritt bedeuten kann, erzeugt sie ihre eigenen negative Anreize, indem es das Problem jenen aus der Hand nimmt, die am besten geeignet wären, es zu lösen.

Wir brauchen uneigennützige Motive, die in den einfachen Mitgliedern der Gesellschaft geweckt werden können und auf die man im Interesse langfristiger ökologischer Ziele bauen kann. Wir müssen erkennen, dass die Sache des Umweltschutzes verloren ist, wenn wir nicht die Anreize finden, die Menschen im Allgemeinen, und nicht nur ihre selbsternannten und nicht gewählten Vertreter, in diese Richtung lenken. In dieser Sache sollten Umweltschützer und Konservative zusammenarbeiten. Die gemeinsame Grundlage ist die Liebe zum Territorium, die seinen stärksten politischen Ausdruck im Nationalstaat gefunden hat.

Viele Umweltschützer werden anerkennen, dass lokale Loyalitäten und lokale Probleme eine wichtige Rolle bei unserer Entscheidungsfindung spielen sollten, wenn wir den negativen Folgen der globalen Ökonomie begegnen wollen. Daher der oft wiederholte Slogan: »Global denken, lokal handeln.« Sie werden jedoch vor dem Vorschlag, die lokale Loyalität im nationalen Rahmen zu sehen, zurückschrecken und ihn als provinzielles Denken dem humanen Universalismus gegenüberstellen. Doch es gibt einen sehr guten Grund dafür, die Rolle der Nation zu betonen. Denn Nationen sind politisch geformte Gemeinwesen. Sie sind prädisponiert, ihre Souveränität auszuüben, indem sie das allgemeine Gefühl der Zugehörigkeit in kollektive Entscheidungen und selbstgewählte Gesetze gießen. Nationale Zugehörigkeit ist eine Form der territorialen Bindung, aber auch eine proto-legislative Einrichtung. Darüber hinaus sind Nationen kollektive Akteure im Bereich der globalen Entscheidungsfindung. Durch die Mitgliedschaft in der Nation erhalten Individuen eine Stimme in globalen Angelegenheiten.

Durch die Entwicklung der Idee von einem Gefühl, das aus dem Territorium entsteht und den Samen der Souveränität in sich trägt, können Konservative ihren besonderen Beitrag zum ökologischen

Denken leisten. Wenn Konservative einen Slogan für sich wählen würden, würde er »Fühlt lokal, denkt national« lauten. In der gegenwärtigen ökologischen Krise gibt es keinen anderen Akteur als den Nationalstaat, der die notwendigen Maßnahmen ergreifen und die für das Einverständnis notwendige Loyalität einfordern könnte. Statt die ökologischen und sozialen Probleme auf globaler Ebene lösen zu wollen, sollten Konservative die Stärkung der lokalen Souveränität über bekannte und verwaltete Umweltzonen suchen. Das beinhaltet die Bestätigung des Selbstbestimmungsrechts der Nationen und das Recht auf politische Entscheidungen, die mit den lokalen Loyalitäten und Sitten harmonieren. Es bedeutet auch, der alles durchdringenden Tendenz moderner Regierungen zur Zentralisierung zu widersprechen und einige jener Befugnisse an die lokalen Gemeinden zurückzugeben, die durch die zentralen Bürokratien konfisziert wurden –, dies gilt auch für transnationale Institutionen wie die Welthandelsorganisation, die Vereinten Nationen und die Europäische Union.

Nur auf lokaler Ebene ist es realistisch, auf Besserung zu hoffen. Denn es gibt keinen Beweis dafür, dass globale politische Institutionen je etwas zur Eindämmung der Schäden getan hätten. Im Gegenteil, indem sie die weltweite Kommunikation förderten und die nationale Souveränität sowie die gesetzlichen Barrieren aushöhlten, trugen sie zur globalen Entropie bei und schwächten die einzige wahre Quelle des Widerstandes dagegen. Ich kenne viele Umweltschützer, die mit mir darin einig sind, dass die WTO und die Weltbank potenzielle Bedrohungen für die Umwelt sind, allein schon deshalb, weil sie die bäuerlichen Subsistenzwirtschaften vernichten, aber auch indem sie die nationale Souveränität aushöhlen, wo auch immer dies dem Ziel des freien Handels im Wege steht.[76] Viele scheinen auch darin mit mir einig zu sein, dass Gemeinschaften vor plötzlichen und

76 Linke Kritik dieser Institutionen findet sich auf den Websites von Global Justice Center und Global Justice Ecology Center. Siehe auch die fundierte Kritik von Joseph Stiglitz, *Globalization and Its Discontents*, New York and London, W. W. Norton, 2002, deutsch: *Die Schatten der Globalisierung*, Berlin, Siedler, 2002; und *Making Globalization Work*, New York and London, W. W. Norton 2006, deutsch: *Die Chancen der Globalisierung*, München, Siedler, 2006.

von außen eingeleiteten Veränderungen geschützt werden müssen, nicht nur wegen ihrer nachhaltigen Wirtschaftsweise, sondern auch wegen der Werte und Loyalitäten, die ihr soziales Kapital bilden.

Aber auch wir selbst verdienen es, vor der globalen Entropie beschützt zu werden. Auch wir müssen so viel, wie es nur geht, von den Loyalitäten bewahren, die uns mit unserem Territorium verbinden, um dieses Territorium zu unserer Heimat zu machen. Sofern wir überhaupt erfolgreiche Versuche gesehen haben, die Flut der ökologischen Zerstörung aufzuhalten, handelte es sich dabei um nationale oder lokale Maßnahmen, um Orte zu beschützen, die als »unsere« erkannt, das heißt, durch irgendeine ererbte Berechtigung definiert wurden. Ich denke da an die Freiwilligen und Aktivisten, die im 19. Jahrhundert loszogen, um die natürliche Umwelt Großbritanniens zu schützen; an den English National Trust, einen bürgerlichen Verein mit vier Millionen Mitgliedern, mit dem Ziel, unseren ländlichen Raum und seine Siedlungen zu erhalten; an die Initiative amerikanischer Naturfreunde, die den amerikanischen Kongress veranlassten, das System der Nationalparks ins Leben zu rufen; an die Aktion Islands, die Brutstätten des atlantischen Kabeljaus zu schützen; an die irische Gesetzgebung, die das Land von Plastiktüten befreit hat; an die Initiativen für saubere Energie in Schweden und Norwegen; an die schweizerischen Planungsgesetze, die lokale Gemeinschaften ermöglichten, die Kontrolle über ihre Umwelt zurückzuerlangen und diese Umwelt als gemeinsames Eigentum zu verwalten; an die britische Politik der »grünen Gürtel«, die der Zersiedlung ein Ende bereiteten; an die Initiativen von Hummerfischern in Maine und von Kabeljaufischern in Norwegen, selbstverwaltete Fischereien unter der Verantwortung von lokalen Einwohnern zu gründen. Das sind kleine, aber reale Erfolge, und wenn die Beispiele Nachahmer fänden, könnte dadurch das Gesicht der Erde zum Besseren verändert werden.[77]

77 Einige dieser Lösungen waren Gegenstand einer wichtigen Studie von Elinor Ostrom. Ich beschäftige mich mit ihren Argumenten im 5. Kapitel von *Green Philosophy*. Einige Initiativen wurden von William Sutkin dokumentiert, in Kapitel 5 von *The Land that Could Be: Environmentalism and Democracy in the Twenty-First Century*, Cambridge MA, MIT Press, 2001.

Das scheint mir die Richtung zu sein, in die sowohl der ernsthafte Umweltschutz als auch der ernsthafte Konservativismus weisen: nämlich die Heimat, der Ort, wo wir sind und den wir mit anderen teilen, der Ort, der uns definiert, den wir für unsere Nachkommen verwalten und den wir nicht ruinieren wollen. Keiner hat bisher ein Motiv identifiziert, das der Sache des Umweltschutzes mehr dienen könnte als dieses. Es ist das Motiv der einfachen Leute. Es kann sowohl der konservativen Herangehensweise an die Institutionen, als auch der ökologischen Herangehensweise an das Land als Fundament dienen. Es ist ein Motiv, das uns erlauben könnte, den Anspruch auf demokratische Beteiligung mit dem Respekt für zukünftige Generationen und der Pflicht der treuhänderischen Verwaltung miteinander zu versöhnen. Meiner Ansicht nach ist das die einzige echte Ressource, die wir in unserem Kampf um die Aufrechterhaltung der lokalen Ordnung im Angesicht des global vorangetriebenen Verfalls haben.

Selbsternannte Konservative sind oft – zu Recht – kritisiert worden, wegen ihres Glaubens, dass alle politischen Entscheidungen in Wirklichkeit wirtschaftliche Entscheidungen und marktwirtschaftliche Lösungen die einzig richtigen seien. Aber wie ich schon in Kapitel 2 vorgeschlagen habe, müssen wir *oikos* wieder in *oikonomia* zurückführen. Der Respekt für *oikos* ist der wahre Grund, warum sich Konservative nicht den heute modischen Formen der Umweltbewegung anschließen. Radikale Umweltschützer neigen dazu, ihre Ziele auf globaler und internationaler Ebene zu formulieren, sie unterstützen NGOs und Interessenverbände, die die internationalen Räuber auf deren eigenem Territorium bekämpfen, mit Waffen, die von der nationalen Souveränität keinen Gebrauch machen. Aber, wie ich in meinem Buch *Green Philosophy* ausführlich zu zeigen versuche, gehen ihre Argumente ins Leere, genau deshalb, weil sie kein Motiv benennen können, das einfache, passive Menschen ermutigen könnte. Ohne deren Kooperation wird es jedoch keine Lösung geben.

Die Wahrheit in der Umweltbewegung ist, dass rationale Wesen ihre Kosten externalisieren werden, wenn es für sie keine Motivation gibt, anders zu handeln. Die konservative Antwort ist die Suche nach dieser benötigten Motivation. Als Menschen in Großbritannien begannen, ein Bewusstsein für die Umwelt und deren rücksichtslose Zerstörung zu entwickeln, galt ihre Hauptsorge dem Wald – dem Greenwood der Robin-Hood-Legenden, der in vielen populären Gedichten und Liedern seit Shakespeares Tagen gefeiert wurde und schließlich 1664 von John Evelyn durch sein Buch *Silva, or a Discourse on Forestation* zu einem *cause célèbre* gemacht wurde. Es dauerte noch 200 Jahre, bis die Umweltbewegung ernsthaft begann, obwohl die englische Kunst, Literatur und Religion die Rettung der Landschaft schon vorher zu einem ihrer Dauerthemen gemacht hatte. Als die Bewegung richtig begann, war es eine Reaktion auf die industrielle Revolution. Der führende Kopf der Bewegung, John Ruskin, beschrieb sich als Tory und nicht als Liberalen oder Sozialisten – obwohl diese Kategorisierung immer irreführend ist, wenn es sich um wahrhaft intelligente Menschen handelt.

Der Umweltschutz wurde 1865 in das englische Recht aufgenommen, aufgrund des Präzedenzfalls *Ryland versus Fletcher*. Das Urteil sorgte für ein strenges Regime der Verantwortlichkeit, was bedeutete, dass derjenige, dessen Aktivitäten einen Schaden verursachten, verpflichtet war, die Opfer zu entschädigen. Das Gericht verfügte dieses Urteil den Prinzipien des *common law* entsprechend und nicht aufgrund der Arbeit des Parlaments. Das Gleiche geschah ein Jahrhundert später, als die Vereinigung der Angler (Anglers Association) die Prinzipien des *common law* nutzte, um einen Gerichtsbeschluss gegen die größten Verschmutzer von Flüssen zu erwirken, das heißt, gegen die lokalen Regierungen und die verstaatlichten Stromlieferanten.[78] Überhaupt sollten wir uns der wertvollen rechtlichen Instrumente, die wir besitzen, bewusst sein und sie beschützen. Denn sie

78 Ich behandle diese Fälle und die entsprechenden Argumente in *Green Philosophy: How to Think Seriously about the Planet*, London, Atlantic Books, and New York, Oxford University Press, 2012, Kapitel 5.

beruhen oft auf den Prinzipien der Fairness und des Naturrechts und nicht auf der Gesetzgebung von oben.

Doch hat der Umweltschutz nicht auch noch auf eine andere Wahrheit aufmerksam gemacht, nämlich auf den umfassenden Zusammenhang von allem, was mit unserer Umwelt geschieht, und auf die Unmöglichkeit, die Verlagerung der Kosten dadurch zu beheben, dass wir uns um unsere kleine eigene Umgebung kümmern? Nichts im Universum existiert vom Netzwerk der Kausalitäten unabhängig, und die Ökosysteme unseres Planeten nehmen weder auf nationale Grenzen noch auf historische Zugehörigkeiten Rücksicht. Als Antwort auf diesen Zusammenhang neigen Umweltaktivisten dazu, Verträge zu fordern und sich an internationale Komitees und Regulierer zu wenden, kurz gesagt, an Bürokratien, die keine Verbindung zu den Orten haben, auf die sie im internationalen Auftrag ihre Macht ausdehnen.

Diese Antwort ist verständlich, leidet jedoch unter entscheidenden Mängeln, die gerade in der Lage, in der wir uns befinden, immer offenkundiger werden. Es stimmt, dass die Nationen der Welt das Montrealer Protokoll über Stoffe, die zum Abbau der Ozonschicht führen, bereitwillig unterzeichnet haben. In diesem Falle waren die Vorteile sofort und nicht erst in Jahrzehnten sichtbar (wie es im Falle eines Abkommens über Treibhausgase wäre). Die Technologie, die die Entstehung der schädlichen Gase vermeiden sollte, war schon durch die Privatwirtschaft entwickelt worden, und keine der unterzeichnenden Nationen musste große Kosten auf sich nehmen oder das Leben seiner Bürger empfindlich stören. Ein solcher Vertrag ist sicherlich ein Hoffnungsschimmer im Nebel der Unsicherheiten. Aber er sollte eher als die Ausnahme denn als Regel angesehen werden. Wenn es um echte Megaprobleme geht, gehört die Bereitschaft, Verträge zu erfüllen, die nicht im Interesse der Unterzeichner sind, nur selten zu den Charakteristika des politischen Systems. Es gibt sie nur in Staaten, die auf die Tradition der Verantwortlichkeit aufgebaut sind – das heißt, in den Nationalstaaten, in denen die Souveränität der Bürger von den Institutionen der Regierung respektiert wird.

Unter den großen Verursachern von Umweltverschmutzung würden die Vereinigten Staaten mit Sicherheit einen Vertrag, dessen Kosten spürbar sind, erfüllen. Es ist jedoch unsicher, ob Indien dem folgen, und ganz sicher, dass China dem nicht folgen würde.

In diesem Lichte, glaube ich, sollte man feststellen, dass das Problem des Klimawandels, das zurzeit international verhandelt wird, nicht diplomatischer Natur ist. Es ist in erster Linie ein wissenschaftliches Problem: das Problem, eine preiswerte und effektive Quelle sauberer Energie zu finden, die sowohl die Kosten für die Unterzeichnung des Vertrags als auch die Gründe für seine Nichteinhaltung beseitigen würde. Die Lösung für das wissenschaftliche Problem würde wahrscheinlich am ehesten durch internationale Zusammenarbeit zu finden sein – aber durch die Zusammenarbeit von Wissenschaftlern und nicht von Staaten.

Es stimmt: Wissenschaftler brauchen Finanzierung. Forschung wird häufig durch private Unternehmen finanziert, in der Hoffnung, die Ergebnisse nutzen zu können, um die Nase im Wettbewerb vorne zu haben. Aber kein Unternehmen hat ein so starkes Interesse an sauberer Energie, dass es den dafür erforderlichen gewaltigen Forschungsaufwand finanzieren würde. Also muss diese Forschung durch Regierungen finanziert werden. Das bedeutet, dass die Mittel von Regierungen kommen müssen, die wohlhabend genug und ausreichend gemeinsinnig sind, um die entsprechenden Ressourcen aufzubringen.

Bisher war keines der für die Emission von Treibhausgasen verantwortlichen Länder imstande, die Reduktionsziele zu erreichen – weder die selbstgesetzten, noch die dem Kyoto-Protokoll entsprechenden. Der Grund ist klar: Jede weitreichende Politik braucht Energie für ihre Implementierung. Und wenn die einzige zur Verfügung stehende Energie kohlebasiert ist, kann keine Politik zur Reduzierung von CO_2-Emissionen erfolgreich sein. Nur die Entdeckung von bezahlbarer, sauberer Energie kann das Problem lösen, und so lange das nicht geschieht, werden alle Verträge bestenfalls Übergangscharakter haben.

Trotzdem können solche Verträge notwendig sein. Aber sie müssen realistisch sein und mit den bekannten Neigungen der Unterzeichner rechnen. Die Abneigung der Linken, die Wahrheit über den Kommunismus anzuerkennen, infiziert auch ihre Haltung dem modernen China gegenüber, wo die Zerstörung der Umwelt in einem erschreckenden Tempo voranschreitet. Dort hält sich das wirtschaftliche, soziale und politische System nicht an die alten Formen des Gleichgewichts und befindet sich auf einer Einbahnstraße in die Katastrophe. Inzwischen sollten wir verstanden haben, dass so, wie jetzt die Suche nach den Verträgen über den Klimawandel in einer Atmosphäre wissenschaftlicher Unsicherheit und unterbrochen von Momenten der wilden Panik geführt wird, die ohnehin geringen Kräfte der Nationen, Verträge abzuschließen, für ein Problem aufzehrt, das zurzeit mit einem Vertrag nicht lösbar ist. Das jedoch führt dazu, dass wir Probleme ignorieren, die sehr wohl gelöst werden *könnten* – wie das Überfischen von Laichgründen, die Zerstörung der Biodiversität durch Pestizide und die wahnwitzige Nutzung von Verpackungen, die zum Sterben der Ozeane durch Plastik führt.

Es kann aber nicht Teil der konservativen Antwort auf die globale Erwärmung sein, einfach zu sagen, man könne nichts ändern. Im Gegenteil, sehr viele Dinge müssen sich ändern, wenn wir weiter in beispiellosem Wohlstand mit der Langlebigkeit und dem Fruchtbarkeitserfolg leben wollen, die unsere Spezies zu einer Last für den Planeten werden ließen. Doch wir sollten den Klimawandel von den vielen anderen Umweltproblemen abtrennen und ihn nicht über alle anderen Probleme stellen. Denn dies hebt unsere Fähigkeit auf, mit Veränderungen auf die angestammte und gemäßigte Art umzugehen. Die Annahme ist, dass wir einer Veränderung von einer neuen Art und Größenordnung gegenüberstehen, der wir uns *nicht* anpassen können. Und wenn das so wäre, wäre es natürlich ein ernsthafter Bruch für unsere Spezies, die durch Anpassung überlebt und der Liste ihrer biologischen Anpassungen ein gewaltiges System der sozialen und politischen Anpassungen hinzugefügt hat. Die Marktwirtschaft, die Rechtsstaatlichkeit, die wissenschaftliche Methode und die Religion sind nur vier davon, und sie sind verantwortlich für die enorme Ausbreitung unserer Spezies und deshalb auch für die gegenwärtigen Umweltprobleme. Deshalb ist der Gedanke, dass gerade alle unsere Anpassungsleistungen – biologische, soziale, kulturelle und geistige – nun wirkungslos geworden sein sollen, so beunruhigend. Doch dieser Gedanke wird keineswegs von der neueren Geschichte der Umweltveränderungen unterstützt. »Widerstandsfähige Lösungen« sollten deshalb zum Repertoire eines jeden denkenden Umweltschützers gehören.

Betrachten wir die Veränderungen, die in Großbritannien im 19. Jahrhundert stattfanden, als die Massen in die Industriestädte strömten und ganze Landstriche verwaisten. Frühe Beobachter wie William Cobbett prophezeiten, dass die Landwirtschaft vollständig zusammenbrechen und die Landschaft verfallen würde, während wir den Kampf gegen die moralische Verderbtheit, Krankheiten und Versklavung in den wachsenden Ballungsgebieten verlieren würden. Innerhalb von zwei Generationen jedoch begannen sich die Menschen dieser neuen Umwelt anzupassen. Neue und weniger arbeitsintensive Formen der Landwirtschaft waren entstanden, und Reformen des Landrechts ermöglichten unternehmerischen Landwirten, unabhängige Teile von brachliegenden Grundbesitztümern zu erwerben. Die Nutzbarmachung der Kohleenergie schließlich brachte nicht nur den Einwohnern der Städte eine nie da gewesene Hebung des Lebensniveaus, sondern dem ganzen Land, da die Eisenbahn begann, die Städte zu verbinden und Beschäftigung und Märkte auch an die Orte zwischen ihnen zu bringen.

Zwar haben politische Entscheidungen den Prozess der Anpassung unterstützt, sie haben ihn jedoch nicht in Gang gesetzt. Sie selbst waren Ergebnisse von Kampagnen und Bewegungen der bürgerlichen Gesellschaft. Die britische Gesellschaft passte sich der industriellen Revolution an, ebenso wie sie sie in Gang gesetzt hatte: durch private Unternehmen und bürgerliche Zusammenschlüsse. Bereits Ende des 18. Jahrhunderts haben die *Friendly Societies* – wohltätige Organisationen, die Familien mit niedrigem Einkommen

Hypotheken anboten – angefangen, das Problem der Übervölkerung und der Obdachlosigkeit in den Städten anzugehen. Im Laufe der nächsten 50 Jahre ist das Netzwerk der anglikanischen und der nonkonformistischen Schulen der Dissenters entstanden, die die meisten Kinder der Nation mit Bildung versorgten. Dank wohltätiger Initiativen – darunter der 1832 gegründeten *British Medical Association* – verbesserte sich der Gesundheitszustand der Bevölkerung sehr schnell. Philanthropische Bewegungen führten zu den Fabrikgesetzen, von denen das erste 1802 verabschiedet wurde. Diese – insbesondere das Gesetz von 1844 – traten dem schlimmsten Missbrauch von Arbeitern entgegen und zwangen die Arbeitgeber, die Arbeitszeit von Kindern zu reduzieren und sicherzustellen, dass sie eine grundlegende Ausbildung erhielten. Gegen Ende des Jahrhunderts waren die neuen viktorianischen Zentren der Zivilisation wie Manchester und Leeds zur Heimat all ihrer Bewohner geworden. Diese Zentren wurden in Kunst und Literatur gefeiert und von positiven Gefühlen der Menschen begleitet.

Der Prozess, der zum Wachstum dieser Städte geführt hatte, war voller Elend, Ungerechtigkeiten und Krankheiten, und erntete ätzende Kommentare als »Coketown« von Charles Dickens (1854, in seinem Roman *Harte Zeiten*). Aber er war ebenso voller Zuversicht, Hoffnung und Wohltätigkeit sowie Umweltinitiativen, die unter anderem zur öffentlichen Kontrolle der Abwasser- und Müllentsorgung geführt hatten. Einige dieser Initiativen führten zu Gesetzen, andere setzten sich durch Entscheidungen des *common law* durch. Der ganze Prozess ist eine exemplarische Illustration dessen, wie sich die bürgerliche Gesellschaft in Zusammenarbeit mit einer zuverlässigen Gesetzgebung den Veränderungen der Umwelt anpasst und die Anpassung im Interesse ihrer Mitglieder bewältigt. Kommentatoren wie Charles Dickens und die Schriftstellerin Elisabeth Gaskell hatten in den vorangegangenen Jahrhunderten keine Entsprechungen, nicht, weil es damals besser, sondern weil es damals viel schlimmer zuging. Die Fabriken »befreiten« die Kinder von den Bauernhöfen, wo sie ohne Hoffnung auf Rettung ebenso hart arbeiten mussten wie zuvor. Als die in den Fabriken arbeitenden Kinder unter die Augen von gebildeten Menschen gelangten, die sich den Luxus des Mitgefühls leisten konnten, kamen innerhalb von wenigen Jahrzehnten die Fabrikgesetze zustande, die sie schließlich von der Sklaverei befreiten.

Sollten wir wirklich die Hoffnung aufgeben, dass wir uns in einer ähnlichen Weise dem Klimawandel anpassen könnten, wie es das Beispiel der Reaktion auf die industrielle Revolution aufzeigt? Wenn sich die Prophezeiungen der Alarmisten erfüllen sollten, dann wird eine Anpassung gewiss nicht möglich sein. Das alte England wird nur in der Weise überleben, wie es im Tagebuch des Taxifahrers überlebt, das als Subtext in Will Selfs Roman *The Book of Dave* dient.[79] Viele europäische und amerikanische Städte sind wie London und Bristol als Tore zum Meer und als Häfen für die Güter, die auf dem Seewege gehandelt werden, groß geworden. Wenn der Meeresspiegel steigt, wird es für diese Städte Folgen haben, die teuer und schmerzhaft zugleich sein werden. Wie aber könnten wir uns den Veränderungen anpassen? Sicherlich auf die gleiche Weise, wie wir uns der industriellen Revolution angepasst haben: nämlich durch die Entstehung von neuen Formen des lokalen Zugehörigkeitsgefühls, von neuen Formen bürgerlicher Zusammenschlüsse, von neuen Wegen der Kooperation unter Nachbarn in freien und gesetzestreuen Gruppen. Entweder werden die auf uns zukommenden Veränderungen handhabbar sein, oder nicht. Und wenn sie handhabbar sein sollten, dann deshalb, weil wir soziale Motive haben, mit ihnen fertig zu werden, und nicht, weil der Staat im Gegensatz zu uns die Macht hat, die Probleme für uns zu lösen.

Was also ist die Antwort? Keine Rachsucht, sondern Treuhandschaft; keine nicht durchsetzbaren Verträge, sondern reale Beispiele von erfolgreicher verantwortlicher Verwaltung; kein Angriff auf die Märkte, sondern ihre Nutzung zur Wiederherstellung des Gleich-

---

79 Anm. der Übersetzerin: In dem Buch von Will Self führt ein Londoner Taxifahrer Tagebuch, das viele Hundert Jahre später im vom Meer überschwemmten London entdeckt und zur Grundlage einer neuen Religion wird. Will Self, *The Book of Dave*, London, Penguin, 2007.

gewichts. Die Wahrheit im Umweltschutz appelliert deshalb an die Vernunft des Konservativismus und weist auf die Notwendigkeit hin, das Ziel verantwortlicher Verwaltung zum Teil konservativer Politik zu machen.

Ebenso, wie im Falle der anderen bisher erörterten Wahrheiten, kann man sich auf die Umweltschutzbewegung stützen, solange sie nicht zur Lüge wird. Und wie in den anderen Fällen auch, geschieht dieser Übergang von Wahrheit zur Lüge, wenn der religiöse Antrieb den politischen ablöst. Die Sache des Umweltschutzes ist von aktivistischen NGOs und von grünen Politikern zu einem Kampf zwischen den Kräften des Lichts und Kräften der Dunkelheit stilisiert worden. Die Kräfte der Dunkelheit entsprechen den üblichen Zielscheiben linker Kritik: Es sind die Konzerne, der Markt, die »Gier« und der »Egoismus«, die uns vernichten. Gegen diese mächtigen Feinde stehen die Kräfte des Lichts: die Aktivisten, die NGOs, Menschen, angetrieben von der uneigennützigen Sorge um die zukünftigen Generationen statt um ihre eigene Bequemlichkeit. Und weil diese Menschen nicht die überwältigende institutionelle und wirtschaftliche Macht der Gegner besitzen, müssen sie an eine andere, höhere Macht appellieren, damit die sie vertrete, an die Macht des Staates, die Gesetze einsetzen kann, um das egoistische Verhalten jener zu verhindern, die sonst den Planeten zerstören würden.

Ist die Lage erst so präsentiert worden, mit all den bekannten ideologischen Ausschmückungen, ruft die linke Position durch ihre eigene Logik eine rechte Position ins Leben: Diese verteidigt die individuelle Freiheit und die Märkte gegenüber dem Feindbild der staatlichen Kontrolle und der Diktatur von oben. Und während sich der ideologische Konflikt erhitzt, werden viele Dinge infrage gestellt, die nicht infrage gestellt werden sollten, Fakten werden fabriziert und die Forschung politisiert, und sowohl die legitime Nutzung des Staates als auch die Legitimität von Unternehmen gehen verloren im Trubel der gegenseitigen Beschuldigungen. Die Lektion für Konservative ist die gleiche wie im Zusammenhang mit anderen Massenbewegungen, die ich schon erwähnt habe: Sie sollten aus den Konflikten über den Umweltschutz lernen, dass politische Lösungen von unten entstehen und von den Motiven echter Menschen geformt werden. Sie werden nicht von oben verordnet durch jene, die ihren Mitmenschen mit Argwohn begegnen und sich danach sehnen, sie durch andere, bessere zu ersetzen.

9. Die Wahrheit im Internationalismus

Der Konservativismus ist seiner Natur nach nicht internationalistisch und ist misstrauisch gegenüber allen Versuchen, die Gesetzgebung und die Regierung eines Landes von einem Ort außerhalb seines Territoriums zu kontrollieren. Der Konservativismus folgt der Wahrheit im Liberalismus, dass der politische Prozess nur dann auf Zustimmung beruhen wird, wenn die Rechte der Individuen geachtet werden. Doch setzen Opposition, Widerspruch, die freie Äußerung von provokativen Ansichten und Kompromissfähigkeit eine gemeinsame Identität voraus.

Ich habe dargelegt, dass dieser Erste-Person-Plural, den wir brauchen, um die Rechte der Opposition und die Politik der Kompromisse zu verteidigen, viel mehr ein nationales als ein religiöses »Wir« ist. Solange sich die Menschen nicht mit einem Land, seinem Territorium und seinem kulturellen Erbe identifizieren – so wie sie sich mit ihrer Familie identifizieren –, wird es keine Politik der Kompromisse geben können. Ich habe in Kapitel 3 erklärt, dass Menschen ihre Nachbarn ernst nehmen müssen, als Personen, die ebenso schutzberechtigt sind wie sie selbst und für die sie, in einem krisenhaften Moment, auch tödliche Gefahren auf sich nehmen müssen.

Es ist deshalb unvermeidlich, dass Konservative skeptisch auf die Versuche blicken, Gesetze von einem Ort außerhalb der eigenen Jurisdiktion zu erlassen, und sie werden viel Überredung brauchen, bevor sie einen Vertrag unterzeichnen, der die Souveränität in einer Angelegenheit von vitalem nationalem Interesse aufgibt oder einschränkt. Die vielen Projekte für eine Weltregierung oder zur radikalen Einschränkung der Souveränität des Nationalstaates werden

Konservative als utopisch zurückweisen, da sie eine neue, auf keiner präpolitischen Bindung beruhende Art von Staatsbürgerschaft voraussetzen. Man sucht hier nach einer politischen Ordnung ohne die Bindung, die sie möglich machen könnte. So sieht es zumindest aus.

Doch wir müssen auch die Wahrheit im Internationalismus anerkennen. Streitigkeiten zwischen Herrschern durch Verträge statt durch Gewalt zu lösen war schon in der Antike üblich, und während des späten Mittelalters gab es Bestrebungen, aus den Voraussetzungen, die Vertragsschließungen benötigen, so etwas wie ein *common law* der Nationen zu extrahieren. Das große Werk von Hugo Grotius, *De Jure belli ac pacis* (1625) – über das Recht von Krieg und Frieden – war ein Versuch, die Prinzipien des Naturrechts auf die Handhabung von Angelegenheiten unter souveränen Staaten anzuwenden. Grotius hat damit die Fundamente des internationalen Rechts, wie wir es heute kennen, niedergelegt. In seiner kurzen Schrift *Zum ewigen Frieden* hat Immanuel Kant festgestellt, dass internationales Recht so lange mangelhaft bleiben müsse, wie es nicht durch Krieg erzwungen werde. Er befürwortete deshalb einen »Völkerbund«, in dem die einzelnen Nationalstaaten übereinkommen, ihre Streitigkeiten auf eine zentrale Körperschaft zu übertragen, in der alle vertreten sind und die die Macht hat, im Streit zu entscheiden. Dieser Vorschlag führte kurz nach dem Ersten Weltkrieg zur Gründung des kurzlebigen Völkerbundes und nach dem Zweiten Weltkrieg zur Gründung der Vereinten Nationen. Obwohl es viele gute Gründe gibt, die Vereinten Nationen zu kritisieren, und obwohl ihre Institutionen und Prozeduren – wie kaum anders möglich – nicht gefeit sind gegen die Eroberung durch Schurkenstaaten und Tyrannen, die in der Maskerade von legitimen Souveränen herumstolzieren, ist es weitestgehend anerkannt, dass diese Organisation zur Lösung vieler Konflikte beigetragen hat, die sonst außer Kontrolle geraten wären.

Die Wahrheit im Internationalismus bedeutet, dass souveräne Staaten Rechtspersonen sind, und sie sollten durch ein System der Rechte und Pflichten, der Haftung und Verantwortung miteinander umgehen, mit anderen Worten, durch eine »Berechnung der Rechte und Pflichten«, worauf ich in Kapitel 6 hingewiesen habe. Sie sollten freiwillige Vereinbarungen treffen, die juristischen Verträgen entsprechen, und diese Vereinbarungen sollten für nachfolgende Regierungen bindend sein, genau so, wie Unternehmen an Verträge gebunden sind, die frühere Geschäftsführer geschlossen haben. Das kann aber nur funktionieren, wenn Staaten souverän sind – das heißt, eigene Entscheidungen treffen können – und auch bereit sind, Macht an jene Körperschaften abzutreten, die mit der Aufrechterhaltung der internationalen Abkommen und des ihnen unterliegenden Rechts befasst sind.

Das empfiehlt der gesunde Menschenverstand. Das jedoch ist nicht die Welt des heutigen Internationalismus. Denn auch in diesem Falle ist eine grundlegende Wahrheit von Leuten, die eine eigene Agenda verfolgen, gekapert und so in eine Lüge verwandelt worden. Diese Transformation der internationalistischen Idee hat sich nicht nur auf die UN ausgewirkt, sondern ganz besonders auf die Europäische Union und den Europäischen Gerichtshof für Menschenrechte. Beide Institutionen sind infolge der europäischen Kriege entstanden – als Ergebnis des Drucks utopisch denkender Internationalisten.

Die Idee der europäischen Integration ist in ihrer heutigen Form während des Ersten Weltkrieges aufgekommen. Sie ist infolge des Zweiten Weltkrieges zur politischen Realität geworden und ist von jenen Konflikten gekennzeichnet, die zu ihrer Geburt geführt hatten. 1950 schien es vernünftig, ja notwendig zu sein, die europäischen Nationen zusammenzubringen, um Kriege zu vermeiden, die zweimal fast den Kontinent zerstört hätten. Und weil Konflikte Radikalismus hervorbringen, war das neue Europa ein umfassendes Projekt, eines, das die Quellen europäischer Konflikte beseitigen und Kooperation statt Rivalität ins Herz der kontinentalen Ordnung stellen sollte.

Die Architekten des Plans waren zum größten Teil Christdemokraten, die außer ihrem Glauben an die europäische Zivilisation und ihrem Misstrauen dem Nationalstaat gegenüber kaum etwas gemein hatten. Die graue Eminenz des Projekts, Jean Monnet, war ein transnationaler Bürokrat, den die Vision eines vereinten Europa, in dem

Kriege der Vergangenheit angehören würden, inspiriert hatte. Sein enger Mitarbeiter war Walter Hallstein, ein deutscher Hochschullehrer und Technokrat, der überzeugt war, dass die internationale Jurisdiktion der natürliche Nachfolger der nationalstaatlichen Gesetzlichkeit sei. Zu Monnet und Hallstein gesellte sich als Dritter Altiero Spinelli, ein romantischer Kommunist und Anhänger der Idee der Vereinigten Staaten von Europa, die durch ein gewähltes europäisches Parlament legitimiert werden sollten. Diese Personen waren keine isolierten Schwärmer, sondern Teil einer breiten Bewegung innerhalb der politischen Klasse der Nachkriegszeit. Sie erwählten populäre Führer wie Konrad Adenauer, Robert Schumann und Alcide de Gaspari zu den Fürsprechern ihrer Ideen und schlugen als Erstes die Gründung der Europäischen Gemeinschaft für Kohle und Stahl vor, die Montanunion, auch bekannt als der Schumann-Plan. Sie glaubten, das größere Projekt würde Legitimation erwerben, wenn es zunächst in dieser begrenzten Form verstanden und akzeptiert wurde.

Ich möchte die Verdienste dieser am Gemeinwohl orientierten Persönlichkeiten nicht infrage stellen. Wir sollten jedoch im Gedächtnis behalten, dass zu der Zeit, als die ersten Instrumente der europäischen Kooperation konzipiert wurden, unser Kontinent durch den Eisernen Vorhang geteilt war und die Hälfte Deutschlands sowie die osteuropäischen Länder unter sowjetischer Besatzung standen, während in Portugal und Spanien faschistische Regimes an der Macht waren. Frankreich war in permanentem Aufruhr, und es dominierte eine kommunistische Partei, die von mehr als einem Drittel der Wahlberechtigten unterstützt wurde. Europas freier Rest war entscheidend abhängig von der Atlantischen Allianz, und die Spuren der Besatzung und der Niederlage waren – mit Ausnahme Großbritanniens und der Iberischen Halbinsel – überall sichtbar. Es schien so, als könnten nur radikale Maßnahmen die politische und wirtschaftliche Genesung wiederherstellen, und diese Maßnahmen sollten die alten Widersprüche durch den neuen Geist der Freundschaft ersetzen. Im Ergebnis wurde die europäische Integration als ein eindimensionaler Prozess, als ein immer engerer *Zusammenschluss* mit einer zentralistischen Befehlsstruktur konzipiert. Jedem Zuwachs an zentraler Macht entsprach die Verringerung nationaler Macht. Jedes Gipfeltreffen, jede Direktive und jedes Festzurren des *aquis communitaire*, der Gesamtheit des gültigen EU-Rechts in der EU, trägt seither diese Gleichung in sich. Und weil wir einen neuen Wendepunkt in Europa erreicht haben, müssen wir jetzt die Ergebnisse überprüfen.

Wir haben seit jenen Tagen zweifellos viel gewonnen: materiellen Wohlstand, ein längeres Leben, Gesundheit und Sicherheit vor äußeren Bedrohungen. Und diese Vorzüge sind durch die internationalen Institutionen gefördert worden, die in Folge des Zweiten Weltkrieges gegründet wurden – zum Beispiel die UN-Friedensmissionen, die NATO, der wir den Zusammenbruch der Sowjetunion zu verdanken haben, und das Allgemeine Zoll- und Handelsabkommen GATT (inzwischen umgewandelt in die WTO, Welthandelsorganisation). Die europäischen Institutionen haben ebenfalls eine wichtige Rolle gespielt. Indem sie stabile Verbindungen zur Welt hergestellt haben, sicherten sie die Demokratisierung der Länder, die früher unter kommunistischer oder faschistischer Diktatur standen. Und indem sie Frankreich und Deutschland miteinander verbanden, stabilisierten sie die beiden Länder im Inneren wie nach außen hin.

Doch wir müssen auch einsehen, dass sich die Zeiten geändert haben und dass die Instrumente, die geeignet waren, die Probleme von vor 50 Jahren zu lösen, nicht unbedingt geeignet sind, mit den heutigen fertig zu werden. Obwohl das sowjetische Imperium zusammengebrochen ist, hat es politisches Misstrauen und verdeckte Gesetzlosigkeit hinterlassen, die nur durch die Stärkung und nicht durch die Schwächung der nationalen Zugehörigkeit überwunden werden können. Europas schnell abnehmender Anteil am Welthandel und an Reichtum lässt eine Machtverschiebung erkennen, wie wir sie seit Jahrhunderten nicht mehr erlebt haben. Die Massenmigration aus Afrika, Asien und dem Mittleren Osten hat zur Entstehung von potenziell illoyalen, antinationalen Minderheiten im Herzen von Frankreich, Deutschland, den Niederlanden, den skandinavischen Ländern und in Großbritannien geführt. Der christliche Glaube ist aus dem öffentlichen Leben verschwunden und hat ein Vakuum hinterlassen, das durch Nihilismus, Materialismus und dem militanten Islam unwidersprochen ausgefüllt wurde. Die Bevölkerung altert und nimmt ab – außer in Großbritannien, dem Zielland so vieler europäischer Migranten, was dort zu einem tiefgreifenden Konflikt geführt hat. Wenn man diese Übel ansprechen will, die ebenso Kennzeichen der neuen Krise Europas sind, wie die Entstehung des Totalitarismus ein Kennzeichen der früheren europäischen Krise war, dann ist die Betonung von noch mehr »Integration« bestenfalls bedeutungslos, schlimmstenfalls ein fataler Fehler.

Egal welcher radikalen Vision wir für die Zukunft Europas anhängen, ihre Verwirklichung wird von den Nationalstaaten abhängen. Indem sie nationale Verantwortung durch eine entfernte Bürokratie ersetzt hat, hinterließ uns die EU entwaffnet und verwirrt in Anbetracht unserer gegenwärtigen Krise. Ihr immer weitergehender Griff nach Macht und Privilegien ohne im Gegenzug auch nur zu versuchen, ihre Anwendung zu legitimieren, untergräbt jedes Vertrauen in den politischen Prozess. Indem die EU ständig gegen die tief verwurzelte Diversität der europäischen Nationen vorgeht, hat das Projekt des »immer engeren Zusammenschlusses« nicht nur die Bürger von ihr entfremdet, sondern auch ihre Unfähigkeit bewiesen, die wahren Ressourcen und das kreative Potenzial unserer Bürger zu erschließen und die Idee der europäischen Zivilisation wieder zum Leben zu erwecken.

Es stimmt, dass Bismarck die deutschen Fürstentümer vereinigt hat, indem er ein einheitliches Rechtssystem und eine Zentralbürokratie einführte. Und es ist sehr wahrscheinlich, dass Leute wie Jacques Delors, die von einer ähnlichen Vereinigung Europas träumten, von Bismarcks Erfolg inspiriert wurden. Aber Bismarcks Ziel war die Gründung eines Nationalstaates. Er konnte auf eine gemeinsame Sprache, gemeinsame Bräuche und historisch gerechtfertigte Grenzen bauen. Im *Kulturkampf* mit der Katholischen Kirche stellte er klar, dass er transnationale Machtquellen neutralisieren und nicht unterstützen werde. Es ist sicherlich blauäugig, zu glauben, dass dieses Projekt der »Einheit durch Regulierung« auch außerhalb von Bismarcks erklärtem Ziel, der Nationenbildung, gelingen kann. Bismarck hat nicht nur eine einheitliche politische Struktur geschaffen, er schuf auch ein neues Zentrum der Loyalität, eines, das das traditionelle Zugehörigkeitsgefühl der deutschsprachigen Völker zusammenfasste und ihnen eine gemeinsame Identität in der heraufziehenden Industriegesellschaft gab. Die Europäische Union hat zaghafte Versuche unternommen, die Loyalitäten und Identitäten der europäischen Nationen für ihre Zwecke zu enteignen. Doch die Vergeblichkeit der Bemühungen und die Absurdität ihrer Erscheinungsformen haben die europäischen Bürger bloß daran erinnert, dass die von Brüssel verabschiedeten Gesetze von *anderen*, außerhalb der nationalen Loyalität stehenden Strukturen erschaffen wurden.

Die Anhänger der Integration haben versucht, die wachsende Unzufriedenheit unter den Bürgern mit der Doktrin der »Subsidiarität« zu beruhigen. Dieses im Maastrichter Vertrag enthaltene Wort, das angeblich die lokale Souveränität garantieren soll, erhielt seine gegenwärtig übliche Bedeutung 1931 durch eine Enzyklika von Papst Pius XI, in dem er die Dezentralisierung der Macht als einen fundamentalen Teil der kirchlichen Soziallehre beschrieb. Der Definition von Pius XI entsprechend bedeutet »Subsidiarität«, dass Entscheidungen immer auf der niedrigsten Ebene unter der umfassenden Autorität der Regierung gefasst werden. Der Ausdruck wurde vom deutschen Ökonomen Wilhelm Röpke übernommen, der aus Nazi-Deutschland in die Schweiz emigrieren musste und dort fasziniert eine Gesellschaft entdeckte, die sich in so vieler Hinsicht von dem Land unterschied, dem er entflohen war.[80] Er sah, dass die Gesellschaft der Schweiz von unten nach oben organisiert war, und die Probleme auf lokaler Ebene durch jene »kleinen Einheiten« (*little platoons*) gelöst wurden, auf die sich Edmund Burke so leidenschaftlich berufen hatte, als er die von oben nach unten gerichtete Diktatur der Französischen Revolution

80 Wilhelm Röpke, *A Humane Economy: The Social Framework of the Free Market*, London, O. Wolff, 1960.

beklagte. In Röpkes Interpretation bedeutet Subsidiarität das Recht der lokalen Gemeinden, eigene Entscheidungen zu treffen, wozu auch die Entscheidung gehört, die Angelegenheit an ein höheres Forum weiterzureichen. Subsidiarität gebietet der zentralisierenden Macht absoluten Einhalt, indem sie ihr nur dann die Einmischung erlaubt, wenn von unten danach verlangt wird. Auf diesem Wege wird die Marktwirtschaft mit den lokalen Loyalitäten und dem Gemeinsinn versöhnt, die andernfalls verfallen würden.

In der EU, so wie sie heute ist, bedeutet Subsidiarität nicht, dass Macht von unten nach oben weitergegeben werden kann, sondern dass Befugnisse von oben gewährt werden. Die EU und ihre Institutionen entscheiden, wo subsidiäre Befugnisse beginnen und wo sie enden. Wenn mit dem gleichen Wort behauptet wird, Macht zu gewähren und sie wieder zurückzunehmen, verwandelt das Wort »Subsidiarität« die ganze Idee der dezentralen Regierung in ein Mysterium. Nach Ansicht der Eurokraten sind nationale Regierungen nur autonom auf subsidiärer Ebene, und allein die europäischen Institutionen haben das Recht, zu bestimmen, welche Ebene das sein soll. Unter diesen Umständen ist es nicht weiter erstaunlich, dass die Schweizer Bürger, nachdem sie die Auswirkungen dieser Politik beobachtet hatten, unter Missachtung ihrer politischen Klasse hartnäckig abgelehnt haben, sich der EU anzuschließen.

Konservative befürworten die Subsidiarität, meinen mit diesem Ausdruck jedoch dasselbe wie Röpke gemeint hat. Auch Publius (Alexander Hamilton) war dieser Meinung, als er die »föderale« Verfassung der Vereinigten Staaten verteidigte, eine politische Ordnung, in der »Freiheit die Macht garantiert und nicht die Macht die Freiheit«.[81] Wie eine solche Ordnung, wie Verantwortung, Flexibilität und Wettbewerbsfähigkeit in der Europäischen Union wiederhergestellt werden könnten, ist eine schwierige Frage. Doch ich glaube, dass es ohne eine echte Subsidiarität keine Zukunft für die Europäische

81 Anm. der Übersetzerin: Publius war das Pseudonym, unter dem Alexander Hamilton, James Madison und John Jay, gemeinsam einen Artikel in *The Federalist* veröffentlichten. Das Zitat stammt von Alexander Hamilton, Brief 39.

Union gibt. Sie wird unter dem Druck der von oben kommenden Gesetzeslast und den zerstörerischen Wirkungen der Massenmigration zerfallen. Diese Auswirkungen haben bereits zur machtvollen Austrittsbewegung in Großbritannien geführt.

Die Krise, auf die die europäischen Institutionen eine erste Antwort sein sollten, war vor allem das Ergebnis eines zentralisierten und diktatorischen Politikansatzes, beispielhaft vorgeführt durch die Kriegstreiberei der Nazi-Partei, durch die von den kommunistischen Parteien ausgeübte totalitäre Kontrolle und den faschistischen Zugriff auf Italien und Spanien. Die Europäische Union hatte einen positiven Anfang und noble Ziele, die mit diesen verschwundenen Programmen nicht verglichen werden können. Doch der gleiche diktatorische Ansatz ist in den europäischen Prozess eingebaut worden, die als einzige Richtung nur jene nach vorn kennt: noch mehr Gesetze, noch mehr Regeln, noch mehr Regierung und mehr Macht im Zentrum. Die Gefahren, die diese Machtkonzentration mit sich bringt, sind nicht aggressiv, militärisch oder totalitär. Sie sind raffiniert und heimtückisch: Es sind Gefahren wie die Entfremdung der Bürger, der Verlust der Wettbewerbsfähigkeit und die Beherrschung der Entscheidungen durch eine immer weniger verantwortliche Elite.

Die nationale Souveränität ist die Voraussetzung der Demokratie. Und die nationale Souveränität beinhaltet auch das Recht zu entscheiden, wer sich innerhalb der nationalen Grenzen niederlassen darf, wer das Nationalvermögen kontrolliert und wer die Vorteile der Staatsbürgerschaft genießen darf. Alle Verhandlungen beginnen mit der Existenz eines »Wir«, und es sind seine Interessen, dem die Verhandlungen dienen. Abkommen zwischen souveränen Staaten beinhalten den Verlust der Autonomie ebenso wenig, wie ein Vertrag zwischen zwei Individuen den Verlust der Freiheit beinhaltet. Im Gegenteil: Sowohl Abkommen als auch Verträge sind Ausdruck von Souveränität, und das Axiom, *pacta sunt servanda* (Verträge sind einzuhalten) ist wie Kants kategorischer Imperativ ein Gesetz, das die Freiheit derer zum Ausdruck bringt, die durch ihn gebunden sind.

Dir Römischen Verträge könnten, wenn sie denn in jenem Geiste interpretiert würden, in dem sie damals unterzeichnet wurden, immer noch als der bewusste Ausdruck der Souveränität der Unterzeichner gelten. Denn wenn individuelle Autonomie eine Voraussetzung des freien Marktes ist, so ist nationale Souveränität die Voraussetzung des freien Handels. Die heutige Interpretation jedoch geht weit über jede konventionelle Interpretation der Funktionsweise von Verträgen hinaus und ist zu einem unwiderruflichen Verzicht geworden, einer Ehe viel ähnlicher als einem Vertrag. Wenn Regulierungen bis ins Herz der wirtschaftlichen Wettbewerber vordringen und die Gepflogenheiten auslöschen können, die die Individuen ausmachen, dann findet kein freier Handel zwischen souveränen Nationen statt, sondern die Aufhebung der Nationen – und damit auch des Handels zwischen ihnen. Vielleicht war es das, was Jean Monnet vorhatte. Aber so ist das europäische Projekt damals den Menschen nicht verkauft worden. Die Globalisierung hat den Sinn der Völker für die Nation nicht schwinden lassen: Im Angesicht ihrer Auswirkungen haben die Bürger die Nation zum wichtigsten Gefäß ihres Vertrauens erwählt und sehen sie als ein unverzichtbares Instrument an, um den neuen Zustand der Welt zu verstehen und sich in ihr zurechtzufinden.

Mit Hilfe der gesetzgeberischen Maschinerie der Europäischen Union kann ein Land, dessen Wirtschaft durch EU-Gesetze ruiniert wurde, die die Arbeitszeiten und -bedingungen regulieren, die dadurch entstehenden Kosten ihren Mitbewerbern aufbürden. Oder ein Land kann Lobbyarbeit für Regulierungen machen, die die eigenen Finanzinstitute anderen gegenüber bevorzugen. Solche Dinge geschehen in der Europäischen Union ununterbrochen, so, dass es nicht mehr feststellbar ist, ob der Handel unter den europäischen Nationalstaaten durch das regulative Regime gefördert oder nicht vielmehr behindert wird. Was auf jeden Fall klar ist, dass das europäische Wirtschaftsleben zunehmend vom Zentrum aus kontrolliert wird. Dieser Prozess schädigt die echten Interessen aller europäischen Völker, indem er Europa im Weltmaßstab immer weniger wettbewerbsfähig macht.

Wie also sollte der Handel unter den europäischen Nationalstaaten organisiert werden, und was für eine Rechtsordnung könnte die nationale Souveränität mit dem freien Fluss von Gütern und Dienstleistungen versöhnen und die gutnachbarlichen Beziehungen, die Europa braucht, fördern? Durch Regulierungen allein kann man die verschiedenen Interessen und Identitäten auf dem Kontinent nicht miteinander versöhnen, und wir sollten es auch nicht versuchen. Wenn sich Nationen einigen, die gegenseitigen Handelsbarrieren abzubauen, dann geben sie nur jene Befugnisse auf, denen die zukünftigen Handelspartner widersprechen könnten: zum Beispiel die Befugnis, Zölle und andere Barrieren zu ändern, oder sich in Fusionen und in den Wettbewerb einzumischen. Wenn die Partner darauf bestehen, ihre eigenen Gesetze für Arbeitszeiten, Renten, Arbeitnehmerrechte, für religiöse Feiertage oder was auch immer zu verabschieden, dann ist das ihr gutes Recht, weil sie souveräne Einheiten sind. Verhandlungen ohne Schutzmaßnahmen für die Güter, die deshalb abgeschirmt werden, weil sie dafür, *wer wir sind*, von fundamentaler Wichtigkeit sind, bedeutet die Abschaffung dessen, was freie Verhandlungen überhaupt erst möglich macht – nämlich die Autonomie der Verhandlungspartner. Diese elementare Wahrheit, die mehr als eine rein logische Wahrheit ist, verträgt sich problemlos mit europaweiten Freihandelsabkommen und einem europäischen Gerichtshof, der ermächtigt ist, über Vertragsstreitigkeiten zu entscheiden. Aber sie verträgt sich nicht mit der gesetzgeberischen Maschinerie, wie sie von der Europäischen Kommission erschaffen wurde, nicht mit der erzwungenen Auflösung der nationalen Landesgrenzen und auch nicht mit der Entstehung einer nicht-verantwortlichen Regierung, die mit der Elite von ausgemusterten Politikern besetzt ist.

Was jeden umtreibt, ist die Frage, wie ein so großer Fehler korrigiert werden kann. Der schlimmste aller Fehler in der Politik ist der, den Lenin machte: jene Institutionen und Abläufe zu zerstören, durch die Fehler identifiziert werden können. In der Europäischen Union geschieht etwas Ähnliches: Konfrontiert mit den immer größer werdenden Problemen wie der Unzufriedenheit der Bevölkerung, der Massenmigration, der in Schwierigkeiten steckenden Gemeinschaftswährung und dem Zusammenbruch der Wirtschaften an den Rändern der Gemeinschaft, antwortet die Elite mit einem einzigen Aufschrei: Noch mehr Europa! Mit anderen Worten: Nicht zurück zu dem, was wir kennen, nur vorwärts ins Unbekannte. Es ist erstaunlich, dass unsere gewählten Vertreter bis fünf vor zwölf gewartet haben, um das zu sagen, was sie vor 30 Jahren hätten sagen sollen – nämlich, dass wir weniger und nicht mehr Europa brauchen.

Stellen wir uns vor, die europäischen Nationen wären dennoch imstande, ihre nationale Souveränität zurückzuerlangen. Wie sollten sie ihre Beziehungen untereinander und zu den freien Demokratien in der ganzen Welt im Allgemeinen gestalten? Zwei miteinander rivalisierende Ansichten kämpfen zurzeit um Einfluss unter unseren politischen Eliten: die »nationale« und die »transnationale«. Der nationalen Auffassung nach ist es die Aufgabe der Politik, Gesetzlichkeit, Ordnung, Frieden, Freiheit und Sicherheit innerhalb der Grenzen des souveränen Staates aufrechtzuerhalten. Der nationalen Ansicht nach führt der Weg zur Erhaltung des Friedens über die Aufrechterhaltung der nationalen Souveränität in allen Bereichen, in denen sie gefährdet sein könnte, und über die Erhaltung des Machtgleichgewichts unter den Nachbarn. Bedrohliches Verhalten eines fremden Staates muss mit einer Gegenbedrohung beantwortet werden, die ausreicht, um die Aggression abzuwehren. Und wo immer es nur möglich ist, muss das Machtgleichgewicht durch Nichtangriffspakte und Abkommen zur Wahrung gemeinsamer Interessen untermauert werden – vorausgesetzt, solche Abkommen schwächen und unterminieren nicht die nationale Souveränität. Der Erste Weltkrieg mit seinen sinnlosen Metzeleien und unerreichbaren Zielsetzungen hat in den Augen vieler die Konfliktlösung mittels Machtgleichgewichts diskreditiert. Der Völkerbund ist mit dem ausdrücklichen Ziel gegründet worden, die nationale Sicht mit der transnationalen Alternative zu versöhnen.

Der transnationalen Auffassung nach kann die Kriegslüsternheit unter souveränen Staaten nicht durch die Androhung von Gewalt, sondern nur durch die Herrschaft des Rechts verhindert werden.

Auseinandersetzungen unter Staaten sollten genauso gelöst werden wie unter einzelnen Bürgern – nämlich durch die Anwendung des Rechts und die Verhängung eines Urteils. Dieses Vorgehen braucht eine transnationale Regierung mit gesetzgeberischen und die Einhaltung der Gesetze erzwingenden Institutionen. Um dieses Konzept zu begründen, wird meistens Kant zitiert. Im Völkerbund, den Kant vorgeschlagen hatte, würden sich souveräne Staaten einer gemeinsamen Jurisdiktion unterwerfen, und Sanktionen würden die Einhaltung der Gesetze erzwingen.

Woran Kant dachte, war allerdings sehr weit von dem entfernt, was man sich heute als transnationale Regierung vorstellt. Er war fest davon überzeugt, dass es keine Garantie für den Frieden geben könne, solange nicht alle Mächte, die sich einem Vertrag anschließen, Republiken sind. Kant definierte eine republikanische Regierung sowohl in diesem Werk, als auch in allen seinen anderen politischen Schriften als eine repräsentative Regierung unter der Herrschaft des Rechts. Seine Vorstellung vom Völkerbund war, dass dieser selbstverwaltete und souveräne Nationen verbindet, in denen die Menschen Rechte und Pflichten von Staatsbürgern besitzen. Kant war folgender Ansicht: »Die Idee des Völkerrechts setzt die Absonderung vieler von einander unabhängiger benachbarter Staaten voraus (...)« und in diesem Falle könnte »eine föderative Vereinigung derselben dem Ausbruch der Feindseligkeiten« vorbeugen. Und dann fügt er eine prinzipielle Kritik transnationaler Regierungen hinzu: »(...) weil die Gesetze mit dem vergrößerten Umfange der Regierung immer mehr an ihrem Nachdruck einbüßen, und ein seelenloser Despotism, nachdem er die Keime des Guten ausgerottet hat, zuletzt doch in Anarchie verfällt.«[82]

Es sieht also so aus, dass heutige transnationale Regierungen nur teilweise dem ähneln, was Kant angestrebt hatte. Sein Völkerbund könnte nur verwirklicht werden, dachte er, wenn sich nur Staaten

82 Immanuel Kant, *Zum ewigen Frieden und andere Schriften*, Frankfurt, Fischer Taschenbuch Verlag, 2015, S. 179 ff.

zusammenschließen würden, die wahrhafte Souveränität, eine wahrhafte Volksvertretung und wahrhafte Rechtsstaatlichkeit besäßen. Das trifft heute für viele Mitglieder der Vereinten Nationen definitiv nicht zu und ist ganz bestimmt nicht der Fall bei solchen Staaten wie Nordkorea, die die größten Gefahren für ihre unmittelbaren Nachbarn bedeuten. Solche Staaten sind keine echten souveränen Körperschaften, sondern vielmehr Armeen von Zwangsrekrutierten unter der Macht von Verbrechern.[83] Diese Verbrecher üben die Macht weder durch eine repräsentative Regierung und noch weniger durch das Recht aus, sondern durch die Maschinerie der Einparteiendiktatur, ergänzt durch Mafia-Klientelismus und Familienbeziehungen. Die Befürworter des Kantschen Internationalismus sind deshalb in einem Dilemma gefangen. Wenn Recht imstande sein soll, Konflikte zu lösen, müssen alle beteiligten Parteien rechtstreue Mitglieder der Nationengemeinschaft sein. Wie sollen wir also mit Schurkenstaaten verfahren? Sind wir berechtigt, ihre Herrscher abzusetzen, um Untertanen in Bürger, Herrscher in Volksvertreter und Macht in Gesetz zu verwandeln? Und wenn nicht, sollen wir uns dann *wirklich* durch die Gesetze und Verträge binden lassen, während der Schurkenstaat nur so tut, als wäre er gebunden? Und wenn es so ist, welche Garantie gibt es dann dafür, dass die Gesetze und Verträge tatsächlich den »ewigen Frieden« herbeiführen werden?

Trotz der Einwände Kants behaupten Befürworter der transnationalen Idee beharrlich, dass alle Konflikte zwischen Staaten dem internationalen Recht unterliegen sollten, und dass Kriegsführung so lange nicht gerechtfertigt ist, wie nicht alle rechtlichen Möglichkeiten erkundet und ausgeschöpft wurden. Diese Position wird auch dann noch aufrechterhalten, wenn eine der Konfliktparteien eine durch und durch despotische und totalitäre Macht ist, die durch Gewalt und nicht durch das Recht regiert. Weil, so wird weiter behauptet, eine sol-

83 Christopher Hitchens argumentiert glaubhaft, dass es sich im Falle von Nordkorea nicht um eine Armee von Wehrpflichtigen, sondern um ein Konzentrationslager in den Händen einer Familie von Irren handele. Siehe Christopher Hitchens, *Arguably*, London, Atlantic Books, 2011, S. 553–558.

che Macht durch Sanktionen dazu gezwungen werden könne, seinen dem internationalen Recht unterliegenden Verpflichtungen nachzukommen, und Sanktionen seien schließlich keine Kriegsführung, da sie die Souveränität und die Unabhängigkeit des Staates gegen den sie verhängt wurden, respektieren.

Sanktionen tun der Bevölkerung eines Staates zweifellos weh. Der Mangel an lebenswichtigen Gütern, der Zusammenbruch der export- und importabhängigen Wirtschaftszweige, die allgemeine Unterminierung der sozialen Beziehungen durch den Schwarzmarkt tragen dazu bei, dass Armut und Misstrauen unter der Bevölkerung zunehmen und sogar zu Hungersnöten führen – wie im Falle von Saddam Husseins Irak behauptet wurde. Sanktionen können jedoch die Macht der herrschenden Elite aus dem gleichen Grund ebenso verstärken wie schwächen. Die Kim-Familie hat in großem Maße von dem Hunger profitiert, den sie über die Bevölkerung Nordkoreas gebracht hatte, und die Zusammenarbeit der internationalen Gemeinschaft mit ihr garantiert weiterhin, dass die Lage der Bevölkerung hoffnungslos bleibt, was ein weiteres Geschenk an die herrschenden Tyrannen ist. Die Entbehrungen, die die Nordkoreaner erdulden müssen, bedeuten, dass sie weder die Kraft, noch das gegenseitige Vertrauen haben, ihre Unterdrücker herauszufordern. Das Gleiche galt für Saddams Irak. Noch schlimmer, die zur Baath-Partei gehörenden Verbrecher im Umkreis von Saddam bereicherten sich durch den Schmuggel und den Schwarzmarkt, genauso wie seinerzeit die Parteielite in Sowjetrussland sich am Elend der sowjetischen Bevölkerung bereichert hatte. Sanktionen stützen die auf der Entbehrung beruhende Macht und können nur dann eine Tyrannei unterminieren, wenn diese in irgendeiner Weise vom Wohlergehen seiner Untertanen abhängig ist.

Darüber hinaus stellt die den internationalen Bürokratien inhärente Korruption sicher, dass die UN eher dem Entrinnen vor dem Gesetz dient, statt ein Instrument für dessen Durchsetzung zu sein. Wie es aussieht, konnte Saddam den massiven Geldfluss aus dem Programm »Öl für Lebensmittel« nicht nur dafür nutzen, sich selbst und seine Kumpane zu bereichern, sondern auch seine ausländischen Förderer daran teilhaben zu lassen, ohne dass das Schicksal der armen Iraker, die ja die Begünstigten des Deals sein sollten, in irgendeiner Weise zu verbessern. Tatsächlich war es für die irakische Elite einfacher, sich am durch Sanktionen eingeschränkten Ölverkauf zu bereichern, als durch den Verkauf auf den offenen Märkten in Friedenszeiten.[84]

Dies sind allerdings nicht die einzigen negativen Auswirkungen von Sanktionen. Indem sie helfen, die Fiktion eines »legalen« Weges zum Ziel aufrechtzuerhalten, schieben sie die Gewaltanwendung auf, die tatsächlich notwendig wäre, um es zu erreichen. Natürlich erkennt das internationale Recht die Legitimität der Gewaltanwendung an, insbesondere um gegen Aggressionen vorzugehen und Invasionen zu verhindern. Aber es setzt der Gewaltanwendung stets enge Grenzen, indem sie sie als letztes Mittel erachtet, um Gewalt durch andere abzuwenden. Deshalb bekamen die Vereinigten Staaten die Zustimmung der UN für den ersten Golfkrieg, aufgrund der Annahme, dass sein Ziel die Vertreibung der Invasoren aus Kuweit war. Doch alle weiteren Aktionen wie die Invasion des Irak und der Sturz von Saddam Hussein waren illegal. Die Vereinigten Staaten respektierten das Gesetz, womit sie die Umstände schufen, unter denen Saddam seine Macht erneut festigen und jene bestrafen konnte, die – wie die Bewohner von Basra – kurzfristig verleitet wurden zu glauben, dass die Zeit der Tyrannei vorbei sei. Auch in diesem Falle hat das internationale Recht die Lösung des Konflikts hinausgezögert, und indem es den Marsch auf Bagdad verhindert hatte, sorgte es dafür, dass der Marsch unter viel ungünstigeren Umständen stattfand, wodurch die Chancen, den Verlust von Menschenleben zu minimieren und die Zustimmung des irakischen Volkes zu gewinnen, viel geringer geworden waren.

Kants Schrift *Zum ewigen Frieden* schlug eine internationale Jurisdiktion mit einem einzigen Ziel vor, nämlich die Sicherung des Friedens zwischen benachbarten Jurisdiktionen. Der Völkerbund brach

84 Bericht an den Kongress von Claude Hankes-Drielsma, 21. April 2004.

zusammen, weil die Voraussetzungen nicht erfüllt waren, nämlich, dass seine Mitglieder Republiken sein sollten, die durch Bürgerrechte und Rechtsstaatlichkeit miteinander verbunden sind. (Der Aufstieg des Totalitarismus in Russland und Deutschland bedeutete die Aufhebung der Bürgerrechte in diesen Ländern, und genau diese beiden Länder waren die Aggressoren im Zweiten Weltkrieg.) Die Verteidiger des transnationalen Regierens ignorierten fröhlich die Voraussetzungen Kants. Noch schlimmer war, dass sie Kants Einschränkungen für die internationale Rechtsprechung auf das einzige Ziel, nämlich den Frieden, ignorierten. Unsere nationalen Rechtswesen werden heute mit Gesetzen von außen bombardiert, obwohl keines dieser Gesetze etwas mit der Kriegsvermeidung zu tun hat. Wir, die Bürger, sind machtlos und müssen gehorchen, und sie, die Gesetzgeber, sind nicht verantwortlich. Kant hatte genau das befürchtet: dass dieser Weg zuverlässig zuerst zum Despotismus und dann in die Anarchie führt. Die Erstarkung der transnationalen Sicht hat die Hände der gesetzestreuen Demokratien gebunden und nicht die der Schurkenstaaten, deren Hände man zwar versuchen kann, durch Gesetze zu binden, ohne damit jedoch Erfolg zu haben. Wir, die wir uns an Verträge halten, sind dazu verdammt, ihre Vorteile zu verlieren.

Eine Instanz muss gesondert erwähnt werden, denn sie hat einen bedeutenden Beitrag zum Verlust der Sicherheit in Europa geleistet. Die Genfer Flüchtlingskonvention wurde 1951 ratifiziert, als es in Europa nur sehr wenige unversorgte Flüchtlinge und kaum Asylanträge gab. Diese Tatsache bedeutete, dass es nicht viel kostete, das Abkommen zu ratifizieren. Seither bindet es die Gesetzgebung der Nationalstaaten, obwohl sich die Umstände inzwischen radikal geändert haben. Das Abkommen bietet Diktatoren die Möglichkeit, ihre Gegner zu exportieren, ohne dass sie als Mörder bezeichnet werden müssten. Alle Kosten des Abkommens müssen jedoch die gesetzestreuen Staaten tragen. Eine unbequeme Stille herrscht in dieser Sache, obwohl es sich dabei um eines der wichtigsten Probleme des modernen Europa handelt.

Viele jener, die Asyl beantragen, bringen den islamistischen Wahnsinn aus den Fluchtländern mit. Manche beanspruchen die Vorteile der Staatsbürgerschaft für sich und klagen sie sogar als »Menschenrechte« ein, ohne irgendwelche Pflichten dem Staat gegenüber anzuerkennen. Es gibt heutzutage britische Staatsbürger, die den Dschihad gegen das britische Volk führen.[85] Für sie ist Anklage, sie seien Verräter, ebenso unverständlich wie etwa die Behauptung, man könne den Mond verraten. Sollten wir uns mit diesem Problem nicht lieber mit Blick auf unsere nationalen Interessen befassen, als vor einem Vertrag zu kapitulieren, der unterzeichnet wurde, bevor die meisten von uns überhaupt geboren wurden?

Internationalisten neigen dazu, kosmopolitisch zu sein, sich als »Weltbürger« zu bezeichnen und die alten nationalen Loyalitäten, die sie an eine bestimmte Nation, ein bestimmtes Land und ein bestimmtes Rechtssystem binden, bewusst zurückzuweisen. Doch wahrscheinlich dient die nationale Sicht viel mehr der nationalen Sicherheit und auch der Weltordnung als eine Philosophie, die alle Menschen überall nach dem Vorbild eines in seinem Sessel ruhenden Liberalen formen möchte. Der kriegerische Nationalismus zur Durchsetzung nationaler »Rechte« gegen Nachbarn war tatsächlich eine destruktive Kraft in der europäischen Politik, wie ich in Kapitel 3 gezeigt habe. Doch Nationalstaaten, in denen die verfassungsmäßigen und demokratischen Prozesse auf dem nationalen Zugehörigkeitsgefühl beruhen, waren alles in allem friedfertige Mitglieder der internationalen Gemeinschaft. Obwohl die Grenze zwischen Kanada und den Vereinigten Staaten länger als ein Jahrhundert umstritten war, war es ausgeschlossen, dass dieser Streit zu einem Krieg führen könnte. Die nationale Sicht fördert die realistische Einschätzung der Sympathien, Finanzen, Energien und Denkweisen menschlicher

85 Der Fall von Al-Muhajiroun ist mittlerweile hinreichend bekannt. Siehe John Marks und Caroline Cox, *The »West«, Islam and Islamism*, London, Civitas, 2003, und mein Buch *The West and the Rest*, Wilmington DE, ISI Books, 2002. Dies ist nur ein Fall unter vielen, der zeigt, was geschieht, wenn Staatsbürgerschaft von der nationalen Idee getrennt wird. Die Staatsbürgerschaft wird gekauft und verkauft wie ein gefälschter Pass, und wir werden so zu einer Steuer auf die Loyalität anderer.

Wesen. Sie geht davon aus, dass die Bevölkerung der betreffenden Nation aus Bürgern besteht, deren Einverständnis für jedwede kriegerische Aktion gewonnen werden muss, und die in der Regel Verhandlungen und Kompromisse der Kompromisslosigkeit des Krieges vorziehen.

Wenn sich Demokratien gegen die ihnen drohenden wachsenden Gefahren verteidigen wollen, ist es deshalb wie eh und je notwendig, der nationalen statt der internationalistischen Perspektive zu folgen. Globalisierung, problemloses Reisen und die Beseitigung der Migrationshindernisse haben die Natur der Bedrohung verändert. Aber die Antwort darauf hat sich nicht geändert, sie lautet – wie Clausewitz uns gelehrt hat –, dass man den Feind entwaffnen muss, um ihm unseren Willen aufzuzwingen. Der Feind verbirgt sich heute hinter globalen Netzwerken. Doch dies macht die internationale Vorgehensweise nicht mehr, sondern weniger nützlich. Feinde kann man nur bekämpfen, wenn man sie auf den Boden der Tatsachen zurückgeholt hat. Und das bedeutet, dass sie *irgendwo* auf den Boden der Tatsachen gebracht werden müssen, wie es die Amerikaner mit Al Kaida in Afghanistan getan haben. Die Globalisierung mag es erschwert haben, uns gegen terroristische Anschläge zu wehren, aber wir verteidigen deshalb immer noch unser Territorium, den Ort, wo wir sind, indem wir unsere Feinde dort verfolgen, *wo sie sind.*

Diese Bemerkung erinnert uns an einen anderen, und – meiner Meinung nach –entscheidenden Punkt, der für die nationale Herangehensweise an Konflikte spricht. Die 44 Jahre währende Besetzung Osteuropas durch die Sowjetunion wurde durch den Internationalismus des Marxismus-Leninismus gerechtfertigt. Die antinationale Vision der Islamisten ermutigt ehrgeizige Mujaheddin, sich jenen anzuschließen, die die ganze Welt unter islamische Herrschaft zwingen wollen, unabhängig davon, ob die lokale Bevölkerung dies wünscht. Im Gegensatz dazu haben die Mächte, die in einen Krieg eintreten, um das nationale Territorium zu schützen, nur ein Ziel, nämlich sich aus dem Konflikt zurückzuziehen, sobald die Schlacht gewonnen ist. Mächte, die so vorgehen, haben verstanden, dass die Ära der Weltreiche vorbei ist, und dass Konflikte nur aufhören werden, wenn Nationen, die dem Willen ihrer Bürger gehorchen, sich auf Bedingungen einigen, unter denen sie koexistieren können. Konservative wünschen sich, dass sich die Welt in diese Richtung entwickeln möge, und eine der bedeutendsten Hindernisse auf diesem Wege ist der internationalistische Wunsch, alle Grenzen aufzulösen, um die Welt aus dem Nirgendwo zu regieren.

10. Die Wahrheit im Konservativismus

Konservative sind nicht daran interessiert, die menschliche Natur zu verbessern oder sie nach irgendeinem Konzept zu formen, damit der Mensch zu einem idealen, rational entscheidenden Wesen werde. Sie versuchen vielmehr zu verstehen, wie Gesellschaften funktionieren und wie der Raum geschaffen werden kann, damit sie erfolgreich funktionieren können. Der Ausgangspunkt des Konservativismus ist die Tiefenpsychologie des Menschen. Seine grundlegende Philosophie ist durch niemand besser erfasst worden als durch Hegel in der *Phänomenologie des Geistes.* Dort zeigt er, wie Selbstbewusstsein und Freiheit entstehen durch das Wagnis des Selbst, aus sich herauszutreten und auf den anderen zuzugehen; wie von Konflikt und Beherrschung gekennzeichnete Beziehungen durch die gegenseitige Anerkennung von Rechten und Pflichten überwunden werden können und wie im Laufe dessen das Individuum nicht nur Handlungsfreiheit gewinnt, sondern auch einen Sinn für die Werte seiner selbst und der anderen. Der Prozess, wodurch menschliche Wesen ihre Freiheit erlangen, lässt auch ihre Bindungen entstehen, und daran sind die Institutionen des Rechts, der Bildung und der Politik beteiligt – Dinge, die wir nicht von einer distanzierten Position aus frei wählen, sondern durch die wir unsere Freiheit *erlangen,* und ohne die wir nicht als vollkommen selbstbewusste Akteure existieren können.

Ich überlasse es dem interessierten Leser, Hegels Argumente im Detail zu entschlüsseln.[86] Was sie vor Augen führen, ist das Bild

86 Ich biete dazu allerdings eine kleine Hilfe an in: »Hegel as a Conservative Thinker«, in *Philosopher on Dover Beach,* South Bend IN, St. Augustine's Press, 1998.

menschlicher Wesen, die sich aufeinander verlassen können, in Vereinigungen der gegenseitigen Verantwortlichkeit gebunden sind und die Erfüllung in ihren Familien und dem Leben in der bürgerlichen Gesellschaft finden. Unsere Existenz als Bürger, die sich frei am Leben der *polis* beteiligen, ist möglich geworden durch die dauerhaften Bindungen an die Güter, die wir für wertvoll halten. Wir existieren nicht im Zustand des *homo oeconomicus*, der nur danach strebt, seine privaten Wünsche zu erfüllen. Wir sind Wesen, die ein Heim bauen, die bei der Suche nach intrinsischen Werten zusammenarbeiten, und was uns wichtig ist, sind die Ziele, nicht die Mittel unserer Existenz.

Zusammenschluss und Diskriminierung

Die Wahrheit im Konservativismus liegt in diesen Gedanken. Wir brauchen freie Zusammenschlüsse nicht nur, weil »kein Mensch eine Insel ist«, sondern weil intrinsische Werte durch gesellschaftliche Zusammenarbeit entstehen. Sie werden nicht durch eine außenstehende Autorität erzwungen oder durch Angst anerzogen. Sie wachsen von unten durch Liebe, Respekt und Verantwortung. Die irrige Vorstellung, dass wir eine Gesellschaft planen könnten, in der Erfüllung fertig bereitgestellt und an jedermann durch eine wohlwollende Bürokratie verteilt wird, brauche ich hier nicht erneut zu kritisieren.[87] Der entscheidende Punkt ist, dass alles, was wichtig ist, durch unsere eigenen Anstrengungen, während wir es erschaffen, entsteht und nur selten von oben kommt – mit Ausnahme jener Notfälle, in denen von oben kommende Befehle unerlässlich sind.

Aus dem Rohstoff menschlicher Zuneigung bauen wir beständige Gemeinschaften mit ihren Regeln, Ämtern, Zeremonien und Hierarchien, die unseren Aktivitäten einen intrinsischen Wert verleihen.

87 Siehe «*The Planning Fallacy*«, in Roger Scruton, *The Uses of Pessimism*, London, Atlantic Books und New York, Oxford University Press, 2010.

Schulen, Kirchen, Büchereien; Chöre, Orchester, Bands, Theatergruppen; Kricket-Klubs, Fußballmannschaften, Schachturniere; die Historische Gesellschaft, die Frauenvereine, das Museum, die Jagd, der Angelklub – Menschen tun sich auf tausenderlei Weise nicht nur in Freundeskreisen, sondern auch in formellen Gemeinschaften zusammen. Sie akzeptieren und befolgen bereitwillig die Regeln und Prozeduren, die ihr Verhalten bestimmen, und sie übernehmen Verantwortung dafür, dass alles seine Richtigkeit hat. Diese Gemeinschaften sind nicht nur Quellen der Freude, sondern auch des Stolzes: Sie erschaffen Hierarchien, Ämter und Regeln, denen sich die Menschen freiwillig unterwerfen, weil sie deren Sinn erkennen. Auch werden sie mit Argwohn von jenen verfolgt, die glauben, dass die bürgerliche Gesellschaft von denen geleitet werden sollte, die es besser wissen.

Als die kommunistischen Parteien in Osteuropa die Macht übernommen hatten, war das Erste, was sie taten, die gesellschaftlichen Zusammenschlüsse zu zerstören, die sie nicht kontrollieren konnten.[88] János Kádár, Innenminister unter dem Rákosi-Regime in Ungarn, ließ 5000 solcher Gemeinschaften nur innerhalb eines Jahres auflösen: Blasorchester, Chöre, Theatergruppen, die Organisation der Pfadfinder, Lesezirkel, Wandervereine, private Schulen, kirchliche Institutionen, Wohltätigkeitsvereine zur Unterstützung der Armen, Diskussionszirkel, Bibliotheken, Winzervereine, Jagd- und Fischereivereine. Unter der Herrschaft der Kommunisten war jedwede private Wohltätigkeit illegal, die Konten der Vereine wurden durch die Partei konfisziert. Das Ausmaß dieses Übels ist im Westen kaum bekannt, und auch über seine Bedeutung ist selten nachgedacht worden. Sobald gesellschaftliche Zusammenschlüsse vom großen Fortschrittsprojekt absorbiert werden, sobald die Zukunft zum Herrscher über Gegenwart und Vergangenheit erklärt wird, sobald das große Ziel bestimmt ist, zu dem der Staat oder die Partei alle Bürger führt, wird alles zum

88 Siehe Anne Applebaum, *Iron Courtain*, New York, Doubleday and London, Allen Lane, 2012.

Mittel reduziert und der Zweck des menschlichen Lebens weicht zurück ins Private und in die Dunkelheit.

Natürlich ist es in allen Systemen notwendig, dass die Regierung Zusammenschlüssen Grenzen setzt. Verschwörungen und subversive Organisationen entstehen spontan selbst in den gutartigsten Gesellschaften, und alle politischen Ordnungen haben gute Gründe, sie zu unterdrücken. Darüber hinaus gibt es Zusammenschlüsse, die kriminelle, unmoralische oder gesellschaftlich destruktive Zielsetzungen verfolgen, und der Staat muss für sich das Recht in Anspruch nehmen, sie zu kontrollieren oder zu verbieten. Doch in der Regel sind es nicht diese Art von Zusammenschlüssen, die heute in unseren Gesellschaften umstritten sind. Wenn sich Menschen frei zusammenschließen können, erschaffen sie langlebige Institutionen außerhalb der staatlichen Kontrolle. Diese Institutionen können ihren Mitgliedern Vorteile gewähren, in Form von Wissen, Fertigkeiten, Netzwerken des Vertrauens und der Kulanz. Sie werden die Differenzierung innerhalb der Gesellschaft verstärken, da sie diese Vorteile selektiv gewähren. Es gehört zu den Gesetzen von Zusammenschlüssen, dass Einschließen zugleich Ausschließen bedeutet, und Ausschluss kann schmerzen.

Tatsächlich zeigt sich die Spannung zwischen Freiheit und Gleichheit nirgendwo eindringlicher als in diesem Falle. Die Freiheit, sich zusammenzuschließen, führt naturgemäß zu Diskriminierung, und die Forderung nach Nicht-Diskriminierung führt naturgemäß zur Kontrolle von oben. Wie finden wir einen akzeptablen Mittelweg, und wem verleihen wir das Recht, uns etwas zu verbieten? Die Libertären sagen uns, dass niemand das Recht habe, eine Kontrolle dieser Art auszuüben, und dass dieses Recht immer in die falschen Hände geraten werde – in die Hände jener, die uns beaufsichtigen und in Richtungen treiben wollen, in die wir am wenigsten zu gehen vorhaben. Da ist etwas dran – aber es ist nicht die ganze Wahrheit. Denn wir wissen, dass unsere Freiheiten in dem Maße abnehmen, wie Mitbürger von ihrer Ausübung ausgeschlossen werden. Die Privilegien der gesellschaftlichen Mitgliedschaft sollten Menschen nicht aus Gründen – wie Rasse oder Klasse – vorenthalten werden, die vom Gesichtspunkt ihrer Ausübung irrelevant sind. Deshalb werden die meisten von uns akzeptieren, dass dort, wo Diskriminierung eine unzumutbare Strafe ist, wie zum Beispiel bei Arbeitsverträgen, Zulassung zu Schulen und Universitäten, es zur wahren bürgerlichen Freiheit gehört, solche spaltenden Formen der Diskriminierung zu verbieten.

Es bleibt noch die Frage, in welchem Maße Zusammenschlüsse dieser Art von Kontrolle unterworfen werden sollen. Die amerikanische Bürgerrechtsbewegung beendete die Rassendiskriminierung in Amerika, und anständige Menschen werden dieses Ergebnis begrüßen. Doch die gleichen Leute werden weniger erfreut sein, zu erfahren, dass die Katholische Kirche in Europa keine Adoptionsstellen zur Vermittlung von Kindern in ihrer Obhut betreiben darf, weil ihre Haltung homosexuellen Paaren gegenüber die europäischen Gesetze gegen Diskriminierung verletzen. Sie könnten auch besorgt sein, weil ähnliche Bestimmungen sowohl in Europa als auch in Amerika die Aktivitäten der Pfadfinder und der kirchlichen Jugendorganisationen ebenfalls zu beeinflussen beginnen.[89] Sollen wir diese Vorgänge als den Preis für echte Gleichheit einfach akzeptieren? Oder sollen wir lieber an der Freiheit festhalten, Zusammenschlüsse zu bilden, wie wir wollen und wie es uns unser Gewissen gebietet?

Das Problem wird gut illustriert durch die Geschichte der nur Männern vorbehaltenen Klubs in Amerika. Männer brauchen »Männerfreundschaften«, die es ihnen ermöglichen, Geschäfte abzuschließen, friedlich miteinander zu konkurrieren, Netzwerke für Unternehmungen und Risiken zu bilden, um ihrem Leben einen Sinn zu geben und ihren Kampfinstinkt zu entschärfen. Deshalb gründen sie Klubs, in denen sie abends bei Speis und Trank mitunter anzüglichen

89 Siehe den komplexen und interessanten Fall von Craddle of Liberty Council v. City of Philadelphia, 2008, wo es darum ging, dass die Stadt Philadelphia den Scouts das ihnen von der Stadt zur Verfügung gestellte Gebäude wegnehmen wollte, weil die Haltung der Scouts zur Homosexualität nicht den städtischen Vorschriften zur Gleichberechtigung von Homosexuellen entsprach.

oder derben Klatsch austauschen, was die Schärfe ihrer gegenseitigen Konkurrenz mildert.

Was soll daran falsch sein? Sehr vieles, sagen die Feministen. Der Klub werde zu einer Arena der Privilegien, wo Geschäfte abgeschlossen und Karrieren gefördert werden. Und die Geschäfte und Karrieren stehen nur den Mitgliedern, und deshalb nur Männern zur Verfügung. Deshalb ist der Männerklub ein Instrument der ungerechten Diskriminierung sexistischer Art. Nur wenn auch Frauen zum Klub zugelassen werden, kann seine Existenz mit den Ansprüchen sozialer Gerechtigkeit versöhnt werden. Im Ergebnis dieser Behauptungen sind praktisch alle Männerklubs mehr oder minder für illegal erklärt worden – ein ziemlich radikaler Anschlag im Namen des egalitären Prinzips auf die freien Zusammenschlüsse.

Ein ähnlich vielsagendes Beispiel sind die privaten Schulen, insbesondere die *public schools* genannten Privatschulen in Großbritannien. Ohne auf die komplexe Geschichte dieser Institution einzugehen, kann man festhalten, dass die *public schools* gerade durch ihre Autonomie Ressourcen, Expertise und Traditionen geschaffen haben, die halfen, ihren Schülern nicht nur Wissen, sondern auch Stil, Anmut und Einfluss zu vermitteln. Es trifft auch zu, dass die Schulen dies selektiv nur jenen anbieten, die die Kosten dafür tragen können oder gescheit genug sind, um ein Stipendium zu erhalten. Insofern tragen sie zu den Klassenunterschieden in Großbritannien bei.

Immer wieder haben Egalitäre versucht, die *public schools* zu verbieten, sodass jedwede Ausbildung dem Staat unterworfen wäre. Doch die klügeren unter ihnen haben festgestellt, dass dies nicht viel ändern würde. Wenn man alle Kinder zwingt, die staatlichen Schulen zu besuchen, werden die wohlhabenderen Eltern dies durch Privatunterricht, durch Lesen zu Hause und durch all die Vorteile, die Eltern aus Liebe an ihre Kinder weitergeben, kompensieren. Platos Lösung war, die Kinder zum Besitz des Staates zu erklären und sie auf kollektiven Farmen großzuziehen unter der Aufsicht von unparteiischen Wächtern. Doch die elterliche Zuneigung erzeugt Widerstand, der alle Versuche, sie auszulöschen, besiegt. Die Mittelschicht wird es deshalb immer schaffen, ihre Vorteile weiterzugeben, so, wie sie es im Kommunismus durch die »kleinen Einheiten« getan hat, und wie ich es in Kapitel 2 beschrieben habe.

Was also ist die konservative Antwort auf diese Situation? Eine Antwort ist das einigermaßen plausible Argument, dass Diskriminierung nur dann inakzeptabel ist, wenn sie in irgendeiner Weise ungerecht ist. Die Annahme, dass eine Institution allein deshalb ungerecht sei, weil sie ihren Mitgliedern Vorteile verschafft und anderen nicht, führt letztendlich dazu, dass freie Zusammenschlüsse unmöglich gemacht und ein totalitärer Staat befürwortet wird. Über diese Frage wurden recht verschlungene Argumente entwickelt: Manche Anhänger von Rawls glauben, dass Gerechtigkeit mit Fairness identisch sei; Anhänger von Nozick und letztendlich von Kant glauben, dass Gerechtigkeit den Respekt für freie Transaktionen bedeute. Aber die brauchen uns hier nicht zu interessieren. Egal ob die Existenz privater Schulen *tatsächlich* ungerecht ist, viele Menschen glauben, dass es so ist. Private Bildung ist deshalb eine Zielscheibe des Ressentiments, und Ressentiments müssen behandelt werden, selbst wenn die Ungerechtigkeit eher im Ressentiment selbst als in seiner Ursache liegt.

Autonome Institutionen

Unter den Bedingungen modernen Lebens gibt es nur eine Lösung für das Problem des Ressentiments, und das ist die gesellschaftliche Mobilität. Das Schlimmste, was ein Staat anstellen kann, ist Fallen aufzustellen: die Armutsfalle, die Wohlfahrtsfalle, die Bildungsfalle. Diese berauben die Menschen der Motive und Fähigkeiten, ihr Schicksal zu verbessern, und lassen sie in einem Zustand permanenter, unzufriedener Abhängigkeit von einer Welt zurück, zu der sie nur eingeschränkt Zugang haben. In Großbritannien ist das staatliche Bildungssystem im 19. Jahrhundert durch die schrittweise Übernahme der Schulen entstanden, die als wohltätige Stiftungen oder als selbstverwaltete *grammar schools* zur Unterstützung der ambitionierten Armen gegründet wurden. Anfänglich stellte der Staat nur die Mittel bereit, damit diese Schulen ihre Dienste gebührenfrei anbieten konnten. Doch die staatliche Finanzierung führte unvermeidlich zur staatlichen Kontrolle, und die staatliche Kontrolle zur »Politik der Ziele«.

Auf die Konsequenzen habe ich bereits in Kapitel 4 hingewiesen. Als das Werk der Egalitären vollendet war, waren die meisten *grammar schools* in den Privatsektor zurückgekehrt, und die anderen Schultypen wurden miteinander verschmolzen, um Eltern daran zu hindern, unter ihnen zu wählen. Das Ziel der Gleichheit wurde von oben durchgesetzt, ungeachtet der Auswirkungen, die es auf die Möglichkeiten der Armen haben würde. Das Ergebnis war, dass Großbritannien, das nach dem Ende des Zweiten Weltkrieges noch das beste Bildungssystem in der entwickelten Welt vorzuweisen hatte, in der OECD-Tabelle heute nur noch durchschnittliche Noten in Lese- und Rechenkompetenz erreicht. An der Spitze der britischen Gesellschaft stehen immer noch die Absolventen der Privatschulen. Die Antwort der Egalitären ist die Forderung, Privatschulen zu schließen, damit alle im gleichen Boot sitzen. Das würde indessen an der Lage nichts ändern. Wohlhabende Eltern würden sich einfach zusammenschließen, um die Schulen für die Zukunft ihrer Kinder bedeutungslos zu machen.

Die Chancen werden nicht dadurch besser, dass man etwas schließt, sondern dadurch, dass man Möglichkeiten eröffnet. Der Staat kann die Möglichkeiten für die ärmeren Schichten der Gesellschaft verbessern, indem er autonomen Institutionen erlaubt, zu wachsen, den Raum, in dem sie gedeihen, beschützt, und wenn nötig, öffentliche Mittel in Form von Bildungsgutscheinen zur Verfügung stellt. Allmählich scheint sich die Wahrheit auch innerhalb der politischen Klasse durchzusetzen, sodass selbst die Sozialisten zu akzeptieren beginnen, dass man den Armen nicht hilft, indem man sich an den Reichen rächt, sondern nur, wenn man die Türen zum sozialen Aufstieg öffnet. Die Bildung ist durch die autonomen Institutionen verbessert worden, deshalb brauchen wir mehr und nicht weniger von ihnen, und wir müssen sicherstellen, dass die Ärmeren Zugang zu ihnen haben.

Dies würde eine Tendenzumkehr in der Gesetzgebung der Nachkriegsära in den westlichen Ländern bedeuten. Der Wunsch, unsere Angewohnheiten zu kontrollieren, hat zu einem Angriff auf die autonomen Institutionen geführt: auf die Schulen und die Adoptionsagenturen, auf die Pfadfinder und die Jagdgesellschaften, auf alle, die irgendeiner Vorschrift der *political correctness* nicht entsprechen. Die langfristige Auswirkung ist, dass der Staat die bürgerliche Gesellschaft verschlingt, und das ganze gesellschaftliche Leben einer Art ideologischer Überprüfung unterworfen wird. Die konservative Wahrheit ist, dass die bürgerliche Gesellschaft von oben abgetötet werden, aber nur von unten wachsen kann. Sie wächst durch den Impuls der Menschen, Zusammenschlüsse zu bilden. Sie bilden bürgerliche Gemeinschaften, die nicht zielgerichtete Unternehmungen, sondern Orte der freiwillig gewählten Ordnung sind. Politiker versuchen häufig, diese Zusammenschlüsse in ihnen fremde Formen zu pressen, sie für externe Zielsetzungen zu instrumentalisieren, die ihrem inneren Charakter widersprechen können. Das geschah mit den staatlichen Schulen, als sie verpflichtet wurden, der sozialen Gleichheit zu dienen. Das geschah mit den Universitäten, als Regierungen begannen, Druck auszuüben, und messbare Ergebnisse als *quid pro quo* für staatliche Mittel verlangten. Das geschah mit den »kleinen Einheiten« in Ungarn und der Tschechoslowakei, als die kommunistische Partei sie in »Transmissionsriemen« für ihre sozialistische Agenda verwandelte.

Autonome Institutionen folgen nur ihren eigenen internen Impulsen. So ist es auch mit dem Wissen, das in den Institutionen lebt, das wie das Blut im Körper zirkuliert, Leben schenkt und empfängt. Auch wenn Wissen nützlich ist, es kommt zustande, weil wir es schätzen, unabhängig davon, ob wir eine Anwendung dafür haben oder nicht. Deshalb schätzen Menschen das Studium antiker Sprachen und Geschichte, der Logik und der Mengenlehre, der Wahrscheinlichkeitstheorie und der statistischen Interferenz. Niemand wäre auf die Idee gekommen, dass das zehnjährige Studium der lateinischen und griechischen Sprache genau die Vorbereitung war, die britische Beamte brauchten, um ein multikulturelles Weltreich verwalten zu können; niemand hat vorhergesehen, dass die abstruse Funktionsweise der Booleschen Algebra und der Fregeschen Logik eines Tages in die Ära der digitalen Technologie führen würde; und niemand, am wenigsten der Reverend Thomas Bayes selbst, konnte erahnen, was der Satz von Bayes für die Wahrscheinlichkeitsrechnung und für unser Verständnis der Statistik eines Tages bedeuten würde. All dieses Wissen entsteht, weil Menschen Fragen ihrer selbst willen nachgehen, und sie tun es in Institutionen, die durch ihre Neugierde und nicht durch ihre Ziele aufrechterhalten werden. Die Ergebnisse dieser Neugierde können wertvoll sein, und Regierungen können entscheiden, welche Formen der Forschung und Stipendien am besten finanziert werden sollten, um ein anerkanntes gesellschaftliches Ziel zu erreichen. Aber Entscheidungen dieser Art sind intelligente Vermutungen, keine vernünftigen Schlussfolgerungen. Die Astrophysik kostet viel Geld und brachte wundervolle und ehrfurchtgebietende Ergebnisse. Vielleicht wird sie eines Tages das Problem des Klimawandels lösen. Doch bis zum heutigen Tag hat sie sich als vollkommen nutzlos, ja tatsächlich als das Sinnbild für die wahrhaft nutzlosen Dinge erwiesen.

Die Kunst der Konversation

Die bürgerliche Gesellschaft, meinte Hayek, ist, oder sollte vielmehr eine spontane Ordnung sein: eine Ordnung, die durch die unsichtbare Hand als Ergebnis unseres Umgangs miteinander entsteht. Sie beruht, oder sollte auf Konsens beruhen, nicht in dem Sinne, dass sie auf irgendeinen Akt des gegenseitigen Einverständnisses wie einen Vertrag zurückgeht, sondern indem sie aus den freiwilligen Transaktionen und den Schritten entsteht, die wir unternehmen, um diese anzupassen und zu korrigieren.

Ein Weg zum Verständnis dieser Idee führt über die Kunst der Konversation – eine Kunst, die Michael Oakeshott einmal als Modell des bürgerlichen Zusammenschlusses bezeichnete.[90] Konversationen finden zwischen rationalen und in Freiheit sprechenden Wesen statt. Es können zwei, drei, vier oder mehrere daran beteiligt sein, die Gruppe findet ihre Grenze dort, wo die allgemeine Konversation in kleinere Gruppen zerfällt. Doch in dem Maße wie die Teilnehmerzahl wächst, nimmt das Vergnügen ab und die Gefahr der Zersplitterung zu. Eine Konversation innerhalb einer großen Gruppe braucht Disziplin, Regeln und die Tradition der Höflichkeit. In der Antike konnte die Konversation die Form eines Symposiums annehmen. Dann wurde ein Teilnehmer zum *archon* ernannt, dem die Aufgabe zufiel, die Ordnung unter den Teilnehmern, die nacheinander sprachen, aufrechtzuerhalten. Die natürliche Neigung der Konversation hin zu Konvention, Tradition und Disziplin, durchgesetzt durch eine zentrale Autorität, zeigt die Wesenszüge, die wir bei jeder Form von politischer Ordnung beobachten können. Daraus könnte man schließen, dass Konversation nicht die *Alternative* zur Souveränität von oben ist – wie Oakeshott manchmal zu behaupten scheint –, sondern deren Abmilderung, der Vorgang, der sie von unten aufweicht und zugleich herausfordert.

Ich kann mit jemandem sprechen, um ihm eine Botschaft zu übermitteln, einen Handel abzuschließen oder einen Befehl zu erteilen. Diese Sprechakte stehen außerhalb der normalen Grenzen der Konversation, da sie ein Ziel haben, das schon vor dem Sprechakt bestand. In einer normalen Konversation entstehen die Ziele *innerhalb* der Konversation und können nur schwer vorher definiert werden. Wenn eine Person in einer Art zu mir spricht, die es erkennbar macht, dass sein Interesse eindeutig einer Agenda dient, dass er ein

90 Siehe dazu den berühmten Essay »The Voice of Poetry in the Conversation of Mankind«, in Michael Oakeshott, *Rationalism and Other Essays*, London, Methuen, 1962, S. 197–247.

Ziel hat, und nachdem es erreicht wurde, die Zusammenkunft beendet sein wird, dann *konversiert* er nicht. Konversation beruht auf Gegenseitigkeit, dabei kann jeder Beteiligte die Ziele und Interessen der anderen beeinflussen und verändern, und es gibt kein bestimmtes Ziel, das das Gesagte bestimmen würde.

Das bedeutet natürlich nicht, dass es keinen Unterschied zwischen einer guten und einer schlechten Konversation gibt oder keinen Maßstab zur Beurteilung, ob eine Konversation erfolgreich war. Normalerweise ist Konversation ein Vergnügen, tatsächlich eine mächtige Quelle des Glücks. Doch das während der Konversation entstehende Gute ist nur ein Nebeneffekt, kein Ziel, wie das Hochgefühl nach einem Fußballspiel, oder das Glück, das durch die Liebe entsteht.

In jeder Hinsicht passt die Konversation in das Bild der freien Zusammenschlüsse, die keinem anderen Zweck als sich selbst dienen und die durch die Arroganz und die Ungeduld der Planer, Utopisten und Rationalisten zerstört werden. Andererseits muss Konversation auf eine geringe Zahl von Teilnehmern beschränkt werden, wenn sie auf eine irgendwie geartete zentrale Disziplin oder auf akzeptierte Prozeduren und Konventionen verzichten soll. Je größer der Kreis, umso stärker ist das Bedürfnis nach Disziplin. In den meisten Rechtssystemen nehmen deshalb Verbote einen viel größeren Raum ein als Gebote – mit der prominenten Ausnahme des islamischen Rechts. Die relative Liberalität eines Rechtssystems sollte daran gemessen werden, wie weitgehend und übergriffig diese Verbote sind. Diesen Punkt hat Robert Nozick am besten zum Ausdruck gebracht, als er sagte, dass ein liberales System ein von den Seiten her begrenztes ist.[91] Es legt nicht die Ziele und Lebensplanungen der Individuen fest, auch grenzt es sie nicht mit unerklärlichen Verboten ein. Es schränkt ihre Lebensführung nur so weit ein, dass sie ihre Ziele mit einem Minimum an Konflikten verfolgen können, sodass ein aufbrechender Konflikt friedlich gelöst werden kann.

---

91 Robert Nozick, in *Anarchy, State and Utopia*, Blackwell, Hoboken NJ, 1974.

Stimmt, das ist es, was wir von einer disziplinierten Konversation erwarten und was das Konzept des guten Benehmens beinhaltet. Darüber hinaus gibt es einen interessanten Unterschied zwischen einer durch gutes Benehmen ermöglichten Konversation und einer, die durch von oben erteilte Befehle des *archon* oder eines Vorsitzenden geführt wird. Es gibt ein Ideal der Zivilisation, das beispielhaft veranschaulicht wird durch ein perfektes Seminar oder eine Tischgesellschaft. Hier gibt jeder sein Bestes im Interesse der anderen, keiner beherrscht oder monopolisiert das Thema, und das gute Benehmen stellt sicher, dass jeder im richtigen Moment nachgibt, damit die Konversation ihren nicht vorhersagbaren Weg nehmen kann. Es kommt nur selten vor, dass wir Teil einer solchen Konversation sein dürfen, und es ist ganz klar, dass sie nur unter einer bestimmten Art von Menschen stattfinden kann: unter Menschen, die die Regeln des gesellschaftlichen Umgangs verinnerlicht haben, die glücklich sind, nicht zu dominieren und gutgelaunt bereit sind, zum Erfolg beizutragen.

Arbeit und Muße

Es gibt noch ein anderes Merkmal der Konversation, dem wir uns zuwenden sollten, bevor wir beim Studium der politischen Ordnung zu Schlussfolgerungen gelangen, und dies ist, dass Konversation alles in allem aus der Muße geboren ist. Das gilt sicherlich für jene Konversationen, die sich von Person zu Person fortbewegen, und die wir (mit einer Anleihe von Kant) als »zielgerichtet ohne ein Ziel« bezeichnen könnten.[92] Der Raum für solche Konversationen muss erarbeitet werden, und es ist deshalb vernünftig, anzunehmen, dass unter modernen Bedingungen ein bedeutendes Erbe an politischer Ordnung vorhanden sein muss, damit sie stattfinden können. Muße existiert

92 Siehe Immanuel Kant, *Kritik der Urteilskraft*.

nur, weil Menschen einen Überschuss produzieren, und deshalb wird die Muße, die wir genießen, gekennzeichnet durch die Art von Arbeit, die in ihre Erschaffung eingegangen ist. In aristokratischen Gesellschaften sind jene, die die Muße genießen, nicht identisch mit denen, die die Arbeit leisten, und der Genuss der Konversation unter den angesehenen »Edlen« wird durch die Arbeit anderer erkauft, die insgesamt nicht als ebenbürtig gelten.

Wenn wir also unsere politische Ordnung am Modell der Konversation nachvollziehen wollen, müssen wir uns darüber im Klaren sein, von welcher Konversation wir sprechen und durch welche Art von Arbeit sie ermöglicht wurde. In einer Demokratie, in der jeder Bürger am politischen Prozess beteiligt ist, muss die Konversation eine Rückkoppelung zur Arbeit haben, die sie ermöglicht hat. Die Arbeit darf nicht zur Sphäre der Zweckdienlichkeit und der zweckgerichteten Argumentation gehören, wo alles, Worte und Beziehungen, nur bloße Mittel zu einem Zweck sind. Sie muss den Charakter eines Zwecks in sich haben, in dem die Menschen Trost und Erneuerung finden, der Art wie wir sie durch Sport, Spiel und Freundschaft erlangen.

Im Laufe der großen sozialen und intellektuellen Umbrüche, die der Aufklärung folgten, ist dieses Thema in Deutschland ausführlich von Schiller, Hegel und Marx und von Ruskin und Morris in England diskutiert worden. Meiner Ansicht nach ist es sehr bedauerlich, dass das Thema in der modernen politischen Wissenschaft so viel an Wichtigkeit eingebüßt hat. Es ist offensichtlich, dass das, was manchmal als »sinnvolle Arbeit« bezeichnet wird, ein ebenso wichtiger Bestandteil menschlicher Erfüllung ist wie die sinnvolle Muße. Obwohl die Arbeit eine zielgerichtete Aktivität ist, muss sie aus sich heraus interessant sein, wenn sie für den, der sie leistet, vollständig akzeptabel sein soll.

In einem der ersten Werke der Philosophie, die die politische Ordnung und die Sphäre der intrinsischen Werte miteinander verband, beschrieb Schiller die Kunst als Modell menschlicher Erfüllung.[93] Er ging sogar weiter und wies darauf hin, dass das Streben nach Schönheit in der Kunst nur eine Form einer weitergehenden Neigung ist, Dinge *genießen* zu können. Das Gute und Nützliche gehören zum Ernst, aber das Schöne ist Spiel. Und mit diesen Worten versuchte Schiller, Kunst und Ästhetik mit Tanz und Sport zu verbinden, als einer in der Kindheit empfangenen Glückseligkeit, die ihre Fortsetzung im Erwachsenenalter erfährt.

Für Schiller ist das Kunstwerk *Kommunikation*, durch das der Künstler zur Welt spricht. Doch nur wenige unter uns sind Künstler, und die meisten müssen sich mit weniger bedeutenden Formen des Selbstausdrucks begnügen. Was noch hinzukommt: Ein Kunstwerk gilt als gelungen, wenn es seine Betrachter zum Schweigen bringt. Man reagiert darauf nicht, indem man »antwortet«. Für normale Sterbliche ist Selbstverwirklichung durch Kunst entweder unerreichbar oder der Weg zu Selbstverblendung und Lüge.

Zugleich jedoch veranschaulicht Kunst in ihren stärksten Momenten einen Wunsch, den alle rationalen Wesen teilen: den Wunsch nach Anerkennung. Der Künstler produziert ein Werk, das die Aufmerksamkeit und Zustimmung des Publikums sucht. Und zweifellos suchen menschliche Wesen für das, was sie tun, spontan nach Zustimmung. Tanz ist gegenseitige Anerkennung, Sport ist ein Streben nach Anerkennung durch das Team oder – für den Zuschauer – die Identifikation mit diesem Streben. Freundschaft ist die höchste Form, die Anerkennung haben kann. Der Freund schätzt dich dafür, was du bist, sucht deinen Rat und deine Gesellschaft und bindet sein Leben an deines.

Der entscheidende Punkt, auf den Schiller hinweist, ist, dass dieses Streben nach Anerkennung bei der Arbeit ebenso präsent sein kann wie beim Spiel. Hegel meint, dass es die Anerkennung ist, wodurch der Sklave die Freiheit erlangt, während sein Herr sie verliert.

---

93 Friedrich Schiller, *Über die ästhetische Erziehung des Menschen*, Dietzingen, Reclam, 2000.

Marx beschrieb die Arbeit in den Fabriken der Industrie als »entfremdete Arbeit«. Doch was entfremdet ist, muss – dem gleichen Argument folgend – auch eine normale, nicht entfremdete Form haben. Die menschlichen Aktionen richten sich ihrer Natur nach an eine weitere Welt. Selbst wenn es nur die Mitarbeiter sind, die beurteilen können, was getan wird, wollen die Menschen mit jenen Mitarbeitern durch ihre Arbeit kommunizieren und deren Anerkennung erlangen. Die Teamarbeit lässt in ihren besten Formen auf Gegenseitigkeit beruhende Beurteilungen zustande kommen, die einer Konversation nicht unähnlich sind, indem sie Menschen in freie Beziehungen zueinander treten lassen.

Menschliche Wesen verfügen nur über einen begrenzten Vorrat an Energie, und obwohl sie sich darauf vorbereiten, höflich zu sein, können sie – während sie die Gesellschaft von anderen genießen – nicht immer ihr bestes Benehmen zeigen. Die soziale Absicht, die sie während ihrer Arbeit antreibt, erschöpft oft die Reserven, die sonst für die Stunden der Muße zur Verfügung stünden. Für viele ist deshalb die Kommunikation während der Arbeit die nachhaltigste Kommunikation, die sie haben. Unter den gegebenen Umständen müssen deshalb gerade bei der Arbeit die Bedingungen für ein erfülltes und sinnvolles Leben gegeben sein. Wenn also das Konversationsmodell der politischen Ordnung überzeugend sein soll, müssen die Tugenden der Konversation auf den Arbeitsplätzen nachgebildet werden. Die Arbeit muss etwas von dem intrinsischen Wert enthalten, den Schiller dem Spiel zugeschrieben hatte. Sie muss sowohl ein Streben nach Anerkennung als auch ein Ausdruck von Freiheit sein. Weder bei der Arbeit noch beim Spiel sollten wir »ausschließlich ernsthaft« sein.

Konversationen können sowohl arbeitsähnlich als auch spielähnlich sein. Beide Formen der Konversation sind Ausdruck von Freiheit, beide erzeugen Frieden und Bindung, beide sind lohnend an sich. Doch die arbeitsähnlichen würden nicht existieren ohne ein gemeinsames Ziel, die spielähnlichen dagegen haben kein Ziel außer sich selbst. Vielen wäre eine Philosophie suspekt, die – wie die von Oakeshott – anscheinend nur auf Konversationen der zweiten Art fokussiert ist. Sie würde eine Art »Ästhetisierung« der politischen Sphäre bedeuten und würde die Bedeutung von Arbeit und Kampf negieren, die doch den Raum für das Gedeihen unserer Konversationen erschaffen. Das Gleiche gilt auch für das Schillersche Modell von Kunst und Spiel, und es würde auch für eine politische Philosophie gelten, die den Tanz als ihr Modell wählte. Nur wenn das Ethos der Muße eine Rückkopplung zum Arbeitsplatz erhält, ist eine erfüllende politische Ordnung möglich. Auch dies gehört zum »feudalen Prinzip« Disraelis: Beziehungen, in denen wir aufeinander eingehen, sollten allem, was wir tun, innewohnen, so, dass wir sowohl bei der Arbeit als auch bei der Muße in die freie Konversation mit unseren Mitmenschen eintreten können. In einem erfüllten Menschenleben sollten das Zielgerichtete und das Ziellose miteinander verflochten sein, sodass unsere Aktivitäten soweit es möglich ist, niemals nur instrumentell und berechnend sind, sondern auch durch einen Sinn für ihre inneren Werte ins Gleichgewicht gebracht werden.

Freundschaft, Konversation und Wert

Aristoteles unterschied drei Arten von Freundschaften: Freundschaften die der Nützlichkeit, dem Genuss und der Tugend dienen. Diese Aufteilung gilt für Konversationen ebenso. Da ist einmal die nützliche Konversation, die eine gemeinsame Aufgabe begleitet. Die Konversation des Genusses dient der Entspannung, und die Konversation der Tugend bestätigt die Bindung zwischen Menschen, die das, was sie ineinander sehen, verehren und schätzen. Jede tatsächliche Konversation enthält eine Mischung von alledem. Und indem wir Konversation als Modell für die politische Ordnung gewählt haben, greifen wir auf etwas Ähnliches zurück wie Aristoteles' Konzept der *polis*, dem Ort der Freundschaft – allerdings ohne wie Aristoteles die Sklaverei als einen Aspekt der bürgerlichen Ordnung zu verteidigen, die jenen aufgezwungen wurde, die man als »natürliche Sklaven« betrachtete. Das veranlasst mich, den Kontrast, den Oakeshott zwischen den bürgerlichen und den unternehmerischen Zusammenschlüssen betont, durch einen anderen, radikaleren Kontrast zu erweitern, nämlich durch den Kontrast zwischen den Kooperationsgemeinschaften und den Befehlsgemeinschaften. Unternehmen sind eine Form der Kooperation, die einen Zugang zur Welt der Konversation haben und bei der Bildung von Freundschaften ihre eigene Rolle spielt. Hier geht es um einen freien Zusammenschluss, der in der gleichen Weise wie die Muße durch Gesetz, Moral und gutes Benehmen geleitet wird.

Aristoteles' Vision der *polis* ist eine Gesellschaft, die durch und für den Zweck der Freundschaft organisiert ist. In ihr wird zur tugendhaften, wertvolleren Freundschaft ermutigt, nicht nur unter Individuen, sondern auch zwischen Individuen und dem Staat. Der Bürger ist ein Freund des Staates, der seine Freundschaft erwidert. Nur die tugendhafte *polis* kann auf Freundschaft dieser Art gegründet sein, und nur die tugendhafte *polis* ermutigt seine Bürger zur Tugendhaftigkeit.

Diese Vorstellung erinnert uns daran, dass die tugendhafte *polis* ein Ideal ist. Doch auch eine andere *polis* ist möglich, eine, in der die Bürger verbindende Freundschaft nicht die der Tugend, sondern die Freundschaft der Nützlichkeit ist. Und manche werden sicherlich behaupten, dass diese Art von *polis* unsere heutige Lage besser beschreibt als das edle Konzept des Aristoteles. Es sieht oft so aus, als würden moderne Staaten ihren Bürgern einen *deal* vorschlagen und über den Respekt für die Konditionen des Deals hinaus ihnen nichts weiter abverlangen. Das meint Philip Bobbitt, wenn er vom »Markt-Staat« spricht. Das ist ein Staat, in dem die alten Auffassungen von nationaler Loyalität und patriotischer Pflicht durch bedingten Gehorsam ersetzt wurden – als Gegenleistung für materielle Wohltaten.[94] Wenn die Wohltaten nicht gut genug sind, wird sich der Bürger an-

94 Philip Bobbitt, *The Shield of Achilles: War and Peace in the Course of History*, New York, Alfred A. Knopf, 2002.

dernorts danach umsehen und durch die Welt streifen auf der Suche nach einem besseren Deal. Es kann im Herzen des Markt-Staates Konversation geben, aber sie wird wie die Konversation während der Arbeit sein, begründet durch die gemeinsame, aber wahrscheinlich vorübergehende Suche nach Gewinn. Es wird eine Konversation sein, in der tiefe Loyalitäten vermieden werden und der Entstehung von Bindungen sorgfältig vorgebeugt wird.

Den Unterscheidungen durch Aristoteles entsprechend gibt es noch eine dritte Art von *polis*; auch sie ist auf Freundschaft gegründet, aber diesmal auf die Freundschaft, die dem Genuss dient. Diese politische Ordnung beruht weder auf Pflicht, noch auf Vertrag, sondern auf Spaß. Alle Bürger sind Teil einer einzigen Spaßmaschine – wie die Bürger in Huxleys *Schöne neue Welt*. Ihre Zuneigungen sind von kurzer Dauer und auf Lust gebaut; das Gespür für das Tragische liegt weit jenseits ihres Horizonts, und die Loyalität zum Staat wird durch die beständige Versorgung mit Soma[95] erkauft. Konversation in dieser Welt besteht aus Lächeln und Schnellschüssen, kurzen Erregungen und Schreien der Lust. Manche glauben, die westlichen Gesellschaften näherten sich diesem Zustand an, da der Konsum die Macht über die Reproduktion übernommen habe und zum Höhepunkt des menschlichen Dramas aufgestiegen sei.

Wenn wir vorhaben, die Konversation als Modell für die politische Ordnung vorzuschlagen, müssen wir folgende Fragen beantworten: Konversation unter welchen Bedingungen, unter wem und von welcher Art? Konversationen entstehen in menschlichen Gesellschaften, selbst wenn die Interessen und Aktivitäten extrem instrumentalisiert sind. Und Aristoteles hilft uns dabei, zu erkennen, wie die Wahrheit im Konservativismus zur nächsten großen Lüge wird. Konservative haben Recht, wenn sie die freien Zusammenschlüsse als die Wurzeln der bürgerlichen Gesellschaft bezeichnen. Aber wenn der freie Zusammenschluss zu einem Fetisch wird, wenn alle Formen von Ge-

95 Anm. der Übersetzerin: Soma ist eine angstlösende, psychodelische Droge, die in Huxleys *Schöne neue Welt* an die Bürger verteilt wird, um sie in einen Glückszustand zu versetzen.

meinschaften als gleichwertig erachtet werden, nur mit der einzigen Bedingung, dass sie auf dem Einverständnis aller Mitglieder beruhen, dann haben wir aufgegeben, zu differenzieren: zwischen Zusammenschlüssen, in denen die Menschen keine weiteren Ansprüche aneinander stellen, und Zusammenschlüssen, in denen unter den Mitgliedern die moralische Disziplin wächst, ihr Leben kenntnisreicher gemacht und verändert wird. Die Wahrheit im Konservativismus hängt von der Erkenntnis ab, dass nur jene Zusammenschlüsse einen Wert haben, die auch Quellen von Werten sind, mit anderen Worten, wenn sie zur Erfüllung beitragen und nicht nur Quellen von bloßer Nützlichkeit oder Erholung sind. In der liberalen Welt des Alles-geht genießt das Schlimmste in der menschlichen Natur die gleichen Chancen wie das Beste, und Disziplin wird als lästige Einmischung abgelehnt. Der Konservativismus ist ein Versuch, Disziplin zu bejahen und durch die freien Zusammenschlüsse ein dauerhaftes Reich der Werte aufzubauen.

Die Verteidigung der Freiheit

Wenn Menschen ihre sozialen Beziehungen der Nützlichkeit unterordnen wie in Bobbitts Markt-Staat, oder dem bloßen Vergnügen wie in Huxleys *Schöne neue Welt*, dann wird der Zusammenhalt der Gesellschaft geschwächt. Gesellschaften können nur dann größere Krisen meistern, wenn sie auf einen Fundus von patriotischen Gefühlen zurückgreifen können. Wo diese fehlen, fängt die soziale Ordnung nach dem ersten Schock an, zu zerfallen, weil die Menschen im Kampf um ihre eigene Sicherheit ihre Nachbarn missachten. Das geschah im Pazifischen Raum, als Japan nach der imperialen Herrschaft zu streben begann, und teilweise auch in Frankreich, als der Zweite Weltkrieg ausbrach. Weil sie dieser Zusammenhänge bewusst sind, haben Konservative immer die Wichtigkeit der Verbindung zwischen einer Nation und ihrem militärischen Arm betont. Der wahre

Bürger ist bereit, in der Stunde der Not das Land zu verteidigen, und betrachtet seine militärischen Institutionen als einen Ausdruck der alles zusammenhaltenden, tiefen Verbundenheit.

Konservative sehen das Militär als Ausdruck einer unabhängigen bürgerlichen Ordnung. Das war die Idee hinter den Namen der Regimenter, die in Großbritannien und Irland nach den Grafschaften benannt wurden, und heute noch bestimmt diese Idee die Tradition der amerikanischen Militärakademien. Diese Auffassung hat ihre Wurzeln in der Demokratie von Athen, wo der Militärdienst als die Pflicht des Bürgers galt, ausschließlich dem Schutz der *polis* dienen und kein politisches Instrument sein sollte. Die entsprechende Idee steht im Gegensatz zur Auffassung vom Militär in Sparta. Dort galt das Militär als Ausdruck der Staatsmacht und diente in Friedenszeiten der Unterdrückung der Gesellschaft und der gnadenlosen Kriegsführung, wenn die Zeit für den Krieg gekommen war. Die Armeen totalitärer Staaten des 20. Jahrhunderts, Deutschlands und der Sowjetunion, waren ebenso Instrumente der Staatsmacht und kein Ausdruck von sozialer Bindung. Die Nazis und die Kommunisten nutzten häufig ihre Militärmacht gegen Minderheiten im Staate, oft waren es spezielle, ausdrücklich für diesen Zweck trainierte Truppen. Die Aufmärsche, die Disziplin und das ausgelöschte Gewissen der Rekruten zeugten von einem Militärkonzept, in dem die Armee der exekutive Arm der Regierung war. Die Zivilgesellschaft sollte im Angesicht dieser Armee vor Ehrfurcht erschauern, so wie sie vor dem Staat vor Ehrfurcht erschauerte.

Unnötig zu sagen, dass die Institution, die Disziplin und die festlichen Umzüge des Militärlebens, die den Vorstellungen der Konservativen entsprechen, so weit von denen der Militärdiktaturen entfernt sind wie Teamarbeit von Sklaverei. Und was für das Militär gilt – oder gelten sollte –, gilt auch für die Polizeikräfte. Auch sie sollten ein Ausdruck der bürgerlichen Gesellschaft sein. Sie sollten in den lokalen Gemeinschaften verankert sein und den lokalen Bedürfnissen ebenso entsprechen wie den Anforderungen der nationalen Regierung. So war es im England meiner Jugendzeit, das zu Recht wegen Haltung und Ethos seiner Polizeikräfte weltberühmt war. Unsere Polizeitruppe war kein Arm der Zentralregierung, sondern eine lokale Organisation, die dem Grafschaftsrat gegenüber verantwortlich war. Der »Bobby« war schon von seiner Ausbildung her ein Freund der Gemeinde, der er diente, und als Zeichen dessen, war er nur mit einem Notizblock und einer komischen Blechpfeife bewaffnet. Er kannte die Menschen in seinem Revier und war an ihrem Wohlergehen wohlwollend und väterlich interessiert. Kinder kamen zu ihm, wenn sie sich verirrt hatten, Fremde fragten ihn nach der Richtung, und alle grüßten ihn mit einem Lächeln im Gesicht. Die Fernsehserie über PC Dixon von Dock Green idealisierte ihn, ohne zu karikieren. Seine Aufgabe war, Unrecht zu korrigieren, das Gleichgewicht wiederherzustellen und seine Gemeinschaft auf dem friedlichen Weg ins Nirgendwo zu begleiten. PC Dixon zog Begonien, sang im Polizeichor, war Mitglied im Dartteam der Polizei und war im Allgemeinen ein ehrenwertes Mitglied der »kleinen Einheit« von Dock Green, wie jeder andere auch, den man gern als Schöffen ins Gericht rufen würde.

Dieses Konzept der Polizeikräfte unterstreicht die grundlegende Wahrheit im englischen Recht, nämlich dass diese nicht dazu da sind, das Individuum zu kontrollieren, sondern um seine Freiheit zu sichern. Das *common law* steht auf der Seite des Bürgers gegen jene, die ihm ihren Willen aufzwingen wollen – egal ob es sich dabei um usurpatorische Politiker oder um einfache Kriminelle handelt. Es ist dieses Konzept des Rechts, das hinter der konservativen Politik in der englischsprachigen Welt steht. Und das ist es, was am stärksten verteidigt werden sollte, jetzt, wo sich die Kräfte, die dagegenstehen, zu sammeln beginnen.[96]

---

96 Dieses Konzept ist am besten von dem kanadischen Philosophen George Parkin Grant verteidigt worden, in *English-Speaking Justice*, Sackville, NB, Mount Allison University, 1974.

11. Der Bereich der Werte

Wenn ich die Argumente der bisherigen Kapitel zusammenfasse, so komme ich zur folgenden allgemeinen Schlussfolgerung: Die Rolle des Staates sollte geringer sein, als es die Sozialisten fordern, und größer, als es die klassischen Liberalen erlauben würden. Der Staat hat die Aufgabe, die bürgerliche Gesellschaft vor äußeren Feinden und vor innerer Unordnung zu beschützen. Er kann kein »Nachtwächterstaat« sein, wie es Robert Nozick fordert, da die bürgerliche Gesellschaft das Zugehörigkeitsgefühl braucht, das immer wieder erneuert werden muss, und unter modernen Bedingungen können diese Gefühle ohne die kollektive Bereitstellung von sozialen Zuwendungen nicht erneuert werden. Auf der anderen Seite kann der Staat nicht der allgemeine Versorger und Regulator sein, wie es die Egalitären befürworten, denn Werte und Verpflichtungen entstehen durch die autonomen Zusammenschlüsse, die nur dann gedeihen, wenn sie von unten wachsen können. Darüber hinaus kann der Staat nur Reichtum umverteilen, wenn Reichtum geschaffen wurde, und zwar von jenen, die erwarten, ihren Anteil daran zu erhalten.

Die sozialistische Obsession mit der Umverteilung ist nicht nur eine Folge des »egalitären Standards«, der am Anfang der Demokratie steht, sondern auch des stärker werdenden Materialismus in unseren Gesellschaften. Dieser Materialismus bestimmt den politischen Diskurs auf allen Ebenen, was dazu führt, dass Reichtum und seine Umverteilung seit geraumer Zeit die einzigen Inhalte von Diskussionen geworden sind. Im Ergebnis denken die Menschen über den Konservativismus, er sei nur eine Form der Nachlässigkeit gegenüber dem gegenwärtigen System der materiellen Vergütungen und habe nichts zu sagen über Dinge, »die Geld nicht kaufen kann«, oder über die Auswirkungen der Konsumgesellschaft auf unsere tieferen Werte. Doch gerade auf diesen Gebieten liegen die Stärken der konservativen Idee, und in diesem Kapitel werde ich versuchen, ein umfassenderes Konzept der bürgerlichen Gesellschaft darzulegen, eben das, was den Konservativismus für mich so attraktiv macht.

Beginnend mit seinen Anfängen während der Aufklärung spielte der Konservativismus fortdauernd die Rolle des Retters. Neue gesellschaftliche Bewegungen, neue Formen der Industrieproduktion, neue politische Bestrebungen drohten immer wieder Bräuchen, Institutionen und Lebensformen, von denen das Leben der Menschen in irgendeiner Form abhing, zu zerstören oder zu destabilisieren. Und so tauchte die Frage auf, wie diese Güter verteidigt werden könnten, und ob es da etwas gab, was *Politiker* tun könnten, um sie zu schützen. Im Wesentlichen ist es der Konservative, der darauf antwortet: Ja, sie können verteidigt werden, aber nein, es ist nicht die Aufgabe des Politikers, dieses Ziel zu verfolgen. Alles, was Politik bewirken kann, ist die Vergrößerung des Raumes, in dem die Gesellschaft gedeihen kann. Wie und wo auch immer Werte entstehen, sie bringen Autorität, Frieden und ein Gefühl der Mitgliedschaft mit sich. Aber sie entstehen nicht durch politische Programme.

Sie entstehen auch nicht durch die Ökonomie. Der berühmten Definition von Lionel Robbins nach ist Ökonomie »die Wissenschaft, die das menschliche Verhalten als eine Beziehung zwischen den Zielen und den knappen Gütern, die alternative Verwendungen haben«, studiert.[97] Die Ökonomie nimmt an, dass wir nicht nur unsere Ziele kennen, sondern auch bereit sind, ihnen einen Preis zuzuschreiben. So beherrscht die Ökonomie die menschliche Vorstellungskraft, indem sie alles bepreist, was menschliche Wesen wünschen, brauchen, bewundern oder schätzen könnten, und ersetzt so die großen Fragen des Lebens durch das Kauderwelsch der Experten. Der Ökonom kann zwischen Wert und Preis nicht unterscheiden, und Oscar Wildes Definition des Zynikers als jemand, »der den Preis von allem und den Wert von gar nichts kennt«, drückt eine Wahrheit aus, die in der

---

97 Lionel Robbins, *An Essay on the Nature and Significance of Economic Science*, London, Macmillan, 1932, S. 16.

Ökonomie keinen Ausdruck findet. Doch die Dinge, die wir wahrhaft schätzen, wie Leben, Liebe und Wissen, sind genau jene, die zu bepreisen wir nicht willens sind. Werte beginnen dort, wo die Berechnungen enden, denn die Dinge, die uns am wichtigsten sind, werden wir niemals zum Tausch anbieten.

Mehr noch, unsere Werte stehen nicht fest, bevor wir sie entdeckt haben. Wir gehen nicht mit klaren Zielen durch das Leben und nutzen unsere Vernunft nur, um sie zu erreichen. Werte gehen aus unseren gemeinsamen Unternehmungen hervor: Gerade jene Dinge, die wir am meisten schätzen, sind oft unvorhersehbar, bevor sie uns gefangen nehmen: erotische Liebe, die Liebe zu Kindern, religiöse Hingabe, die Erfahrung von Schönheit. All diese Dinge sind in unserer gesellschaftlichen Natur verwurzelt. Wir lernen sie nur im Dialog mit anderen zu verstehen und sie als Ziele an sich zu verfolgen, und nur selten bevor wir sie erreicht haben. Die Ökonomie, die Wissenschaft des instrumentellen Denkens, schweigt deshalb über unsere Werte, und wenn sie trotzdem vorgibt, sich mit ihnen zu beschäftigen, dann setzt sie den *homo oeconomicus* an die Stelle, die echten menschlichen Wesen gebühren würde. Werte entstehen, weil wir sie erzeugen, und wir tun dies durch Traditionen, Bräuche und Institutionen, die unsere gegenseitige Verantwortlichkeit bewahren und fördern.

Die wichtigste unter diesen Traditionen und Institutionen ist die Religion, die wie ein Licht von unseren sozialen Gefühlen weit bis in den unbekannten Kosmos hinausstrahlt. Als Edmund Burke und Joseph de Maistre sich anschickten, gegen die Französische Revolution zu argumentieren, hat sie kaum etwas mehr entsetzt als die antireligiöse Wut der Revolutionäre. Die Verfolgung der Kirche zielte nicht nur darauf, sie ihrer gesellschaftlichen Macht und ihres Eigentums zu berauben – schließlich hätte beides ohne Weiteres erledigt werden können, so wie es zwei Jahrhunderte vorher Henry VIII und Thomas Cromwell in England erledigt hatten. Doch die Revolutionäre wollten jene Seelen zu ihrem Besitz machen, die vorher der Kirche gehörten, und deshalb bestanden sie darauf, dass die Priester einen Eid auf die Revolution ablegten, der den Vorrang vor ihrem Keuschheits- und

Gehorsamkeitsgelübde haben sollte. Wer ablehnte, riskierte den Tod und wurde durch ganz Frankreich gejagt.

Mehrere spätere Revolutionen haben die Kirche auf ähnliche Weise als ihren öffentlichen Feind Nummer eins betrachtet, aus dem einen Grund, weil sie einen Bereich der Werte und der Autorität erschafft, die außerhalb der Reichweite des Staates angesiedelt ist. Das revolutionäre Bewusstsein muss in diesen Bereich eindringen und ihn seiner Magie berauben. De Maistre glaubte, dass die Magie dort, wo sie hingehört, wiedererrichtet werden könnte, wenn nicht nur die Monarchie, sondern auch der religiöse Konsens, von dem sie abhing, restauriert werden könnten. Edmund Burke war weniger hoffnungsfroh, da er von einem gemischten Hintergrund mit einer katholischen Mutter und einem protestantischen Vater abstammte und von seinem heimatlichen Irland her wusste, dass die Regierung die Religion auf Distanz halten muss, um den bürgerlichen Frieden zu wahren.

Tatsächlich hat Burke den Standpunkt vorweggenommen, der in Großbritannien im Laufe des 19. Jahrhunderts zur normalen konservativen Position werden sollte. Er war der Meinung, dass eine etablierte Religion, die friedlichen Widerspruch duldet, zur bürgerlichen Gesellschaft gehöre und die Menschen an ihr Heim und ihre Nachbarn binde. Sie würde auch ihre Gefühle mit einer moralischen Gewissheit erfüllen, die sie auf andere Weise nicht erwerben könnten. Doch er erkannte auch, dass es nicht die Aufgabe des Staates ist, den Bürgern eine Religion vorzuschreiben oder die Gleichförmigkeit des Glaubens einzufordern.

Ich vermute, dass diese Position die Meinung der britischen Konservativen bis zur Mitte des 20. Jahrhunderts wiedergibt. Doch um diese Zeit war die Säkularisierung der Gesellschaft bereits dermaßen fortgeschritten, dass von einer »etablierten Religion« nur noch mit einem ironischen Unterton gesprochen werden konnte. Die Mehrheit der Briten schrieb zwar immer noch ein »CofE« (Church of England) auf die Formulare, die eine Angabe der religiösen Zugehörigkeit verlangten. Doch das bedeutete nicht, dass sie einer anglikanischen

Kirchengemeinde angehörten, nur, dass ihnen die Sache dermaßen gleichgültig war, dass sie glaubten, Gott würde nicht widersprechen, wenn sie so taten, als ob. Derweil hielten die amerikanischen Konservativen am Ersten Verfassungszusatz der amerikanischen Verfassung fest, der für sie bedeutete, dass der Kongress keine Festlegung auf eine Religion treffen dürfe und dass der Glaube eine Angelegenheit zwischen jedem selbst und seinem Gott sei. Die Briten neigten dazu, auf die Frage »Welcher Gott?« zu antworten, das sei egal, während die Amerikaner auf diese oder jene Weise am Gott der jüdisch-christlichen Bibel festhielten – an einem Gott, dessen radikaler Charakterwandel zwischen dem Alten und dem Neuen Testament sie nicht besonders zu stören schien, da dies stattgefunden hatte, noch bevor er sich mit dem viel interessanteren Fall Amerikas befassen musste.

All das gehört zur folgenden Frage: Welche Stelle nimmt die Religion im Weltbild des modernen Konservativen ein? Die Antwort ist, vermute ich, dass die Religion eine unbestreitbare Rolle im Leben der Gesellschaft spielt, in dem sie die Ideen des Heiligen und des Transzendentalen einführt und ihren Einfluss auf alle Bräuche und Zeremonien der Mitgliedschaft ausbreitet. Aber religiöse Überzeugung ist kein unverzichtbarer Teil der bürgerlichen Existenz, und in jedem Konflikt müssen die Pflichten des Bürgers den Vorrang vor denen des Gläubigen haben. Es ist eine der großen Errungenschaften der christlichen Zivilisation, an der christlichen Vision vom menschlichen Schicksal festgehalten und zugleich den Vorrang des säkularen Rechts eingeräumt zu haben. Dies wurde nicht ohne intensive Konflikte und ohne die langsame aber stetige Erkenntnis erreicht, dass eine Gesellschaft durchaus auf nachbarschaftlichen Verpflichtungen aufgebaut werden und trotzdem religiöse Differenzen erlauben konnte. Es ist die Errungenschaft der christlichen Zivilisation, dass sie Institutionen religiöse Autorität verliehen hat, ohne ihnen gegenüber den religiösen Gehorsam – im Gegensatz zum säkularen – einzufordern.

Wie wurde dies erreicht? Als Christus aufgefordert wurde, das Gesetz zu erklären und wie wir es befolgen sollen, sagte er: »Du sollst den Herrn, deinen Gott, lieben von ganzem Herzen, mit ganzer Hingabe und mit deinem ganzen Verstand. Das ist das erste und wichtigste Gebot. Ebenso wichtig ist aber ein zweites: Liebe deinen Nächsten wie dich selbst. Alle anderen Gebote und alle Forderungen der Propheten sind in diesen beiden Geboten enthalten.«[98] Indem er die Gebote auf diese zwei reduzierte, folgte er der seit langem gültigen rabbinischen Tradition, wie wir sie auch in der Torah, insbesondere im 3. Buch Mose, und in den Lehren von Rabbi Hillel, einem Zeitgenossen Jesu, beobachten können. Seine Anhänger sollten die Erklärung Christi über das Gesetz als Orthodoxie annehmen und sahen deshalb in den alten Gesetzen der Verbote eine *Deduktion* aus zwei fundamentaleren Geboten, die nicht die Form von Verboten, sondern von Pflichten annahmen, und keine spezifischen Vorschriften für die Welt der menschlichen Angelegenheiten enthielten. Die beiden Pflichten gebieten uns, das, was wir vorfinden, mit einem liebenden Blick zu betrachten, und den Pflichten zuerst innerlich zu gehorchen, bevor wir sie in die Tat umsetzen. Welche Taten genau daraus hervorgehen werden, kann nicht *a priori* bestimmt werden, wie Christus mit der Parabel des guten Samariters erklärte. Begegnet man der Welt mit der von Christus verlangten Haltung, ist man für die Erneuerung des Gesetzes bereit. Tatsächlich wird das Gesetz bloß zu einem der vielen Mittel, mit Hilfe derer wir Verantwortung für unser Leben übernehmen und bestrebt sind, unsere Herzen mit der Liebe zu Gott zu erfüllen, und unsere Welt mit der Liebe zu unserem Nächsten.

Die Geschichte vom guten Samariter – als Antwort auf die Frage, wer mein Nächster sei – besagt uns, dass die »Liebe zum Nächsten«, obwohl eine religiöse Pflicht, sie nicht den Zwang zur religiösen Gleichförmigkeit beinhaltet und auch keine Form der Bruderschaft. Sie richtet sich ebenso an Fremde wie Freunde. Man liebt seinen Nächsten, indem man ihm in der Not beisteht, unabhängig davon, ob er durch Familie, Glauben oder ethnische Identität zu uns gehört.

98 Die Bibel, Matthäus 22,37–40.

Wenn wir sie so interpretieren, verlangen die uns leitenden Gesetze keine kollektive Unterwerfung, wie sie die Islamisten herbeisehnen, und die säkulare Ordnung kann sich um jene gegenseitigen Beziehungen kümmern, denen wir unser Überleben verdanken. Darauf wies Christus seine Anhänger mit dem Satz hin: »So gebt dem Kaiser, was des Kaisers ist, und Gott, was Gottes ist!« Obwohl das Christentum im Laufe seiner Geschichte ein großes Maß an Intoleranz an den Tag gelegt hat, die eine häufige Begleiterscheinung des religiösen Glaubens ist, kann man sehr wohl eine ständige Bewegung hin zur religiösen Freiheit als christliche Pflicht beobachten. Das bedeutet die Pflicht, den anderen – als Teil der Nächstenliebe – zu erlauben, zu sein, was sie ihrem Wesen nach sind. Kant beschrieb das als »Liebespflicht gegen andere Menschen«. Damit meinte er den kategorischen Imperativ, andere immer um ihrer selbst und niemals nur als Mittel zu behandeln. Nach unserem heutigen Verständnis, im Bewusstsein unserer konfliktreichen Geschichte und dank der Traditionen der christlichen Theologie – beginnend mit Augustinus, über Henri de Lubac bis hin zu Karl Barth – wäre es sinnvoll zu behaupten, dass die christliche Religion in ihrem tiefsten Kern die Anerkennung des Anderen als von mir Verschiedenem bedeutet. Zum Teil war es diese Auffassung, die die kontinuierliche Anpassung der Welt des Glaubens an die Welt der Politik ermöglicht hat. Für viele heute lebende Christen war die Aufklärung der Höhepunkt dieses Prozesses, der Augenblick, in dem die christliche Zivilisation erkannt hatte, dass das weltliche Recht »gottgegeben« ist.

Deshalb glaube ich, dass die religiöse Freiheit ein Erbe jener Religion ist, die in der westlichen Welt dominiert hat – ein Glaube, in dem der Fremde und der Bruder als Gleiche behandelt werden. Wenn dieser Glaube an Bedeutung verliert wie in unserer Zeit, bleibt nur noch die Hülle jener politischen Ordnung übrig, die ihm entwachsen ist. Viele hungern nach spirituellem Leben, von dem diese Ordnung einst schützend umfangen wurde. Das Christentum bot dieses Leben, der Islam kann es in seiner heutigen Form nicht. Denn er übt Druck gegen die Hülle des säkularen Rechts aus und droht immer, es vollständig durch ein anderes Recht zu ersetzen – durch ein Recht, das Bruderschaft und gemeinsame Unterwerfung anstrebt, und nicht gemeinsame Freiheit. Ein solches Recht ist *gegen* das Anderssein der anderen gerichtet, statt es zu verteidigen.

Christen haben die Pflicht, Zeugnis von ihrem Glauben abzulegen, aber dies bedeutet nicht, ihren Glauben anderen aufzudrängen oder sie mit Gewalt zu zwingen, ihn anzunehmen. Wie der Begründer des christlichen Glaubens zeigte, legt man nicht Zeugnis ab, indem man über die Rivalen triumphiert, sondern indem man sich ihrem Urteil unterwirft. Der christliche Glaube verlangt nach seinem heutigen Selbstverständnis nicht, dass seine Kritiker zum Schweigen gebracht werden, oder gar, dass man ihnen verbietet, ihren eigenen Glauben zu praktizieren.

So betrachtet ist das Recht, Zeugnis abzulegen, entscheidend für die westliche Zivilisation. Unseren Glauben zu erklären, ohne anderen, die ihn nicht teilen, mit Gewalt zu drohen, und ohne mehr zu verlangen als den Raum, ihn äußern zu können, ist eine der verborgenen Voraussetzungen des bürgerlichen Daseins, so wie wir ihn heute verstehen. Interessanterweise sind es nicht die Islamisten, sondern die Menschenrechtsfanatiker, die die größte Ausnahme von dieser Praxis bilden. Das Recht, bei der Arbeit ein Kreuz zu tragen, ein Kreuz im Klassenzimmer aufzuhängen, die christliche Moral im Zusammenhang mit Sex und Familienleben zu unterrichten – all das wurde von säkularen Aktivisten infrage gestellt. Und es ist von Bedeutung, dass die Fälle, die vor den Europäischen Gerichtshof für Menschenrechte, und die Berichte, die vor das Europäische Parlament gebracht werden, immer häufiger gegen christliche Gläubige gerichtet sind, die so gut wie nie Drohungen aufgrund ihres Glaubens verbreiten, während die Islamisten Menschenrechte nicht anerkennen, nur die Pflicht zur Unterwerfung.[99]

Viele amerikanische Konservative, zu denen auch jene gehören, die durch die römisch-katholische Tradition der Philosophie des Na-

99 Siehe die Fälle, über die European Dignity Watch berichtet: europeandignitywatch.org.

turrechts beeinflusst sind, glauben, dass die konservative Position letztlich auf theologischen Fundamenten beruht.[100] Für sie werden die von Gott gegebenen Fähigkeiten in der Kunst des Regierens verwirklicht, und es kommt von diesen Fähigkeiten, dass die freie und durch Recht regierte bürgerliche Ordnung entsteht. Dieser Ansicht nach sind die grundlegenden Züge der westlichen demokratischen Ordnung gottgewollt: Privateigentum und freier Austausch, Verantwortung sowie die Rechte und Pflichten, die durch sie entstehen, autonome Institutionen, durch die der Heilige Geist unter uns wirkt und von dem wir den Weg zum Frieden lernen. Auch die konservative Betonung von zweckfreien Zusammenschlüssen erhält hier eine theologische Untermauerung: Durch den Verzicht auf den individuellen Willen in der Arbeit einer Gemeinschaft lernen wir Demut und Nächstenliebe.

Ich vermute, dass der Grund dafür, warum britische Konservative weniger zu diesem Denken neigen, in der Erfahrung mit dem Empire zu suchen ist, und der damaligen Notwendigkeit, eine bürgerliche Ordnung unter Menschen aufrechtzuerhalten, die den christlichen Blick nicht teilten. In seiner vernichtenden Erwiderung auf den liberalen Individualismus von John Stuart Mill hat Sir James Fitzjames Stephen – der administrative und juristische Positionen in Indien bekleidet hatte – eine politische Philosophie entwickelt, die bewusst von jedem spezifischen religiösen Glauben gereinigt war, die Religion jedoch trotzdem als einen unverrückbaren Teil der menschlichen Psyche betrachtete.[101] Und ich nehme an, dass die meisten Briten mit ihm einverstanden wären. Wir sehen Religion als die Wurzel von Gemeinwesen und als Trost im Leben des Einzelnen. Aber wir gestatten ihr nur eine zeremonielle Rolle im Leben des Staates, der auf rein säkularen Prinzipien beruht, zu denen auch die

100 Diese Denktradition wird untersucht und unterstützt durch Russell Kirk, in *The Conservative Mind: From Burke to Santayana*, 1953, 7. Ausgabe: Washington DC, Regnery, 2001. Sie wird zurzeit vertreten durch das Magazin First Things.

101 Sir James Fitzjames Stephen, *Liberty, Equality, Fraternity*, London, Holt and Williams 1874.

Religionsfreiheit gehört. Das Reich der religiösen Werte ist für alle offen: Wir können Kirchen und Tempel besuchen, wir können die verschiedenen Formen von Heiligkeit und Rechtschaffenheit kennenlernen und uns an Frieden, Hoffnung und Trost erfreuen, den Religion verschafft. Aber wir müssen anderen das Recht zugestehen, anders zu sein.

Das bedeutet nicht, dass Konservative die bürgerliche Gesellschaft ausschließlich säkular betrachten würden. Im Gegenteil, sie wissen, dass vieles von dem, was wir schätzen, religiösen Ursprungs ist. Viele der wichtigsten konservativen Anliegen zielen darauf, das Erbe an heiligen Gütern zu bewahren, deren Aura wir immer noch als kostbar empfinden, obwohl wir sie nicht mehr für ein göttliches Geschenk halten. Deshalb sind Konservative aktiv bei der Verteidigung des ländlichen Raumes gegen die Maschinen des Fortschritts, bei der Bewahrung von historischen Städten und Gebäuden, bei der Verteidigung der Formen und Zeremonien des öffentlichen Lebens und der Erhaltung der europäischen Hochkultur. Wir brauchen das Reich der heiligen Dinge, auch wenn wir nicht unbedingt an ihre transzendentalen Quellen glauben – deshalb ist Kultur für uns wichtig.

Es stimmt, dass die sonderbare ungeschriebene Verfassung des Vereinigten Königreiches für die anglikanische Kirche einen Platz in der Regierung vorsieht, sodass sie sich im Hintergrund des politischen Lebens bewegen kann wie der Lichtschein eines fernen Sterns. Doch obwohl sie bei Zeremonien und Akten der staatsbürgerlichen Bestätigung wichtig ist, besteht kein Unterschied mehr zwischen der britischen und der amerikanischen Auffassung der religiösen Freiheit. Die Gegenwart der anglikanischen Kirche in unserem Parlament entspricht in etwa der der Monarchie, wie Walter Bagehot[102] sie sah. Sie gehört in den Bereich des »Würdevollen« statt des »Effizienten« in der Regierungstätigkeit.[103] Sie ist eine harmlose Erinnerung an unsere Geschichte, daran, wo wir herkommen, und an die Quelle

102 Anm. der Übersetzerin: Walter Bagehot (1826–1877), liberaler Journalist und erster Herausgeber der Zeitung *The Economist*.
103 Walter Bagehot, *The English Constitution*, London, Chapman and Hall, 1867.

der moralischen Sichtweise, die in unseren Gesetzen und Bräuchen enthalten ist. Aber sie tut deshalb unserer säkularen Kultur keinen Abbruch.

In dem Maße, wie die Religion den öffentlichen Raum verlässt, wird die moralische Erziehung immer mehr zur Aufgabe der Familie – Sitz und Quelle unserer elementaren Bindungen. Jeder Revolutionär, von St. Just bis Lenin, hat die Familie als Feind revolutionärer Politik betrachtet. Marx und Engels widmeten gar ein ganzes Buch der Zerstörung der »heiligen Familie«, die sie für den ideologischen Auswuchs von Eigentum und Ausbeutung hielten. Angriffe auf die »bourgeoise Familie« gehörten zur Grundhaltung der 68er-Radikalen, fortgesetzt wurde diese Haltung in der letzten Zeit von Feministen und anderen. Die Befürworter offener Lebensstile verwarfen alle sexuellen und reproduktiven Normen als beleidigend, und man kann ohne Weiteres feststellen, dass die altmodische Zwei-Eltern-Familie als Institution immer mehr bedroht ist, weil die Menschen andere Wege des Zusammenlebens und der Aufzucht von Kindern suchen.

Ebenso wie bei der Religion betreten wir auch hier das Reich der Werte: einen Bereich, in dem Menschen Trost in Aktivitäten finden, die keinen anderen Zweck kennen als sich selbst. Neue Formen der Familienbande können entstehen und alte Formen untergehen, und doch bleibt es bei der alten grundlegenden Wahrheit, dass die Familie der Ort ist, wo Lebensziele verwirklicht und genossen werden. Hier entsteht unsere erste Vorstellung vom Heim, sie ist der Ort, den wir (wenn alles gut geht) eines Tages wiederzuentdecken trachten, die Schatzkammer der Gefühle, die wir unseren eigenen Kindern erneut öffnen. Deshalb neigten Konservative in der säkularen Gesellschaft dazu, sich mehr Sorgen um die Familie als um die Religion zu machen, während sie durchaus wussten, dass die beiden miteinander verflochten waren und es bis zu einem gewissen Grad heute noch sind. Dies führte zu einem Paradoxon. Während Konservative auf der einen Seite durchaus wissen, dass die Familie eine Institution der bürgerlichen Gesellschaft ist, die von unten wächst und die elementaren Bande freier Zusammenschlüsse aufweist, haben sie auf der anderen Seite die Ansicht der französischen Revolutionäre akzeptiert, nach der der Staat das Recht besitzt, die Familie nach seinen eigenen Bedürfnissen zu formen.

Die Familiengesetze entsprangen dem Wunsch, eine spezifische Form des häuslichen Lebens zu beschützen, die auf der lebenslangen Union von Mann und Frau beruht. Doch sobald der Staat in das Anknüpfen menschlicher Verbindungen verwickelt wurde, begann er – als Antwort auf die radikalen Reformer – eine gleich große oder sogar noch größere Rolle bei deren Auflösung zu spielen. Unsere Gesetze gegen Inzest, Bigamie und Kinderehe spiegeln die Auffassung wider, dass die Ehe, wenn durch den Staat definiert, nach anderen, höheren Standards beurteilt werden muss. Doch wenn die Ehe umgeschrieben wird in einen Vertrag zwischen Partnern, bei dem zukünftige Generationen keine Stimme haben, verlieren diese Gesetze ihre ursprüngliche Begründung. So hat der Staat durch eine Serie von fast unmerklicher Änderungen – wie die Zulassung der immer einfacheren Scheidung und der immer eklatanteren Vernachlässigung der Kinder – die schrittweise Auflösung des Ehegelübdes beaufsichtigt, bis hin zu dem Punkt, an dem die Befürwortung der Homosexuellenehe nicht nur die logische Konsequenz all des Vorausgegangenen ist, sondern ein Angebot der »Gleichbehandlung« an eine früher marginalisierte Minderheit.

Westliche Gesellschaften haben sich in Bezug auf homosexuelle Beziehungen weiterentwickelt, sie haben sie als eine Lebensweise akzeptiert und das Recht des Staates anerkannt, sie als zivile Partnerschaften zu bestätigen. Der Bund zwischen Ehemann und Ehefrau, ebenso wie zwischen Eltern und Kind, hat jedoch eine moralische Natur und kann nicht unter den Begriff der freien Übereinkunft subsumiert werden. Konservative trauern insbesondere dem alten rituellen Bund nach und fragen sich, mit welchem Recht der Staat ihn zuletzt – ohne ein klares Mandat dafür gehabt zu haben – beseitigt hat. Und manche sind beunruhigt durch die flache Argumentation, die die politische Diskussion dieser Frage gekennzeichnet hat, und bei der so getan wurde, als reiche die Idee der Gleichheit schon aus, um alle Fragen des langfristigen Schicksals menschlicher Gesellschaften zu erledigen.

Doch wenn wir uns fragen, wieso die Befürwortung der Homosexuellenehe zu einer Orthodoxie wurde, die so viele aus unserer politischen Elite befürworten, müssen wir auch auf die Einschüchterung zu sprechen kommen, die dabei ebenfalls eine Rolle gespielt hat. Wenn jemand auch nur einen Moment in dieser Angelegenheit zögert, wird sich sofort einer finden, der ihn der »Homophobie« bezichtigt, während andere dafür sorgen werden, dass dies allgemein bekannt wird – auch wenn sonst nichts über die Ansichten der betreffenden Person bekannt ist. Nur jemand, der nichts zu verlieren hat, kann das Problem mit der nötigen, der Sache erforderlichen Umsicht diskutieren, und Politiker gehören nicht zu jenen, die nichts zu verlieren haben. Trotzdem werden Konservative erkennen, dass Menschen mit normalem Gewissen ein gewisses Unbehagen im Angesicht von Veränderungen empfinden, die soziale Normen, die während der ganzen bekannten Geschichte galten, umwerfen. Menschen von konservativer Gesinnung suchen – wie in so vielen anderen Fragen auch – nach einem Sprecher, der sie vertritt, und finden nur betretene Stille vor. Schrille Minoritäten sind immer häufiger bereit, ihre Gegner zu zensieren und stellen so sicher, dass je tiefgründiger die Frage ist, umso flacher die Argumente ausfallen, mit denen sie erledigt wird.

Eine christliche Antwort wäre, dass der Staat die Ehe definieren kann, wie er will, er kann gesetzliche Privilegien an welche Paare auch immer verleihen, die er unter seinen Schutz zu stellen beschlossen hat, aber das hat keine Auswirkungen auf die Realität, die eine Frage der Metaphysik und nicht der Übereinkünfte ist. Die Ehe ist dieser Ansicht entsprechend ein Sakrament, das vom Staat weder erschaffen, noch abgeschafft werden kann. Deshalb habe sich durch die neue Rechtsordnung nichts geändert.

Diese Antwort ist nachvollziehbar, jedoch kurzsichtig. In unserer säkularen Gesellschaft hat der Staat notgedrungen viele religiöse Funktionen übernommen. Außerdem muss man die Ehe nicht als

Sakrament und Gelübde vor Gott verstehen, um eine traditionelle Auffassung von ihr zu haben. In jeder Gesellschaft, von der Aufzeichnungen existieren, wird Ehe als ein Bund zwischen Mann und Frau gesehen, an dem die ganze Gesellschaft ein Interesse hat. Mit der Ehe beginnen Familien, und die von den Partnern übernommenen Verpflichtungen gehen weit über jedweden Vertrag zwischen ihnen hinaus, weil sie Menschen betreffen, die noch nicht geboren sind und die von der substanziellen Verbindung ihrer Eltern abhängen werden. So war es im Römischen Recht, das die Ehe zwar als eine zivile Verbindung betrachtete, jedoch nicht als einen Vertrag zur Kohabitation. Wie die lateinische Bezeichnung *matrimonium* beweist, handelte es sich bei der Einrichtung nicht um sexuelle Liebe, sondern um Mutterschaft. Ehemann und Ehefrau verbanden sich nicht einfach für ein gemeinsames Leben: Sie standen am Beginn eines existenziellen Übergangs von einer Station der Existenz zur nächsten, in der Kinder das wichtigste Element sein würden. Der soziale Status der Ehe wurde ebenso definiert, völlig unabhängig davon, dass es auch kinderlose Ehen und Ehen unter Menschen jenseits des gebärfähigen Alters geben konnte.

Auch in Stammesgesellschaften gehen Menschen durch die Ehe in einen neuen Stand über. Der ganze Stamm ist in die Bestätigung des Bundes zwischen Ehemann und Ehefrau involviert, und die Hochzeit ist die zeremonielle Anerkennung dessen, dass die Partner sich nicht allein einander, sondern auch dem Spross ihrer Verbindung und der Zukunft des Stammes widmen würden. Heiratsrituale feiern sowohl die sexuelle Vereinigung als auch den sexuellen Unterschied und erlegen dem Hochzeitspaar die heilige Verpflichtung auf, im Interesse der kollektiven Zukunft fruchtbar zu sein und Kinder – folgsame Mitglieder der Gesellschaft – zu produzieren.

Freilich, wir leben nicht mehr in Stämmen, und deshalb müssen sich alte Anpassungen den neuen Verhältnissen anpassen. Immer noch ist die Ehe der wichtigste Weg, auf dem soziales Kapital von einer Generation an die nächste weitergegeben wird. Auch für uns zeichnet die Ehe den Weg von Aufopferung und Hingabe vor. Auch für uns gehören Kinder und Familienleben zum Wesen des Ehebundes. Und wir erleben während der Ehezeremonie verstärkt das Anderssein des anderen Geschlechts und die Ehe als »Schwelle« zum Gebiet dieses anderen Geschlechts.

Das bedeutet nicht, dass nur fruchtbare Paare heiraten sollen, und auch nicht, dass Ehen nicht mit Scheidung enden können. Es bedeutet, dass Ehe auf einer Norm beruht, die – wenn auch aus der Ferne – in allen Eventualitäten aufscheint, die unsere Natur und Zerbrechlichkeit hervorbringen kann. Entfernt man diese Norm, so wird die Institution so haltlos wie ein Zelt, aus dem man die zentrale Zeltstange entfernt hat. Sie wird aufhören weiterhin ein Bund über Generationen zu sein mit dem Ziel, Kinder zu erziehen, und nur noch ein Vertrag für Kohabitation sein, ebenso vorübergehend und anfechtbar wie jeder andere Deal auch.

Viele werden einwenden, dass es keinen Weg zurück zu den ehelichen Normen der früheren Generation gebe. Immer häufiger leben Menschen allein oder wechseln von einer vorübergehenden Beziehung zur nächsten und vermeiden Kinder als eine untragbare Last. Viele Männer halten die Existenz von Kindern nicht für einen ausreichenden Grund, in einer Ehe zu verbleiben, die ihren Zauber verloren hat. Schließlich ist ja der Staat da, um die Scherben aufzusammeln. Das klingt alles vertraut und ist eine ernsthafte Herausforderung für das konservative Denken. Die ganze Geschichte der Ehe – seit der Staat sich das Recht anmaßte, sie zu gestalten – ist eine Geschichte der Destabilisierung. Die richtige Antwort ist nicht – so meine ich –, zu versuchen, den Staat in eine andere Richtung zu lenken, damit er zum Wächter des traditionellen Ehestandes wird. Denn dies würde bedeuten, in der wichtigsten Frage nachzugeben, nämlich dem Staat zuzugestehen, dass er das Recht hat, die bürgerliche Gesellschaft nach seinen eigenen Rezepten zu formen. Die richtige Antwort ist, ein Zeichen zu setzen, indem man anders lebt und indem man die der Ehe zugrundeliegende spirituelle Wahrheit anerkennt, dass sie nämlich eine Verpflichtung ist, die durch das Gelübde der Partner und nicht durch den Stempel eines Standesamtes eingegangen wird.

Was die Ehe- und Familiengesetze betrifft, so müssen sie sich den gesellschaftlichen Veränderungen entsprechend wandeln, sollten jedoch nicht die Lokomotive der Veränderungen sein. In diesem Bereich – wie in jedem anderen auch – ist es die Aufgabe des Staates, die bürgerliche Gesellschaft zu beschützen, und sie nicht auf ein Ziel hin zu formen, das nicht schon im gesellschaftlichen Gewebe enthalten ist. Nur wenn die Ehe als eine »echte Verbindung« wiederentdeckt wird, aus der eine neue, gemeinsame Persönlichkeit entwächst, können wir das Reich der häuslichen Werte für uns zurückerobern. Wir wissen nicht, welche Form die Familie in Zukunft annehmen wird. Aber wir wissen, dass sie zu einem intrinsischen Gut werden kann, wenn ihr die existenzielle Verpflichtung der Eltern zueinander und zu ihrem Nachwuchs zugrunde liegt und sie zu einer Übereinkunft wird, in der alle Mitglieder Erfüllung und gegenseitige Unterstützung finden. Wenn der Staat eine Rolle dabei spielen soll, dann nur die, den Raum, den eine solche Verbindung braucht, zu schaffen und zu beschützen.

Sowohl Religion als auch Familie gehören ins Reich der Werte. Doch Religion ist zunehmend marginal im Leben der Städtebewohner geworden, und die Familie beginnt, ihren privilegierten Status als Forum des Friedens und der Erfüllung zu verlieren. Für viele sind Arbeit und Freizeit die primären Bereiche der Gemeinsamkeit. Und in diesen beiden Bereichen müssen unsere politischen Visionen am ehesten auf den Prüfstand. Das soziale Gewissen, das sich im Laufe des 19. Jahrhunderts in der westlichen Zivilisation zu verbreiten begann, war weniger eine Reaktion auf die Armut der neuen, städtischen arbeitenden Klassen als auf die Arbeit, die sie versklavte. Sowohl der Konservative John Ruskin als auch der Radikale William Morris hegten die Vision von einer anderen Art von Arbeit, die neben der Produktion von Gütern auch eine Gesellschaft produziert, in der Handwerkskunst, Fertigkeiten und Hingabe an das ganze Produkt die Freiheit und das Selbstverständnis des Arbeiters zum Ausdruck bringt. Diese Arbeit sollte ein Spiegelbild des Arbeiters sein, so wie ein Kunstwerk das Spiegelbild des Künstlers und die Regierungsarbeit das des Staatsmannes ist. Diese romantische Vision ist von Hegel entwickelt und an Marx weitergegeben worden, der sie einerseits als Ideal schätzte (wie wir in der Beschreibung des voll entwickelten Kommunismus in *Die deutsche Ideologie* sehen können), andererseits jedoch als Illusion verachtete. Die »entfremdete Arbeit« des Industrieprozesses war für Marx eine notwendige Stufe auf dem Weg zum endgültigen Sieg über den Kapitalismus, denn dann erst würden die Arbeiter wieder ihr menschliches Wesen zurückerlangen.

Im vorigen Kapitel habe ich diesen halb-philosophischen, halb-schwärmerischen Ideen eine gewisse Glaubwürdigkeit bescheinigt. Aber sie hören sich heute zweifellos etwas antiquiert an. Die Industrieproduktion ist nur noch ein Bruchteil der modernen Ökonomie, die hauptsächlich aus Dienstleistungsunternehmen besteht. Außerdem arbeiten immer mehr Menschen als Selbstständige, die von Bedarfsnetzwerken und der Nachfrage abhängen, die in den modernen Städten reichlich vorhanden sind. Doch weiterhin trifft es zu, dass es einen großen Unterschied gibt zwischen einer erfüllenden und einer entfremdeten Beschäftigung. Menschen empfinden nur dann Erfüllung in der Arbeit, wenn sie ihre Arbeit als wertvoll ansehen – mit anderen Worten, wenn sie ebenso Ziel wie Mittel ist. Wer eine Fertigkeit oder einen Beruf hat, in die er nicht nur Zeit und Energie investiert hat, sondern mit denen er auch einige seiner Lebensziele verwirklicht, wird eher von seiner Arbeit erfüllt sein, als jemand, der mit einer Aufgabe beschäftigt ist, die er nur wegen der Bezahlung übernommen hat. Und jene, die auf ihrem Arbeitsplatz Kameradschaft und Teamgeist vorfinden, die die Anwesenheit dort lohnend machen, werden viel eher mit freudiger Erwartung an die Arbeit gehen, als jemand, der ohne jede Kommunikation stumm vor einer Maschine sitzt und sie füttert.

Das Bild, das Marx in *Das Kapital* und Engels in *Die Lage der arbeitenden Klassen in England* gemalt haben, ist heute so weit von der Wahrheit entfernt, dass man sich fragen könnte, ob die Natur der Arbeit heute überhaupt noch ein Problem für uns ist. Haben wir all das nicht hinter uns gelassen? Sind wir nicht eindeutig auf dem Weg in die Zukunft, wo die normale Form der Arbeit die des Selbstständigen ist, der seine Fertigkeiten an irgendeine Station der Informationsökonomie andockt und vom Ertrag lebt?

Das Bild ist aus zwei Gründen nicht so rosig. Erstens, weil es selbst dann, wenn das einzig wahre Produkt der Wirtschaft die Information sein sollte, sehr viele niedere Tätigkeiten gibt wie Verpacken, Putzen, Abfall beseitigen. Denn diese Tätigkeiten gehören zur Versorgung desjenigen, von dem dieses Produkt abhängt, nämlich des Menschen. Zweitens können wir in modernen Gesellschaften einen erheblichen Qualifikationsrückgang beobachten. Der Grund dafür ist der Wegfall technischer Fächer im Schulunterricht und der allgemeine Trend des Bildungssystems in Richtung des Unbestimmten und Ersehnten. In einer Umfrage in den 1980er-Jahren stellte man fest, dass sich die meisten Befragten Berufe wünschten wie Unterrichten oder im Bankenwesen oder im medizinischen Bereich zu arbeiten. Es sah so aus, dass die Kinder der Zeit gesellschaftlich nützlich und respektiert sein wollten. Eine ähnliche Umfrage wurde vom Fernsehsender Sky 2009 in Auftrag gegeben, und sie zeigte, dass die drei wichtigsten Berufswünsche Sportstar, Popstar und Schauspieler waren, alles Karrieren, die durch eine nicht vorhersagbare Wendung des Schicksals jemanden ins Scheinwerferlicht katapultieren, ohne dass sich der Betreffende irgendwie nützlich oder respektabel in den Augen der restlichen Gesellschaft gemacht hätte.[104] Es ist eine heikle Angelegenheit, wie das Arbeitsrecht und die Sozialpolitik an das Problem herangehen sollte. Aber es würde sicherlich jeden Konservativen erfreuen, wenn wenig oder gar nicht qualifizierte Tätigkeiten wie Reinigen und Abfallbeseitigung nicht mehr durch Angestellte verrichtet würden, sondern in den Bereich der Selbstständigen abwandern würden. Ein selbstständiger Reiniger hätte die Möglichkeit, mit

---

104 Siee Kwasi Kwarteng, *Britannia Unchained: Global Lessons for Growth and Prosperity*, London, Plagrave Macmillan, 2012, Kapitel 4: Work Ethic. Dieses Buch ist von vier jungen konservativen Parlamentariern geschrieben worden und enthält eine bemerkenswerte Beschreibung der Probleme der Arbeit im modernen Großbritannien.

seinen Kunden in ein vertragliches Verhältnis einzutreten, die Arbeit an seine persönlichen Bedürfnisse anzupassen und so auf seine persönliche Leistung stolz zu sein. Eine undankbare Aufgabe für eine undankbare Person verrichten zu müssen ist für jeden eine Schinderei – und jeder, der am unteren Ende des Arbeitsmarktes beschäftigt ist, weiß, was das bedeutet. Die Auflösung des Angestelltenverhältnisses zugunsten der Selbstständigkeit wäre meiner Meinung nach ein Schritt hin zur Überwindung der schlimmsten Demütigungen durch niedere körperliche Tätigkeiten.

Der Qualifikationsrückgang der Gesellschaft ist teilweise damit zu erklären, dass sich das Bildungssystem eher – was das Ergebnis des Angebots betrifft – verändert hat, und weniger in Hinsicht der Nachfrage nach ihrem Produkt. Die zunehmende Zahl von Schrottdiplomen und Scheinkompetenzen wird noch vervielfacht durch die staatliche Subventionierung jener, die die Absahner des Bildungsprozesses sind. Ihre Opfer sind die Studenten, die glauben, dass ein Diplom in Medienwissenschaften der Weg sei, in den Medien unterzukommen, oder ein Diplom in Friedenswissenschaften ein Weg zur Welterlösung sei. Die ganze westliche Welt braucht ein freieres System der höheren Bildung, wo Studenten nützliche Qualifikationen angeboten werden, und wo Lehrer ihre Kompetenzen nachweisen müssen. Ein Beispiel dafür könnten die amerikanischen freien Kunstakademien sein, und es gibt Zeichen dafür, dass es in Europa ähnliche Bestrebungen gibt, Institutionen zu errichten, die außerhalb der staatlichen Kontrolle stehen und von jenen finanziert werden, die bereit sind, ihr Produkt zu kaufen. Selbstverständlich werden alle Versuche, ein besonders beharrliches staatliches Monopol zu brechen, auf Widerstand stoßen. Aber diese Versuche finden bereits statt, und das Ergebnis könnte nicht nur die Rückkehr der Qualifizierung der Gesellschaft sein, sondern auch die Veränderung der Arbeitsstätten. Dort könnten Menschen mit echten Qualifikationen wieder stolz auf ihre Leistungen sein und sich mit anderen zusammentun, um berufliche Interessengemeinschaften zu bilden.

Das Problem der sinnvollen Arbeit ist nicht neu: Es ist erwähnt worden bei Chaucer, Shakespeare, Herbert, Stern und Fielding, lange bevor es in Dickens' Roman *Harte Zeiten* zum Hauptthema wurde. Die Griechen interessierte das Thema nicht besonders. Sie beschrieben Arbeit als *ascholia* – als Abwesenheit von Muße – und meinten damit, dass Arbeit nie mehr sei, als ein Mittel, durch das wir die wirklich wichtigen Momente verdienten und sozusagen in unserem ureigenen Bereich ankämen. Diese Momente widmete man einem höheren Gut, der *theoria,* dem geistigen Leben. Und ich vermute, dass heute für viele die Hauptquelle gesellschaftlicher Sorge die Frage geworden ist, was wir mit unserer Freizeit anfangen sollen. Die Muße war für Aristoteles eine gemeinschaftsformende Bühne, wo wir Freundschaften genießen und wo das Glück beginnt. Dank dem Internet sind heute Freundschaft und Muße sehr weit von Aristoteles' Ideal entfernt. Bei den einst normalen Formen zwischenmenschlicher Beziehungen wurden Menschen noch Freunde durch die Anwesenheit im Leben des anderen, verstanden die vielen feinen verbalen und körperlichen Signale, die Charakter, Gefühle und Absichten des anderen zum Ausdruck bringen und Zuneigung und Vertrauen zugleich aufbauen. Die Aufmerksamkeit heftete sich auf Gesicht, Worte und Gesten des anderen. Und seine oder ihre personifizierte Natur stand im Mittelpunkt der von ihm oder ihr entfachten freundschaftlichen Gefühle. Menschen, die solche Freundschaften aufbauen, sind zutiefst davon überzeugt, dass sie für den anderen sind, was der andere für sie. Das Gesicht des anderen ist ein Spiegel, in dem sie sich selbst sehen. Gerade weil sich die Aufmerksamkeit auf den anderen richtet, ergibt sich die Gelegenheit zur Selbstentdeckung und Selbsterkenntnis in der sich ausdehnenden Freiheit in Anwesenheit des anderen, was zu den Freuden des menschlichen Lebens gehört. Das Objekt der freundschaftlichen Gefühle schaut auf dich zurück, antwortet frei auf deine freien Aktivitäten und verstärkt so die Bewusstheit von beiden. Kurz gesagt, das traditionelle Konzept der Freundschaft war ein Weg der Selbsterkenntnis.

Doch wenn sich die Aufmerksamkeit auf einen Bildschirm heftet, verschiebt sich die Betonung deutlich. Meine Finger sind auf die Tastatur geheftet. Ich kann jederzeit das Bild wechseln und eine neue Begegnung suchen. Der andere ist in seinem Raum ebenso frei, doch nicht in meinem, denn er ist vollständig von meiner Entscheidung abhängig, ihn dort zu behalten. Ich behalte die endgültige Kontrolle und nehme in einem wichtigen Sinne das Risiko, das ich bei einer direkten Begegnung mit dem anderen auf mich nehmen würde, nicht auf mich. Es kann natürlich geschehen, dass er meine Aufmerksamkeit durch seine Botschaften, Bilder und Aufforderungen so in seinen Bann schlägt, dass ich am Bildschirm kleben bleibe. Nichtsdestotrotz ist es ein *Bildschirm*, an dem ich klebe, und kein Gesicht. Jede Interaktion mit dem anderen erfolgt über eine Distanz und kann mich nur betreffen, wenn ich es will. Ich übe über diesen anderen eine Macht aus, die ihm nicht bewusst ist, da er über die Intensität meines Wunsches, seine Präsenz auf den Raum vor mir zu beschränken, nichts weiß. Auch er wird deshalb kein Risiko eingehen: Er erscheint auf dem Bildschirm nur, wenn er die letztendliche Kontrolle behalten kann. Das ist etwas, was ich von ihm weiß, und er weiß, dass ich es weiß und umgekehrt. Zwischen uns entsteht eine Begegnung der minimierten Risiken, wobei wir beide wissen, dass der andere im Wesentlichen *zurückgenommen* agiert, souverän in seinem eigenen uneinnehmbaren Cyberschloss. Diese Zurückhaltung wird durch die bekannte Strafe für Intimität und Indiskretion erzwungen: Ob eine enthüllende Bemerkung oder der Ausdruck von Sehnsucht, Bedürfnis oder Zärtlichkeit – all das wird sofort »im ganzen Netz« verbreitet, sobald es einmal auf dem Schirm erschienen ist.

Nach Hegel bedeutet Freiheit die aktive Einmischung in die Welt, indem Widerstände erkannt und überwunden werden, Risiken angenommen und Befriedigung gefunden wird: Sie ist kurz gesagt eine Übung in praktischer Vernunft, in der Verfolgung von Zielen, deren Wert die Anstrengung begründen muss, die zu ihrer Erreichung notwendig war. Dementsprechend braucht das Selbstbewusstsein in seiner vollständig verwirklichten Form nicht nur die Offenheit für gegenwärtige Erfahrungen, sondern auch ein Gefühl für die eigene Existenz als Individuum, mit Plänen und Projekten, die erfüllt oder vereitelt werden, mit einem klaren Konzept dessen, was *ich* tue, mit welchem Ziel und welcher Hoffnung auf das Glück.

All das ist im Terminus *Selbstbestimmung* enthalten, der von Fichte zur Bezeichnung der inneren Ziele eines freien persönlichen Lebens eingeführt wurde. Es ist eine entscheidende Feststellung von Hegel, dass ein freies und selbstbestimmtes Leben nur durch andere zu erreichen ist. Ich finde nur in Zusammenhängen vollständig zu mir selbst, die mich zu realisieren zwingen, dass ich ein Anderer in den Augen von Anderen bin. Es ist nicht so, dass ich meine Freiheit und Individualität erwerbe und sie dann in der Welt der zwischenmenschlichen Beziehungen ausprobiere. Erst wenn ich in die Welt mit all ihren Risiken, Konflikten und Verantwortlichkeiten eintrete, erkenne ich mich als frei, erst dann kann ich meine eigene Perspektive und Individualität bestimmen und eine erfüllte Persönlichkeit unter anderen Personen werden.

Bei seinem Versuch, »Hegel vom Kopf auf die Füße« zu stellen, hat der junge Marx eine wichtige Unterscheidung getroffen zwischen der wahren Freiheit, die durch Beziehungen zu anderen Personen entsteht, und der verdeckten Versklavung, wenn sich unsere Unternehmungen statt auf Personen auf Gegenstände richten. Anders ausgedrückt, er schlug eine Unterscheidung vor, zwischen der Selbstverwirklichung in freien Beziehungen zu anderen und der Entfremdung vom Selbst in der Welt der Dinge. Diese Unterscheidung bildet den Kern seiner Kritik am Privateigentum, und es ist eine Kritik, die mindestens so sehr mit Allegorien und Geschichten beladen ist wie die ursprünglichen Argumente Hegels. In den späteren Schriften überführte er diese Kritik in die Theorie des »Fetischismus«, durch den Menschen ihre Freiheit verlören, indem sie aus Gegenständen Fetische machten. Ein Fetisch ist eine Ware, die lebendig wird durch ein Leben, das von einer anderen Quelle *transferiert* wurde. Der Konsument in der kapitalistischen Gesellschaft transferiert sein Leben an Waren, die ihn verhexen, und so verliert er sein Leben und wird zum

Sklaven der Waren, weil er den Markt der Güter als den Ort betrachtet, wo seine Wünsche vermittelt und verwirklicht werden, statt in der freien Interaktion von Menschen.

Ich bin mit der Kritik des Eigentums und der Märkte nicht einverstanden. Ich sehe sie als lebendige Sprösslinge einer Philosophie, die, wenn sie richtig verstanden wird, die freien Transaktionen auf dem Markt ebenso unterstützt wie die freien Beziehungen unter Menschen im Allgemeinen, die beide jeweils die Anwendung des anderen sind. Allerdings hat die marxistische Kritik eine direkte Anwendung für die Probleme parat, die in unserer neuen Welt der Internetabhängigkeit entstehen.

Unanfechtbar erscheint es mir, dass die Freiheit als Wert auch ein Artefakt ist, das durch die gegenseitige Interaktion von Menschen entsteht. Diese gegenseitige Interaktion ist es, die uns aus dem tierischen in den menschlichen Zustand erhebt. Sie befähigt uns, Verantwortung für Leben und Taten zu übernehmen, unsere Ziele und unseren Charakter unserem Urteil zu unterwerfen sowie die Natur der persönlichen Erfüllung zu verstehen, nach ihr zu verlangen und sie zu wollen. Dieser Prozess ist entscheidend für die Entstehung der menschlichen Persönlichkeit als einem selbstkennenden Akteur, der fähig ist, vernünftig abzuwägen und zu handeln, mit einer eigenen Perspektive und einem Gespür für seine oder ihre Realität als einer Person unter anderen. Es ist ein Prozess, der auf realen Konflikten und Entscheidungen in einem gemeinsamen öffentlichen Raum beruht, wo wir alle Verantwortung dafür tragen, was wir sind und tun. Alles, was diesen Prozess behindert, das Wachstum der zwischenmenschlichen Beziehungen unterminiert, indem es Verantwortung auslöscht oder das Individuum daran hindert, langfristige, rationale Entscheidungen zu treffen und eine konkrete Vision der Erfüllung zu entwickeln, ist übel. Es mag ein unvermeidliches Übel sein, doch ist und bleibt es ein Übel – dem wir widerstehen sollten, wenn wir können.

Wir sind vernunftbegabte Wesen, sowohl der praktischen als auch der theoretischen Urteilskraft mächtig. Die praktische Urteilskraft entwickelt sich durch die Konfrontation mit Risiken und Ungewissheiten. Solange wir in der passiven Haltung verharren, ist das Leben auf dem Bildschirm frei von Risiken. Wenn wir eine neue Website anklicken, riskieren wir keine physische Gefahr, emotionale Peinlichkeit oder Verantwortlichkeit anderen gegenüber. Dies ist ganz offensichtlich im Falle der Pornographie, und deren Suchtcharakter ist all jenen bekannt, die Menschen im Zustand der verzweifelten Abhängigkeit betreuen.[105] Der Pornosüchtige genießt manche Vorteile der sexuellen Erregung, ohne die normalen Kosten. Doch die Kosten gehören in einem reifen Gefühlsleben zum Sex, und indem man sie vermeidet, unterminiert man die eigene Fähigkeit, eine echte sexuelle Beziehung einzugehen. Die Risikovermeidung breitet sich auch auf andere Gebiete aus und ist eine der signifikantesten Züge sozialer Plattformen. Man kann über den Bildschirm in Beziehungen eintreten und sie wieder verlassen, ohne je in Verlegenheit zu geraten, weil man anonym bleibt oder unter einem Pseudonym aktiv ist, man kann sich sogar hinter einem falschen Foto verstecken. Man kann seine Internetidentität jederzeit »töten«, ohne irgendwelche Konsequenzen erleiden zu müssen. Warum soll man dann in die Welt der echten Begegnungen hinausgehen, wenn dieser einfache Ersatz zur Verfügung steht? Und wenn der Ersatz zur Gewohnheit wird, entwickeln sich auch die für die echten Begegnungen notwendigen Tugenden nicht.

Risikovermeidung innerhalb menschlicher Beziehungen bedeutet *Verantwortlichkeit* zu vermeiden, die Weigerung, sich dem *Urteil* anderer auszusetzen, anderen *von Angesicht zu Angesicht* zu begegnen, sich – in welchem Maße auch immer – ihr oder ihm hinzugeben, oder sich dem Risiko der Ablehnung auszusetzen. Verantwortlichkeit ist nichts, was wir vermeiden sollten: Es ist etwas, was wir lernen sollten. Ohne sie kann weder die Fähigkeit zu lieben, noch die Tugend der Gerechtigkeit erlernt werden. Andere Menschen werden dann

105 Siehe Jean Bethke Elstain, James R. Stoner und Donna M. Hughes (Hrsg.), *The Social Cost of Pornography: A Collection of Papers*, Princeton N., Witherspoon Institute, 2010.

nur komplexe Apparate bleiben, mit denen man umgeht wie mit Tieren, um der eigenen Vorteile willen, und ohne dass die Möglichkeit der gegenseitigen Beurteilung bestehen würde. Gerechtigkeit bedeutet die Fähigkeit, den anderen als jemanden mit einem Anspruch an uns zu erkennen, weil er – wie wir – ein freies Subjekt ist und als solches Verantwortlichkeit von uns verlangt. Um diese Tugend zu erwerben, muss es zur Gewohnheit werden, anderen von Angesicht zu Angesicht zu begegnen und das Einverständnis des anderen zu gewinnen, statt ihm unseren Willen aufzuzwingen. Der Rückzug hinter den Bildschirm ist ein Weg, die totale Kontrolle über die Begegnung zu behalten, ohne jemals den Blickpunkt des anderen einnehmen zu müssen. Es bedeutet, den eigenen Willen als Eigenschaft der virtuellen Realität außerhalb des Selbst durchzusetzen, und dabei kein Risiko einzugehen, das man eigentlich eingehen müsste, sollte die Begegnung in der Realität stattfinden. Eine andere Person in seiner Freiheit zu begegnen bedeutet, seine Souveränität und seine Rechte anzuerkennen, das heißt, zu erkennen, dass die Situation nicht mehr nur der eigenen Kontrolle unterliegt, und dass man darin gefangen und in den Augen des anderen echt und verantwortlich geworden ist, ebenso wie der andere echt und verantwortlich in den eigenen Augen geworden ist.

Bei sexuellen Begegnungen ist es sicherlich offenkundig, dass ein Prozess des »Aus-sich-Herausgehens« zum anderen hin geschehen muss, wenn es wahre Liebe sein soll oder der Sexualakt mehr bedeuten soll als das bloße Aneinanderreiben von Körperteilen. Das »Aus-sich-Herausgehen« zu lernen ist ein komplexer moralischer Prozess, der nicht vereinfacht werden kann, ohne den Sex vom Prozess der psychischen Bindung abzusondern. Und wie mir scheint, ist diese Bindung immer mehr bedroht, und das geschieht gerade deshalb, weil das sexuelle Vergnügen ohne Gerechtigkeit und Hingabe auskommt. Wenn wir uns auf den Bildschirm als die Plattform der persönlichen Entwicklung verlassen, eignen wir uns die Gewohnheiten von Beziehungen ohne Disziplin und Verlässlichkeit an. Dann wird Sex in der gleichen narzisstischen Weise praktiziert wie die Ersatzerregungen, durch die er eingeübt wurde. Er wird in jenem undefinierbaren »Anderswo« stattfinden, wohin die Seele selbst in den Momenten der Lust zu flüchten scheint.

Es steht so viel auf dem Spiel bei den beschriebenen Tendenzen, dass sich Konservative unbedingt in den Kampf stürzen und herausfinden sollten, in welcher Weise die neuen Gerätschaften und Netzwerke genutzt werden könnten, die bürgerliche Gesellschaft zu stützen, statt sie zu zerstören. Es ist zu einfach geworden, den Bildschirm zu nutzen, um das Reich der Werte, die uns die Muße bietet, zu umgehen, und die Assoziationen, in denen wir »zu uns nach Hause finden«, eher zu blockieren, statt zu unterstützen. Auch hier ist es notwendig, ein Beispiel zu setzen, zu zeigen, wie man anders leben kann, so, dass der Bildschirm zu einem Mittel für unsere wahren Ziele wird, statt zu einem Fetisch, der keine Erfüllung bringt.

Muße, die nicht entfremdet ist und den »Menschen wieder zu sich zurückführt«, ist nicht der Gegensatz von Arbeit oder etwas von ihr Abgesondertes. Sie ist die Fortsetzung und ein Zurücktreten von ihr, die Behandlung der Arbeit als legitimen Teil eines vollständigen Lebens. In der Genesis ist diese Vision von Muße dargestellt: Uns wird gesagt, dass Gott sechs Tage lang an der Erschaffung der Welt gearbeitet hatte und sich am siebten Tag ausruhte, nicht, um von seiner Arbeit abgelenkt zu werden, sondern im Gegenteil, um sein Werk zu genießen und über seinen Wert nachzudenken. Muße war für Gott die Begegnung mit dem Wert, der seiner Schöpfung innewohnte, die Gelegenheit, sein Werk ins Auge zu fassen und festzustellen, dass es gut war.

Dieser Abschnitt aus der Genesis ist die Grundlage der jüdischen Achtung des Sabbats, der dann von der christlichen Zivilisation als sonntäglicher Ruhetag übernommen wurde. Ein Ruhetag ist nicht dasselbe wie ein leerer Tag. Im Gegenteil, der Sonntag ist ein Tag der Freude, ein Tag des gemeinsamen Gottesdienstes und eines festlichen Mahls, zu dem das Beste, was man finden kann, auf der Familientafel angeboten wird. Nicht nur im christlichen und jüdischen Glauben ist das Konzept des heiligen Tages kanonisiert. Für Muslime ist dieser Tag der Freitag, und die heidnischen Feiertage der Griechen und Römer, die für die Kirche als Vorlagen dienten, folgten dem gleichen Konzept – als Tage des Feierns und der Hingabe, von alltäglichen Beschäftigungen abgesondert und eingehüllt in eine eigene magische Atmosphäre. Diese Abgesondertheit hat Aristophanes in *Die Thesmophoriazusen* dargestellt, ebenso wie ein unbekannter lateinischer Autor in seinem *Pervigilium Veneris*. Das ist, so könnte eine schlüssige Annahme lauten, eines der universellen Geschenke der Religion, ein Geschenk, das das Erlebnis der Muße gewandelt hat.

Ein wichtiger Bestandteil der Muße ist deshalb die Offenheit für Festtage. Feste reißen die Menschen mit, lassen sie ihre Alltagssorgen vergessen und bieten ihnen die Erfahrung von Lebenssinn als eines Gutes an sich. Sie bieten ein Paradigma von intrinsischem Wert, auf das die gängigen Klagen über die Muße und ihren Missbrauch nicht zutreffen. Man ist auf einem Fest nicht von sich entfremdet, man erlebt sich selbst, die anderen und die Welt ringsherum nicht in rein instrumentellen Kategorien. All die Klagen verschwinden, denn auf einem Fest steht man in einem anderen Licht, atmet eine andere Luft, um im menschlichen Dasein wiederhergestellt zu werden.

Ein Fest ist eine kollektive Bestätigung der Gemeinschaft, Freude über sich selbst und andere und ein Zeichen der Dankbarkeit an die Götter. Spuren davon haben in amerikanischen Football-Spielen, in Popfestivals und Rodeos überlebt, und verdeckt durch materielle Exzesse im traditionellen Weihnachtsfest und im islamischen Fest des Fastenbrechens. Bei einem Fest freuen sich die Menschen übereinander mit dem Gedanken, »Gut, dass es dich gibt«, und nehmen an symbolischen Akten teil, die die Gemeinschaft als etwas Höheres bestätigen, als etwas, was man gemeinsam teilt. (Viele registrierten eine ähnliche Stimmung während der Olympischen Spiele in London 2012, als der Geist der Bejahung und Nächstenliebe unter den Zuschauern und den Hilfskräften vorzuherrschen schien.)

Durch Feste begreifen wir, wie wir unser gesellschaftliches Leben gestalten. Sie haben eine religiöse Bedeutung. Ich verstehe hier »religiös« im denkbar weitesten Sinne des Wortes, das alle Versuche der menschlichen Gemeinschaften mit beinhaltet, ihr Schicksal zu rationalisieren, ihre Solidarität zu bestätigen und die wahre Gegenwart von etwas Höherem als sie selbst anzuerkennen. Alle wirklichen Feste weisen in diese religiöse Richtung. Wenn wir auf einen Gegenstand blicken, sei es eine Blume oder ein Kunstwerk, den wir unserer Betrachtung für würdig erachten, erlangen wir die religiöse Weltsicht wieder, egal wie einmalig unser Gefühl ist, und egal, wie weit wir von irgendeinem transzendentalen Glauben auch entfernt sein sollten.

Dieser Gedanke weist auf ein weiteres Reich der Werte hin, nämlich auf die Kultur, die wir um die Erfahrung der Schönheit aufgebaut haben. Die Kultur der Schönheit ist von unermesslichem Wert für uns. Sie vermittelt die Vision von Heimat und Zugehörigkeit, sie inspiriert uns in den einsamsten Momenten und bringt uns Licht in Zeiten der höchsten Not. Doch dieser Wert ist gegenwärtig ebenso Anfechtungen ausgesetzt wie die Werte des Glaubens und der Familie. Ich werde dieses Kapitel deshalb mit einer Skizze der natürlichen konservativen Position in den gegenwärtigen Kulturkonflikten beschließen.

So wie immer wieder Bräuche aus den unzähligen Bemühungen menschlicher Wesen entstehen, ihre Lebensführung zu koordinieren, so gehen kulturelle Traditionen aus den Diskussionen, Anspielungen und Gegenüberstellungen hervor, mit denen Menschen ihre Mußestunden ausfüllen. Eine Kultur ist der Weg, die Gepflogenheit der Urteilsbildung von Generation zu Generation weiterzugeben. Diese Gepflogenheit des Urteils ist unerlässlich für die moralische Entwicklung und ist die Grundlage für die Übergangsrituale, mit denen junge Menschen den Zustand der Jugend verlassen und die Lasten des Erwachsenenlebens auf sich nehmen. Eine gesunde Gesellschaft braucht deshalb eine gesunde Kultur, und das gilt auch dann, wenn sich die Kultur – so, wie ich sie definiere – nicht im Besitz der Mehrheit, sondern nur einer Minderheit befindet.

Manche werden diese Idee nicht mögen, entweder weil sie glauben, dass es diese »Urteilskraft«, auf die ich mich beziehe, nicht gibt. Oder wenn es sie doch geben sollte, sei sie unabänderlich »subjektiv« und habe weder die inhärente Fähigkeit, der skeptischen Überprüfung standzuhalten, noch könne sie das Überleben der Kultur in Zeiten des Zweifels sichern. Diese Antwort hat viele Varianten und verschiedene Zielsetzungen. In allen ihren Formen jedoch beruht sie auf einer Verwechslung, auf die Kant schon vor langer Zeit hingewiesen hatte.[106] Es trifft zu, dass unsere Beurteilungen von ästhetischen Objekten und Kunstwerken in dem Sinne subjektiv sind, dass sie den persönlichen Erfahrungen, Impressionen und Geschmäckern entspringen. Aber daraus folgt nicht, dass sie subjektiv wären in dem Sinne, dass sie kein Argument zu ihren Gunsten zuließen oder sich nicht mit wichtigen Erfahrungen und Gefühlen, die die Prüfungen des Lebens überstanden hatten, verbinden ließen.

Denken wir an das Lachen. Alle vernunftbegabten Wesen lachen – und vielleicht lachen ausschließlich vernunftbegabte Wesen. Und sie alle haben einen Gewinn dabei. Im Ergebnis ist eine menschliche Institution entstanden: der Witz, eine wiederholbare Vorführung in Worten oder Gesten, die als Objekt des Gelächters entworfen wurde. Nun ist es sehr schwer, genau zu sagen, was Lachen wirklich ist. Es ist nicht nur ein Geräusch – nicht einmal ein Geräusch, denn es kann auch still sein. Es ist auch kein Gedanke, wie ein Gedanke an ein unpassendes Objekt. Es ist eine Antwort *auf* etwas, was auch ein Urteil *über* dieses Etwas mit einschließt. Darüber hinaus ist es keine individuelle Besonderheit wie eine nervöse Zuckung oder das Niesen. Lachen ist ein Ausdruck von Belustigung, und Belustigung ist ein nach außen gerichteter, sozial bedeutungsvoller Zustand des Geistes.[107] Lachen beginnt als eine kollektive Gegebenheit, wie wenn Kinder über etwas Absurdes gemeinsam kichern. Im Erwachsenenalter gehört die Belustigung dazu, wenn Menschen die Gesellschaft voneinander genießen, ihre Gegensätze überwinden und ihr gemeinsames Schicksal

---

106 Immanuel Kant, *Die Kritik der Urteilskraft*, 1790. Hier stellt Kant die ästhetische Urteilskraft zum ersten Mal klar ins Zentrum moderner intellektueller Anliegen.

107 Siehe Frank Buckley, *The Morality of Laughter*, Ann Arbor, MI, University of Michigan Press, 2003. Hier wird ausgezeichnet dargestellt, wie die Natur des Lachens als eine gesellschaftsformende Praxis unter moralischen Wesen funktioniert.

akzeptieren. Lachen hilft, unsere Isolation zu überwinden und der Verzweiflung zu widerstehen.

Das bedeutet nicht, dass Lachen subjektiv wäre im Sinne einer unkritischen Beliebigkeit. Im Gegenteil, Witze sind Gegenstand von scharfen Auseinandersetzungen, und viele werden als »nicht witzig«, als Zeichen von schlechtem Geschmack oder als verletzend abgelehnt. Die Angewohnheit des Lachens kann nicht von der Angewohnheit getrennt werden, Dinge als des Lachens würdig zu beurteilen.

Belustigung ist als spontaner Überlauf sozialer Gefühle auch die am häufigsten praktizierte Form des Urteilens. Über etwas zu lachen bedeutet zugleich, darüber zu urteilen, und wenn wir über etwas, was ein anderer für witzig hält, nicht lachen, dürften wir damit unsere Missbilligung über die Einstellung dieser Person zum Ausdruck bringen. Ein Witz, der von schlechtem Geschmack zeugt, ist nicht einfach ein Fehler: Er ist eine Beleidigung, und einer der wichtigsten Aspekte der moralischen Erziehung von Kindern ist, ihnen beizubringen, andere nicht zu beleidigen. Wenn man sich all das überlegt, wird man schnell einsehen, dass Begriffe wie »Urteil« und »Geschmack« zwar schwer zu definieren, jedoch unverzichtbar sind.

Shakespeare zeigt uns ein aufschlussreiches Beispiel dafür in einer Nebenhandlung des Dramas *Was ihr wollt*. Der betrunkene Sir Toby Belch und seine verkommenen Gefährten beschließen, Malvolio, dem Diener der schönen Cousine von Sir Toby, aus Rache einen Streich zu spielen, weil der berechtigterweise, aber hochnäsig, Kritik an ihrem Benehmen geübt hatte. Der Streich besteht darin, dass sie Malvolio überzeugen, Olivia sei in ihn verliebt und werde ihn noch mehr lieben, wenn er nur verschiedenen absurden Vorschlägen zu seiner Kleidung und seinem Benehmen folgen würde. Im Ergebnis dieses Streiches wird Malvolio zuerst erniedrigt, dann verwundet und schließlich als Verrückter eingesperrt, der am Ende nur durch viele Wendungen einer possenhaften Handlung gerettet werden kann. Die Witzbolde zeigen oberflächliche Reue. Aber das Publikum, das zunächst mit ihnen lachte, blickt nun mit kalter Verachtung auf sie und mit verlegenem Bedauern auf Malvolio. Den Schluss des Stückes umhüllt eine Wolke des Unbehagens, nachdem das Lachen, das es vorangetrieben hatte, plötzlich dem Urteil und der Verurteilung weicht.

Diese Bemerkungen ergeben keine Theorie des Humors oder des »Geschmacksurteils«, von dem Ersteres abhängt. Aber sie weisen auf die Tatsache hin, dass es sich bei diesem Urteil um nichts Uneindeutiges handelt. Es ist ein vertrauter Teil des Lebens und spielt eine lebendige Rolle beim Zusammenschweißen der Gesellschaft. Die Urteilsfähigkeit kann erlernt werden, ist in allen ihren Formen von moralischer Bedeutung und schließt unsere tiefsten und wichtigsten sozialen Instinkte mit ein. Wenn man über die Belustigung und den Humor und ihren Platz in unserem Leben nachdenkt, bekommt man eine wichtige Andeutung einer allgemeineren Wahrheit über Wesen und Bedeutung von Kultur – nämlich, dass Kultur Urteil ist, und dieses Urteil zählt.

Das Beispiel hilft uns, die zur Routine gewordene Ablehnung von Kultur und des Strebens nach ihr zurückzuweisen – eine Ablehnung, die mit der Skepsis über das Konzept der Kunst beginnt. Vor einem Jahrhundert signierte Marcel Duchamp ein Urinal, nannte es »La Fontaine« und stellte es anschließend als Kunstwerk aus. Diese berühmte Geste wurde seither bis zum Erbrechen wiederholt, und wenn Studenten überhaupt etwas an Kunsthochschulen lernen, dann ist es die Fähigkeit, diese Geste zu wiederholen und zu glauben, originell zu sein – dies ist eine epistemologische Errungenschaft, vergleichbar mit der Fähigkeit der Weißen Königin in Lewis Carrolls *Alice im Wunderland*, die in ihrer Jugend an sechs unmögliche Dinge vor dem Frühstück denken konnte. Ein unmittelbares Ergebnis von Duchamps Streich war, die Entstehung einer intellektuellen Industrie, die der Beantwortung der Frage »Was ist Kunst?« gewidmet war.

Die von dieser Industrie produzierte Literatur hat einen Skeptizismus hinterlassen, der den Angriff auf die Kultur befeuerte. Wenn alles als Kunst gelten kann, dann hat die Kunst ihren Sinn verloren. Es bleibt nur noch die merkwürdige, aber unbegründete Tatsache, dass einige Leute gewisse Sachen gern ansehen und andere wiederum andere. Was den Vorschlag betrifft, dass es einen Ansatz von Kritik geben könnte, der nach objektiven Werten und bleibenden Denkmälern des menschlichen Geistes sucht, so wird diese These auf der Stelle verworfen, da es angeblich auf einem Konzept von Kunst beruhe, das durch Duchamps »Brunnen« längst weggespült wurde.

Das Argument wurde mit boshaftem Witz von John Carey vorgetragen[108] und entwickelte sich schnell zur Orthodoxie, nicht zuletzt, weil es die Menschen von der Last der Kultur zu emanzipieren schien. Es erklärt ihnen, dass all die verehrungswürdigen Meisterwerke ungestraft ignoriert werden können, dass Reality-TV so gut wie Shakespeare, Techno so gut wie Brahms sei, da nichts besser als das andere, und jeder Anspruch an ästhetischen Wert nur leeres Geschwätz sei. Allerdings beruht das Argument auf einem elementaren Fehler des Denkens über Kunst, den John Stuart Mill als »natürlich« bezeichnete: die Annahme, Kunst sei wie Wasser, Calcium-Carbonat oder ein Tiger, deren Wesen nicht durch menschliche Interessen, sondern dadurch bestimmt sind, wie sie eben sind.[109] Wenn wir bei der Definition von Kunst versuchten, bestimmte Züge der natürlichen Ordnung zu isolieren, dann würde unsere Definition sicherlich versagen, da wir den Begriff nicht eingrenzen könnten. »Kunst« ist allerdings keine Bezeichnung für etwas Natürliches, sondern für etwas Funktionales. Das Wort »Kunst« funktioniert wie das Wort »Tisch«. Alles ist ein Tisch, wenn es wie ein Tisch genutzt werden kann – es kann Dinge tragen, und wir sitzen daran, um zu essen oder zu arbeiten. Eine Verpackung kann ein Tisch sein, ein altes Urinal kann einer sein oder ein menschlicher Sklave kann einer sein. Deswegen wird das Konzept noch nicht willkürlich und hindert uns auch nicht daran, gute von schlechten Tischen zu unterscheiden.

Kommen wir auf das Beispiel der Witze zurück. Es ist ebenso schwer, die Gattung Witz zu umschreiben wie die Gattung Kunstwerke. Alles kann ein Witz sein, wenn es jemand dafür hält. Denn »Witz« ist eine funktionale Bezeichnung. Ein Witz ist ein Artefakt,

---

108 John Carey, *What Good are the Arts?* London, Faber and Faber, 2005.
109 John Stuart Mill, *A System of Logic*, 10. Auflage, London, Longmans, 1879, Buch 1, Kapitel 7, Sektion 4.

gemacht, um zu erheitern. Er kann seine Funktion verfehlen, in diesem Falle ist es ein Witz, der »verpufft«. Oder er funktioniert, ist jedoch verletzend, dann ist es ein »geschmackloser Witz«. Doch nichts davon beinhaltet, dass die Kategorie des Witzes willkürlich ist, oder dass es etwas wie den Unterschied zwischen einem guten und einem schlechten Witz nicht gibt. Auch wird in keiner Weise behauptet, dass es keinen Platz für Kritik an Witzen oder für eine moralische Bildung gibt, deren Ziel die Entwicklung eines Sinns für würdevollen und anständigen Humor ist. Tatsächlich wäre das Erste, was man im Zusammenhang mit Witzen lernen könnte, dass Duchamps Urinal tatsächlich ein Witz war.

Was ich über Witze sagte, gilt ohne Weiteres auch für Kunstwerke. Alles ist Kunst, wenn das jemand ernsthaft behauptet. Denn Kunst ist von funktionaler Art. Ein Kunstwerk setzt voraus, dass es ein Objekt von ästhetischem Interesse ist. Es kann seine Funktion verfehlen, und dann ist es ästhetisch leer. Oder es erfüllt seine Funktion, ist aber anstößig, dann ist es dreist, vulgär, obszön oder was auch immer. Doch nichts davon impliziert, dass die Kategorie Kunst willkürlich ist, oder dass es so etwas wie die Unterscheidung zwischen guter und schlechter Kunst nicht geben kann. Noch weniger bedeutet es, dass es keinen Platz für Kunstkritik gibt oder für eine Bildung, die das ästhetische Verständnis zum Ziel hat.

Es ist kaum überraschend, dass Witze und Kunstwerke sich so ähnlich sind. Manche Kunstwerke bestehen aus nichts anderem als Witzen: Nicht nur Frechheiten wie Duchamps Urinal gehören zu dieser Kategorie, sondern auch umfangreiche literarische Werke wie Laurence Sterns *Tristram Shandy* oder Lewis Carrolls *Alice im Spiegelland*. Komödien und Witze sprechen das gleiche emotionale Repertoire an. Witze können – wie Kunstwerke auch – endlos wiederholt werden. Doch indem ich Kunst als funktional definierte, habe ich eine neue Idee eingeführt – die des »ästhetischen Interesses«. Wir alle kennen dieses Interesse, auch wenn wir nicht unbedingt wissen, wie wir es definieren sollen. Und wir wissen auch, dass das ästhetische Interesse ebenso wie die Belustigung untrennbar mit dem Urteilen verbunden ist. So entsteht die Kunst- und Literaturkritik, die zu den bemerkenswertesten Errungenschaften unserer Kultur gehört.

Kunstwerke sind ebenso wie Witze Objekte der Wahrnehmung: Damit, wie sie aussehen, wie sie sich anhören, sprechen sie unsere sensorische Wahrnehmung an. Das ästhetische Interesse sieht die Welt, wie sie tatsächlich zu sein scheint. Wie Wallace Stevens in seinem Gedicht *The Emperor of Ice-cream* sagt: »Lass das Sein das Ende des Scheins sein« (»Let be be finale of seem«). Dann begegnen wir der Einheit von Erfahrung und Gedanken, eine Zusammenkunft des Sensorischen und des Intellektuellen, was im Alltag »Phantasie« genannt wird. Diese Tatsache platziert die Bedeutung der ästhetischen Erfahrung außerhalb der Reichweite von Wissenschaft und erklärt ihren besonderen Wert. Im Moment der Schönheit begegnen wir Bedeutung direkt und in sinnlicher Form: Wir fühlen uns bestätigt und berechtigt hier zu sein, jetzt und lebendig.

Das ästhetische Interesse bezieht sich auf Erscheinungsbilder. Doch es gibt Erscheinungsbilder, die wir meiden sollten, egal wie sehr sie uns auch faszinieren mögen. Im Gegensatz dazu existieren Erscheinungsbilder, die nicht nur statthafte Objekte ästhetischer Betrachtungen sind, sondern dieses Interesse auch mit Wissen, Verständnis und emotionaler Erhebung belohnen. Wir verachten die Spiele im alten Rom, im Laufe derer Tiere abgeschlachtet, Gefangene gekreuzigt und Unschuldige gequält wurden, alles nur für ein Spektakel und seine grausame Bedeutung. Wir würden das Spektakel auch dann missbilligen, wenn es nur simuliert wäre, wie in einigen filmischen Nachbildungen, und wir davon ausgehen müssten, dass das Interesse des Beobachters nichts mehr als hämische Faszination wäre. Aber wir rühmen die griechischen Tragödien, in denen inhaltsschwere Mythen in erhabene Verse gekleidet werden, die imaginierten Todesfälle vor unseren Blicken verborgen stattfinden, ohne das Publikum zu ergötzen. Das Interesse an dem Spektakel ist verdorben, an der Tragödie dagegen edel, urteilen wir. Und die Hochkultur hat, oder sollte zum Ziel haben, Erfahrungen wie im zweiten Fall zu erhalten und zu fördern, denn damit wird das menschliche Leben auf eine höhere Ebene gehoben – auf die Ebene der ethischen Reflexion.

Kultur umfasst nicht nur Kunstwerke, sie weist über ästhetische Interessen hinaus. Sie ist der Bereich *intrinsisch interessierender Artefakte,* die durch die Urteilsfähigkeit mit unseren Sehnsüchten und Idealen verbunden sind. Wir schätzen Witze, Kunstwerke, Argumente, Werke der Geschichtsschreibung und der Literatur, Manieren, Kleider, Rituale und die Formen des Benehmens. All diese Dinge wurden durch Urteile geformt. Eine Kultur besteht aus all jenen Aktivitäten und Artefakten, die durch das »gemeinsame Streben nach wahren Urteilen« geordnet sind, wie T. S. Eliot einmal sagte.[110] Wahre Urteile gehen einher mit der Suche nach Sinngehalt auf dem Wege der reflektierten Begegnung mit Dingen, die mit diesem Ziel im Blick hergestellt, komponiert und geschrieben wurden. Manche dieser Dinge werden Kunstwerke sein, adressiert an das ästhetische Interesse, andere werden diskursive Werke über Geschichte oder Philosophie sein, adressiert an das Interesse an Ideen. Beide Arten von Werken erkunden den Sinn der Welt und des gesellschaftlichen Lebens. Und beider Ziel ist es, die Urteile zu stimulieren, durch die wir einander und uns selbst besser zu verstehen lernen.

Künstlerische und philosophische Traditionen liefern die Paradigmen unserer Kultur. Und das Prinzip, das die Tradition ordnet, trifft auch Unterscheidungen, indem es den Kanon der Meisterwerke, anerkannte Denkmäler, »Prüfsteine«, wie Matthew Arnold sie einmal nannte, erschafft, die zu schätzen und zu verstehen das Ziel der menschlichen Bildung ist.[111] Deshalb konzentrieren sich Konservative bei der Verteidigung des Reichs der Werte auf die Lehrpläne und die Erhaltung jener großen Werke im Geist der Jugend, die ihre Gefühlswelt, in der sie leben, hervorgebracht hat, ganz gleich, ob sie sich dessen schon bewusst sind oder nicht.

110 T. S. Eliot, *On the Use of Poetry and the Use of Criticism*, London, Faber, 1933.
111 Matthew Arnold, *Culture and Anarchy*, London, Smith, Elder and Co. 1869.

Fundamental für dieses Vorhaben ist die Liebe zur Schönheit. Philosophen der Aufklärung sahen die Schönheit als einen Vorgang, im Laufe dessen bleibende moralische und spirituelle Konzeptionen eine sinnliche Form erlangen. Und kein romantischer Maler, Komponist oder Schriftsteller hätte der Behauptung widersprochen, dass Schönheit der wahre Gegenstand von Kunst ist. Doch irgendwann in der Folgezeit des Modernismus hörte Schönheit auf, Gegenstand von Huldigung zu sein. Kunst zielte immer häufiger darauf, zu beunruhigen, moralische Sicherheiten zu untergraben oder gegen sie zu verstoßen. Es war nicht mehr die Schönheit, sondern die Originalität – auf welchem Wege und zu welchen moralischen Kosten auch immer sie errungen wurde –, die mit Preisen belohnt wurde. Tatsächlich ist ein weit verbreiteter Argwohn gegen die Schönheit entstanden. Sie sei nahe an Kitsch, hieß es, etwas zu Süßes und Harmloses, als dass ein ernsthafter moderner Künstler sie verfolgen könnte. In einem wegweisenden Essay mit dem Titel »Avantgarde und Kitsch«, der 1939 in der *Partisan Review* erschien, stellte der Kritiker Clement Greenberg die Avantgarde seiner Tage schroff der mit ihr konkurrierenden figurativen Malerei gegenüber und verwarf Letztere (nicht nur Norman Rockwell, sondern auch Größen wie Edward Hopper) als abgeleitet und ohne dauerhafte Bedeutung. Die Avantgarde – so Greenberg – fördere das Beunruhigende und Provokative dem Tröstlichen und Dekorativen gegenüber, und deshalb habe sie unsere Verehrung verdient.

Der Wert abstrakter Kunst, behauptete Greenberg, liege nicht in der Schönheit, sondern im *Ausdruck*. Die Betonung des Ausdrucks ist ein Erbe der romantischen Bewegung. Sie ging jedoch auch mit der Überzeugung einher, dass der Künstler sich außerhalb der bourgeoisen Gesellschaft und in Opposition zu ihr befinde, und deshalb würde der künstlerische Selbstausdruck auch die Überschreitung gewöhnlicher moralischer Normen bedeuten. Diese offen gezeigte Haltung finden wir in der österreichischen und deutschen Kunst der Zwischenkriegszeit, zum Beispiel in den Malereien und Zeichnungen von Georg Grosz, in Alban Bergs *Lulu* (ein liebevolles Portrait einer Frau, deren einzig erkennbares Ziel das moralische Chaos ist) und den von Schäbigkeiten handelnden Romanen von Heinrich Mann. Der Kult des Tabubruchs ist das führende Thema der Nachkriegsliteratur in Frankreich, angefangen bei den Schriften von Georges Bataille, Jean Genet und Jean-Paul Sartre bis hin zur öden Leere des *nouveau roman*.

Es gab große Künstler, die versucht haben, die Schönheit vor der offensichtlichen Zerrüttung der modernen Gesellschaft zu retten, so, wie T. S. Eliot versucht hat, in den *Vier Quartetten* die Fragmente zusammenzufügen, die er in seinem Gedicht *Das wüste Land* betrauert hatte. Es gab auch andere, vor allem in Amerika, die abgelehnt haben, das Schäbige und Grenzen Überschreitende als *die Wahrheit* der modernen Welt zu betrachten. Für Künstler wie Edward Hopper, Samuel Barber und Wallace Stevens war der zur Schau getragene Tabubruch bloße Sentimentalität, eine billige Art, das Publikum zu stimulieren und ein Betrug an der heiligen Aufgabe der Kunst, das Leben, so wie es ist, zu feiern und seine Schönheit zu offenbaren – so, wie es Stevens in *An Ordinary Evening in New Haven* und Barber in *Knoxwille, Summer of 1915* gelungen ist. Doch irgendwie haben diese großen lebensbejahenden Künstler ihre Stellung an der Spitze der modernen Kultur verloren.

Was die Kritiker und die Kultur im weiteren Sinne betraf, so wurde das Streben nach Schönheit immer stärker an den Rand der künstlerischen Vorhaben gedrängt. Eigenschaften wie Tabubruch und Amoralität, die früher als Kennzeichen künstlerischen Scheiterns galten, wurden nun zu Bestandteilen des Erfolgs. Währenddessen wurde das Streben nach Schönheit zur Abweichung von der wahren Aufgabe des künstlerischen Schaffens erklärt, die darin bestehen sollte, die Orthodoxie herauszufordern und sich von konventionellen Zwängen zu befreien. Diese Tendenz wurde zur Normalität und stieg selbst zur Orthodoxie auf, was Arthur Danto veranlasste, in seinen Paul-Carus-Vorlesungen zu behaupten, dass Schönheit als Zielsetzung der Kunst betrügerisch sei und auf irgendeine Weise der Mission der modernen Kunst widerspreche.[112] So erhielt Kunst einen anderen Status und eine andere gesellschaftliche Rolle.

Es sieht ganz so aus, dass wo auch immer uns Schönheit erwartet, inzwischen auch der Wunsch entsteht, ihrer Wirkung entgegenzuwirken, sie mit Szenen der Zerstörung zu unterdrücken. Deshalb gibt es so viele Werke der zeitgenössischen Kunst, die auf Erschütterungen bauen, hervorgerufen durch das schwindende Vertrauen in unsere menschliche Natur – so wie zum Beispiel das in Urin eingelegte Kruzifix von Antonio Serra. Daher die Szenen von Kannibalismus, Zerstückelung von Körpern und Leiden ohne jede Bedeutung im zeitgenössischen Film, mit Regisseuren wie Quentin Tarantino, die kaum etwas anderes in ihrem emotionalen Repertoire parat haben. Daher die Invasion der Titel in der Popmusik, die mit ihren Texten und Rhythmen unablässig über Gewalt erzählen, oft ohne jede Melodie, Harmonie oder überhaupt irgendetwas, was als Brücke in die alte Welt der Lieder führen könnte. Und deshalb gibt es die Musikvideos, die inzwischen zu einer eigenen Kunstform geworden sind und eingezwängt in die Zeitspanne eines Popsongs, verblüffende Zeugnisse des moralischen Chaos' bieten.

Diese Phänomene zeugen von der zur Gewohnheit gewordenen Entweihung, sie feiern das Leben nicht mehr, sie machen es zur *Zielscheibe*. Heute kann ein Künstler Ruhm erlangen, indem er einen originellen Rahmen konstruiert, darin ein menschliches Gesicht zeigt und es dann mit Dreck bewirft. Was sollen wir davon halten? Und wie finden wir zu dem zurück, wonach sich so viele Menschen sehnen, nämlich zur Vision von Schönheit? Vielleicht ist es ein wenig sentimental in dieser Weise von der »Vision von Schönheit« zu sprechen. Doch was ich meine, ist kein mit Zuckerersatz bestreutes Weihnachtskartenbild des menschlichen Lebens. Es geht mir vielmehr um die elementare Art und Weise, wie Ideale und Anstand in unsere gewöhnliche Welt gelangen und sich zu erkennen geben, so wie Liebe und Güte sich in Mozarts Musik zu erkennen geben. Es

112 Arthur Dano, *The Abuse of Beauty*, Chicago und La Salle, IL, Open Court, 2003.

gibt in unserer Welt einen großen Hunger nach Schönheit, und es ist ein Hunger, den die populäre Kunst häufig nicht zu erkennen vermag und dem die ernsthafte Kunst mit Widerstand begegnet.

Nur weil es Künstler, Schriftsteller und Komponisten gibt, die sich während des vergangenen Jahrhunderts der Negativität der Erhaltung der Schönheit gewidmet haben, können wir hoffen, dass wir eines Tages die ermüdende Kultur des Tabubruchs hinter uns lassen werden. Wir sollten Schriftsteller wie Saul Bellow und Lyriker wie Seamus Heaney, Komponisten wie Henry Dutilleux und Michael Tippett, Architekten wie John Simpson und Quinlan Terry als Helden unserer Zeit begrüßen, weil sie an der Schönheit festhielten und ihr erlaubten, unsere problembelastete Welt zu erhellen und einen Weg in der Dunkelheit zu weisen. Was auch immer sie politisch gedacht haben, diese Künstler sind die wahren Konservativen unserer Zeit, weil sie erkannt haben, dass es keine künstlerische Wahrheit geben kann ohne die Tradition, die sie ermöglicht hat. Sie widmeten ihr kreatives Leben der Erhaltung, der Adaptation und der Transformation dieser Tradition, und bewahrten sie so vor dem Sterben.

Im 18. Jahrhundert, als organisierte Religion und zeremonielles Königtum begannen, ihre Autorität bei denkenden Menschen zu verlieren, als der demokratische Geist die ererbten Institutionen infrage stellte, und als die Idee um sich griff, dass nicht Gott, sondern der Mensch die Gesetze der menschlichen Welt macht, verlor auch die Idee des Heiligen seinen Glanz. Den Denkern der Aufklärung schien die Überzeugung, dass Artefakte, Gebäude und Orte einen heiligen Charakter haben könnten, kaum mehr als ein Aberglaube zu sein, wo sie doch alle Ergebnisse menschlicher Entwürfe waren. Die Idee, dass sich das Göttliche in unserer Welt zeigen und unsere Verehrung suchen könnte, schien weder glaubhaft, noch mit der Wissenschaft vereinbar zu sein.

Gleichzeitig haben Philosophen wie Shaftesbury, Burke, Adam Smith und Kant erkannt, dass wir die Welt nicht nur mit wissenschaftlichem Blick betrachten. Es gibt auch noch eine andere Haltung, nicht die der wissenschaftlichen Untersuchung, sondern der unvoreingenommenen Erwägung, die sich auf der Suche nach dem Sinn unserer Welt zuwendet. In dieser Haltung lassen wir unsere eigenen Interessen beiseite. Wir sind nicht mehr mit den Zielen und Projekten beschäftigt, die uns durch die Zeit treiben, wir sind nicht mehr damit befasst, Dinge zu erklären oder unsere Macht auszudehnen. Wir lassen zu, dass sich die Welt selbst darstellt und finden Trost in der Darstellung. Dies ist der Ursprung der Erfahrung von Schönheit. Diese Erfahrung kann nicht als Teil unseres alltäglichen Strebens nach Macht und Wissen verbucht werden. Es kann sich als unmöglich erweisen, sie mit dem tagtäglichen Einsatz unserer Fähigkeiten zu versöhnen. Aber es ist eine Erfahrung, die ganz offensichtlich existiert und die von größtem Wert für ihre Empfänger ist.

Hast und Unordnung des modernen Lebens, befremdliche Formen der modernen Architektur, der Lärm und die Verwüstungen der modernen Industrie haben echte Begegnungen mit der Schönheit seltener, zerbrechlicher und kaum noch vorhersagbar gemacht. Und doch wissen wir immer noch, wie es ist, wenn sie uns plötzlich durch Dinge, die wir sehen, aus der gewöhnlichen Welt unserer Begierden in die leuchtende Sphäre der Einkehr versetzt. So etwas geschieht häufig in der Kindheit, obwohl es dann nur selten interpretiert wird. Es geschieht während der Jugend und geht mit unseren erotischen Sehnsüchten einher. Und es geschieht unterschwellig im Erwachsenenalter, wenn es insgeheim unsere Lebensziele formt und uns eine Vorstellung von Harmonie vorgibt, der wir während unserer Urlaubsreisen, beim Bau eines Heims und während unserer privaten Träume folgen. Wir sind bedürftige Wesen, und unser größtes Verlangen gilt dem Heim – einem Ort, wo wir Schutz und Liebe finden. Wir erreichen dieses Ziel nicht allein, nur zusammen mit anderen. Und all unser Streben, unsere Umgebung so zu gestalten, dass sie gut aussieht – indem wir sie schmücken, ordnen, aufbauen –, sind Versuche, uns und unsere Lieben dort willkommen zu heißen. Deshalb ist das Bedürfnis nach Schönheit nicht einfach ein weiterer überflüssiger Eintrag auf der Liste der menschlichen Begierden. Wir können die Schönheit nicht entbehren und trotzdem ein erfülltes Leben führen. Die Sehnsucht nach ihr ist eine Folge unserer metaphysischen Beschaffenheit als freie Individuen, die ihren Platz in einer objektiven Welt suchen. Wir können entfremdet, grollend, voller Argwohn und Missgunst durch diese Welt wandern. Oder wir können hier ein Heim finden und zur Ruhe kommen, in Harmonie mit anderen und uns selbst. Auf diesem zweiten Wege leitet uns die Erfahrung der Schönheit: Sie sagt uns, dass wir in der Welt *zu Hause* sind, dass die Welt in unserer Wahrnehmung bereits geordnet ist und ein geeigneter Ort für das Leben von Wesen, wie wir es sind.

Betrachten wir irgendein Bild eines der großen Landschaftsmaler – Poussin, Guardi, Turner, Corot oder Cézanne – und wir werden entdecken, wie die Idee der Schönheit gefeiert und in einem Bild festgehalten wird. Es ist nicht so, dass diese Maler für das Leiden oder für die bedrohliche, unendliche Weite des Universums, von dem wir nur eine winzige Ecke besetzen, blind gewesen wären. Keineswegs. Landschaftsmaler zeigen uns Tod und Verwesung in der Mitte des Herzens von allem: Das Licht auf ihren Hügeln schwindet, die Wände der Häuser sind geflickt und bröckeln wie der Putz auf den Häusern der Dörfer, die Guardi gemalt hat. Doch ihre Bilder verweisen auf die selbst in dem Verfall verborgene Freude und auf das im Vergänglichen angedeutete Ewige.

Fast immer ist unser Leben durch vorübergehende Ziele organisiert: um die tagtäglichen Sorgen des wirtschaftlichen Denkens, um das kleinliche Streben nach Macht, um Bequemlichkeiten und das Bedürfnis nach Muße und Genuss. Aber nur wenig davon ist einprägsam oder bewegend. Hin und wieder jedoch werden wir aus dieser Selbstzufriedenheit herausgerissen und spüren die Anwesenheit von etwas gewaltig Bedeutsamerem als unsere gegenwärtigen Interessen und Wünsche. Die Realität empfinden wir dann als etwas Kostbares und Geheimnisvolles, was sich unserer bemächtigt, als sei es nicht von dieser Welt. Das ist das Erlebnis der Schönheit. Da ist absolut nichts, was aus den Verunglimpfungen gewonnen werden kann, die dieser Erfahrung von jenen entgegengeschleudert werden, die es nicht ertragen können, dem Mysterium unserer Existenz ins Auge zu blicken. Die Kultur der Entweihung lehrt uns etwas: Indem sie behauptet, unsere Ideale seien wertlos, beweist sie nur, dass sie *selbst* wertlos ist. Und wenn sich etwas als wertlos erwiesen hat, wird es Zeit, es zu verwerfen.

Für den Konservativen ist es deshalb offensichtlich, dass durch die Kultur des Tabubruchs nichts erreicht wurde außer dem Verlust, in dem sie schwelgt – dem Verlust der Schönheit als Wert und Ziel. Um der Angewohnheit der Entweihung entschieden entgegenzutreten, müssten wir die Bejahung und die Wahrheit des Lebens wiederentdecken, ohne die künstlerische Schönheit nicht verwirklicht werden kann. Wie die frühen Modernisten beweisen, ist das keine einfache Aufgabe. Wenn wir die wahren Apostel der Schönheit unserer Zeit betrachten, fällt uns sofort auf, dass sie ungeheuer hart arbeiten, in der Isolation des Fleißes leben und besondere Aufmerksamkeit dem Detail widmen. Das sind die Charakteristika, die zu ihrem Gewerbe gehören. In der Kunst muss um die Schönheit *gerungen* werden, und diese Arbeit ist immer härter als die Erzeugung des Lärms der Entweihung, der heute durch das Internet noch verstärkt wird und die leise Stimme unserer Humanität erstickt.

Eine Reaktion könnte sein, nach der Schönheit in ihrer eher alltäglichen Form Ausschau zu halten: nach der Schönheit von gepflegten Straßen und von heiteren Gesichtern, nach natürlichen Formen und wundervollen Landschaften. Es ist möglich, sich gewöhnlichen Dingen im Geiste von Wallace Stevens und Samuel Barber anzunähern, zu zeigen, dass wir uns mit ihnen heimisch fühlen und sie unser Leben verbessern und bestätigen. Das ist der überwucherte Pfad, den die frühen Modernisten einst für uns frei gemacht haben. Es gibt keinen Grund zu glauben, man könnte ihn nicht noch einmal frei machen. Im Bereich der Architektur, der Städteplanung und der Erhaltung des ländlichen Raumes zeigt uns immer noch das Licht der Schönheit den einzuschlagenden Weg.

Ich habe hier kurz die Bereiche von Werten überflogen, für die Konservative kämpfen sollten, und an welcher Stelle ihr Kampf dem höheren Wohl der Gemeinschaft dienen wird. Es geht hier nicht um Politik, sondern um eine Einladung, anders zu leben, in Übereinstimmung mit anderen Wesensgehalten. Das ist die Art, wie das Leben der bürgerlichen Gesellschaft geformt wird. Es ist bloß der beständige Schatten des Sozialismus im Denken moderner Menschen, der sie zu glauben verleitet, dass diese Angelegenheiten nur durch die Staatsmacht angegangen und berichtigt werden können. Selbstverständlich braucht der Staat eine Kulturpolitik, da die Gesetzgebung auf vielerlei Wegen in die Welt der Muße hineinwirkt. Diese Politik muss durch die Urteilskraft geprägt sein. Sie sollte nicht den Gepflogenheiten der Entweihung und der Niveaulosigkeit folgen, sondern der wahren Stimme unserer Kultur. Doch die ist an und für sich keine politische Stimme, und sie wird nur erhört werden, wenn Konservative bei der Erschaffung und Verteidigung des Reiches der Werte, die ich in diesem Kapitel beschrieben habe, aktiv mitwirken.

12. Praktisches

Es wird immer wieder den Ruf nach Zugehörigkeiten geben, die anders sind als jene, die sich aus freien Zusammenschlüssen und der bürgerlichen Gesellschaft ergeben. Es wird immer Menschen geben, die das politische Leben als eine Gelegenheit sehen, solidarische Massenbewegungen loszutreten, womöglich mit ihnen selbst als Anführer. Ich habe versucht, in *The Uses of Pessimism* die Irrtümer aufzudecken, zu denen diese Haltung führt. Solidarische Massenbewegungen erstarken meiner Meinung nach immer dann, wenn sich die Reserven der Vernunft erschöpft haben. Wir gelangen an diesen Punkt, wenn wir aufgehört haben, zu verhandeln, wenn wir aufgehört haben, den anderen das Recht zuzugestehen, anders zu sein, und aufgehört haben, nach den Gesetzen von Demut und Kompromissbereitschaft zu leben. Massenbewegungen spiegeln die Rückfallposition der menschlichen Psyche wider, wenn Angst, Verbitterung und Wut die Macht übernehmen, und wenn keine Gesellschaftsordnung mehr akzeptabel erscheint, ohne die absolute Einigkeit über ein Ziel.

Im Alten Testament scheint diese Position durch das Gewebe der zivilen Ordnung hindurch, und der Gott der Heerscharen schließt sich – begleitet vom Jubel der Propheten – dem Zerstörungswerk an. Wir begegnen ihr auch in den Revolutionen der modernen Zeit, nicht zuletzt in denen der Kommunisten und Faschisten. Wir finden sie in der Sprache von Marx und Lenin wieder – den säkularen Propheten, die im Namen von jenem Gott der »Geschichte« sprechen, der über alle unseren Götzen triumphieren werde. Diese prophetische Sprache ist wie der Nebel, der aus dem See unserer inneren Verbitterung aufsteigt. Konservative verstehen das. Sie möchten die zerbrechliche Kruste der Zivilisation so lange erhalten wie nur möglich, denn sie wissen, dass darunter nicht das idyllische Reich des Rousseauschen edlen Wilden liegt, sondern nur die gewalttätige Welt der Jäger und

Sammler. Mit dem zivilisatorischen Verfall konfrontiert, halten sie es mit Lord Salisbury, der sagte: »Aufschub ist Leben«.

Meine Erörterung implizierte, dass die Tugenden der westlichen Demokratien untrennbar mit der säkularen Rechtsstaatlichkeit verbunden sind, und dass das säkulare Recht von Natur aus territorial ist. Nur ein solches Recht kann die verschiedenen Religionen, Lebensstile und Ethnien unter einer gemeinsamen Form des zivilen Gehorsams unterbringen. Wir setzen uns deshalb für den Nationalstaat ein. Wir müssen den ständigen Versuchen transnationaler Körperschaften, die gesetzgeberische Macht der souveränen Nationen zu enteignen, Widerstand entgegenbringen. Manche meinen, dies sei im Falle Europas bereits eine verlorene Sache. Das ist aber nur so, weil unsere politische Klasse bei den zur Verfügung stehenden Gelegenheiten versagt hat. Sie hatte dabei nur den eigenen Vorteil im Blick, nämlich die Möglichkeit, alle schwierigen Fragen an Komitees von Bürokraten weiterzureichen, die in ihren gespenstischen Glastürmen der enteigneten Stadt Brüssel niemandem Rechenschaft schuldig sind.

Es gibt noch einen anderen Grund, warum unsere Politiker in dieser Sache den Bürokraten unterlagen: Es ist der Aufstieg und Triumph der Ökonomie und ihrer Transformation von einer Wissenschaft des logischen instrumentellen Denkens zur Ideologie des modernen Lebens. Als eine Wissenschaft mit Wurzeln in der Entscheidungstheorie ist die Ökonomie imstande, mithilfe von unumstrittenen mathematischen Theoremen passende Anwendungen für das Alltagsleben zu liefern. Als Ideologie, die das Verhalten des *homo oeconomicus* beschreibt, *ersetzt* sie allerdings das Alltagsleben durch dessen leichter handhabbare Karikatur. Wie ich im vorigen Kapitel schon dargelegt habe, beschreibt die zur Ideologie verkommene Ökonomie die Welt, als gebe es Werte noch bevor unsere Zusammenschlüsse entstehen, als seien die Lebensziele klar und vorbestimmt und als bestünde die Aufgabe der Politik nur darin, Kosten und Gewinne zu berechnen und sich so für die »optimale« Lösung zu entscheiden. Sobald die Ökonomie den Sieg über der Politik davonträgt, werden die einzigen »Experten«, die man konsultiert, jene sein, die versprechen, die schwierigen, weil menschlichen Fragen der politischen Wahlmöglichkeiten durch einfache zu ersetzen, weil die mathematischen Fragen der Ökonomie von Annahmen ausgehen, die kein Mensch aufstellen würde, außer er wäre vom Wahn der Selbstüberschätzung besessen.

Stellen wir uns eine Familie vor, die überlegt, wie das Familienbudget für das kommende Jahr aussehen könnte. Da ist die Mutter, die nicht arbeitet, weil sie bei ihren Kindern sein will, von denen eines behindert ist. Da ist der Vater, der ausgebildeter Elektrotechniker ist, aber vorzieht, in der lokalen Schule Physikunterricht zu erteilen. Sie haben ein Haus in einer wunderschönen Gegend mit einem Grundstück, das den Blick auf die Landschaft öffnet. Sie verteilen ihre Ressourcen sehr sorgfältig, um das Beste, was ihnen das Leben bisher geboten hat, zu erhalten, nämlich ihre Zuneigung zueinander, ihr ordentliches Heim und die Lebensroutinen, die ausgereicht haben, um sie zusammen glücklich zu machen. Ihr Budget soll all dies noch verbessern helfen. Die Mutter beschließt, einen Halbtagsjob anzunehmen und in Heimarbeit als Sekretärin für ein Versandhaus zu arbeiten. Der Vater will etwas Zeit aufsparen, um seine Dienste als Elektriker in der Nachbarschaft anzubieten. Die Kinder werden ermutigt, dass sie ihre Liebe zur Familie mit irgendeiner lohnenden Beschäftigung verbinden. Bei alldem gibt es gewisse Gegebenheiten, Werte, die durch ihr Zusammensein am gleichen Ort und durch die lokal verankerten Bindungen entstanden sind.

Betrachtete ein Ökonom ihre Lage, wäre er entsetzt darüber, dass sie nur einen winzigen Teil ihrer wirtschaftlichen Probleme berücksichtigt haben. Man schaue sich bloß all die Faktoren an, die sie in ihre Gleichungen nicht mit einbezogen haben: ihr Haus, das sie mit beachtlichem Gewinn gegen ein anderes eintauschen könnten; ihr Grundstück, auf dem sie drei, vier Bungalows bauen, vermieten oder verkaufen könnten; den Job des Vaters, den er zugunsten des viel profitableren Berufs des Elektrikers aufgeben könnte; die Zeit, die die Mutter mit den Kindern verbringt, ebenso das behinderte Kind, das in einem Heim untergebracht werden könnte, wo man besser für es sorgen würde, als es die Mutter kann, und die so mehr Zeit für produktive Arbeit gewinnen würde. Der Ökonom würde sogar sagen, das sei erst der Anfang. Man könnte die Familie in ein anderes, kleineres Haus umsiedeln, und in ihr altes könnten junge Leute von anderswo einziehen und die Produktivität dieses kleinen Stückchen Erde erheblich steigern, und so die Familie durch die Miete voll kompensieren. In einen alten und müden Ort in England würde so neues Leben einziehen. Die jetzigen Bewohner stünden besser da, weil sie vom Zugewinn, den die Neuankömmlinge produzieren würden, besser leben und neue, produktivere Karrieren beginnen könnten, die ihnen die revitalisierte lokale Ökonomie ermöglichen würde.

So haben jene für Europa entschieden, die nicht verstanden haben, dass *oikonomia* ohne *oikos* aufhört, eine praktische Wissenschaft zu sein. Sie verkommt zur Ideologie, in jeder Hinsicht nicht minder wahnwitzig als Marxismus oder Faschismus. Als die alte Garde der Tory Partei eine Verschwörung anzettelte, um die Partei von Margaret Thatcher zu befreien, tat sie dies, weil Thatcher sich geweigert hatte, dieser Denkungsart zu folgen. Heute sind es die Liberaldemokraten, die die gleichen Argumente wiederholen, indem sie insistieren, dass die britische Wirtschaft leiden würde, sollten wir unsere eigenen Arbeitskräfte nicht weiterhin durch andere von sonst wo ersetzen, ungeachtet der Tatsache, dass sich unsere innerstädtischen Schulen allmählich mit Kindern füllen, die kein Englisch sprechen. Tatsächlich wird diese Veränderung als ein Zeichen dafür begrüßt, dass endlich das ökonomische Denken den Sieg über die vorsintflutlichen Bindungen der »kleinen Engländer« errungen hat.

Konservative sollten sich ernsthaft fragen, wie diese von gewöhnlichen Loyalitäten so weit losgelöste politische Klasse entstehen konnte.[113] Im Falle der Linken handelt es sich um kein Mysterium. Die Wege der Linken in die Politik führen an allen natürlichen Formen

113 Eine kurze Diskussion dieser Frage im Verhältnis zu Amerika siehe Angelo M. Codevilla, *The Ruling Class*, New York, Baufort Books 2010.

menschlichen Lebens vorbei. Sie beginnen mit dem Kampf für eine Sache, man schließt sich einer Nichtregierungsorganisation an, versucht sich Zugang zu einer halbstaatlichen Organisation zu verschaffen, tritt in eine lokale Regierung ein, lernt, wie man anderer Leute Geld ausgibt und mit der Maschinerie der Politik umgeht. Das alles ist möglich, ohne jemals Risiken eingegangen und irgendetwas getan zu haben, was andere als ehrliche Arbeit bezeichnen würden.

Bis zu einem gewissen Grad gibt es diese Wege in die Politik auch unter den Rechten: Man beginnt mit einer gewissen auf Hochglanz polierten moralischen Leere und bewirbt sich als Berater – das ist kurz gesagt jemand, den kein Unternehmen brauchte, bevor er sich selbst erfunden hatte. Praktisch alle modernen Unternehmen sind übersäht mit diesen Kletten – Managementberater, PR-Berater, *Corporate-Social-Responsibility*-Berater und so weiter, die den ganzen Tag damit beschäftigt sind, die Führungskräfte auf Probleme aufmerksam zu machen, die ihnen sonst niemals aufgefallen wären. Von hier aus führen Wege in die konservative Politik, da es zu den Aufgaben der Berater gehört, für ihre Kunden Lobbyarbeit zu betreiben. Doch gibt es immer noch keine Notwendigkeit, warum dieser Prozess eine politische Klasse hervorbringen sollte, die dermaßen von der Menschheit losgelöst existiert wie die jetzige. Es müsste doch Fälle geben, dass ein Berater hin und wieder mit der Realität konfrontiert wird und begreifen lernt, dass wir durch unsere Bindungen leben und verloren sind, wenn man sie uns wegnimmt.

Sowohl linke als auch rechte Politiker haben die Gewohnheit angenommen, die Anliegen ihrer Wähler zu umgehen oder sich über sie hinwegzusetzen, um ihren Promi-Status öffentlich zur Schau zu stellen. Das ist sowohl in Europa als auch in Amerika geschehen und wurde nur marginal durch die EU vorangetrieben. Sie nützte allerdings den britischen Politikern, indem sie ihnen ermöglichte, bei jeder wichtigen Frage zu behaupten, die Entscheidung sei »nicht in unseren Händen«. Der Einfluss des »vierten Standes«, wie Edmund Burke die Medien seiner Zeit nannte, ist unvermeidlich, doch es sieht heute so aus, als ob Politiker nicht mehr den Willen besitzen, den

Medien zu widersprechen, und im Zweifelsfall sind sie bereit, ihr Medienimage über das nationale Interesse zu stellen.

Die Frage der Migration konnte unter anderem auch deshalb selbst in den Ländern, die die Kontrolle über ihre Grenzen wiedererlangt haben – wie die USA und Australien –, zu einer umstrittenen Frage werden. Denn die Migration ist eine Angelegenheit, die es liberalen Journalisten ermöglicht, ihr Gewissen kostenfrei ins Schaufenster zu stellen und dabei auch noch als Vorkämpfer für die Rechte der Verletzlichen zu posieren. Sie üben in Amerika einen ständigen Druck aus, illegalen Migranten Amnestie zu gewähren, mit anderen Worten, sie wollen Leute als Staatsbürger akzeptieren, die ihre Verachtung für die Gesetze des Landes gezeigt haben. In Großbritannien ist die Entwicklung schon weiter, da die Labour Partei die Massenmigration ungeachtet von Qualität und Quantität vorangetrieben hat. Darüber hinaus haben die Europäischen Verträge die nationale Souveränität in dieser Frage zweifellos aufgehoben. Dieses Problem ist so wichtig geworden, dass es heikel ist, die Frage überhaupt zu diskutieren, da man Angst haben muss vor der darauffolgenden unvermeidlichen Hexenjagd und der Verfolgung.

Deshalb gibt es eine weitere Sache, um die Konservative unbedingt kämpfen müssen, und das ist die Redefreiheit. Die modernen Formen der Zensur gehen nicht unbedingt vom Staat aus, obwohl das Auftauchen des Begriffs der Hassverbrechen in der europäischen Rechtsprechung ein beunruhigendes Anzeichen für die Richtung ist, in die die Entwicklung geht. Meistens wird die Zensur durch Einschüchterung ausgeübt.

In der Angelegenheit auf die ich gerade hingewiesen habe – der Schutz der Integrität der bürgerlichen Gesellschaft in Anbetracht der unkontrollierten Migration –, können sich Konservative schon seit langem nur im Flüsterton äußern, wenn sie die Zensur nicht wachrufen wollen. Ebenso begegnen wir in jeder Angelegenheit, in der Kritik an Verhaltensweisen geübt wird, die mit dem militanten Islam assoziiert werden, ein Maß an Einschüchterung, das es in Großbritannien seit dem 17. Jahrhundert nicht mehr gegeben hat. Selbst in Amerika übt man leisetreterische Rücksicht in Fällen, in denen Islamisten Ansprüche auf politisches Territorium anmelden, oder wenn die unheilvollen Auswirkungen ihres religiösen Glaubens Teil des Problems sind.

Die Freiheit, Meinungen zu haben und sie zu äußern, egal wie verletzend sie für andere sein mögen, ist seit John Locke die *conditio sine qua non* einer freien Gesellschaft. Diese Freiheit wurde in der amerikanischen Verfassung verankert, sie wurde verteidigt von John Stuart Mill gegen die viktorianischen Moralisten und hochgehalten von den Regimekritikern unter den kommunistischen und faschistischen Diktaturen. Sie wurde so sehr zum Schlagwort, dass Kommentatoren kaum noch zwischen Redefreiheit und Demokratie unterscheiden und beides für Grundpositionen der Menschlichkeit halten – eine Position, zu der wir zurückkehren, wenn eine unterdrückerische Macht beseitigt wurde. Doch es würde niemandem einfallen, Orthodoxie, Konformismus und die Jagd auf Dissidenten für die Grundposition der Menschheit zu halten oder zu denken, dass sich Demokratien in dieser Hinsicht nicht von islamischen Theokratien oder von totalitären Staaten mit Einparteiensystemen unterscheiden würden.

Natürlich sind die unterdrückten Meinungen je nach Gesellschaft verschieden, wie auch die Methoden ihrer Unterdrückung verschieden sind. Es sollte jedoch klar sein, dass die Garantie der Meinungsfreiheit in gewisser Hinsicht gegen den Kern des gesellschaftlichen Lebens gerichtet ist und von den Menschen verlangt, Risiken einzugehen, die sie womöglich nur widerwillig auf sich nehmen. Denn indem man die Orthodoxie kritisiert, stellt man nicht einfach einen Glauben in Frage, man bedroht die gesellschaftliche Ordnung, die darauf aufgebaut wurde. Darüber hinaus ist es auch so, dass Orthodoxien umso grimmiger verteidigt werden, je verwundbarer sie sind.

Beide Prinzipien werden offenkundig, wenn man die Reaktion der Islamisten auf die gegen ihre Religion gerichtete Kritik betrachtet. Es ist gerade das Absurdeste, was verteidigt wird, genauso, wie in den Religionskriegen des 17. Jahrhunderts, die Europa verwüstet haben. Und die Kritiker werden nicht einfach wie Personen mit intellektuellen Schwierigkeiten behandelt, nein, sie sind eine Bedrohung, Feinde der Gesellschaft und von Gott. Es ist deshalb nicht überraschend, dass Islamisten an der Spitze der modernen Zensur zu finden sind.

Natürlich – sagen wir jetzt zu uns selbst – hat uns die Aufklärung von alledem befreit. Es gibt in den westlichen Gesellschaften keine beschützten Orthodoxien, und niemand muss darunter leiden, wenn er ihnen widerspricht. Nun, hier sind zwei orthodoxe Grundsätze zum Nachdenken: 1. Es gibt keine wesentlichen Unterschiede zwischen Männern und Frauen, wenn es um Beschäftigung, Eignung für und Anspruch auf eine Beschäftigung geht. 2. Alle Kulturen sind gleich, und keine hat einen Anspruch auf gesetzliche oder politische Priorität. Diese beiden Orthodoxien sind in den Gesetzen verankert, die von der Europäischen Kommission und den Europäischen Gerichtshöfen nach unten weitergereicht wurden. Die Leser werden sicherlich Menschen kennen, die gejagt wurden, weil sie einer dieser Orthodoxien, oder gar beiden, widersprochen haben. Ihre prominentesten Ankläger sind die Humanisten, Säkularisten und die Vorkämpfer der Menschenrechte, für die es als skandalös gilt, dass Menschen mit unorthodoxen Ansichten einflussreiche Positionen innehaben könnten.

Konservative sollten nicht daran erinnert werden müssen. Es ist die Regel, dass ihre Ansichten nicht *kritisiert*, sondern *gegen sie verwendet* werden, wenn es um öffentliche Ämter oder akademische Beförderung geht. Während der vergangenen zwei Jahrzehnte ist eine auf linke Doktrinen aufgebaute Gesellschaftsordnung entstanden, und die Urangst vor Häretikern wird durch jedermann geweckt, der in der Frage, ob diese Doktrinen wahr sind, sich auch nur die geringste Zurückhaltung erlaubt. Mit Häresien diskutiert man nicht, man löscht sie aus. John Locke argumentiert in seinem 1689 veröffentlichten Essay über Toleranz, dass die Toleranz gegenüber Meinungen und Lebensführungen, mit denen wir nicht einverstanden sind, zu den Tugenden liberaler Gesellschaften gehörten. Doch viele, die sich heute Liberale nennen, scheinen kaum zu verstehen, was diese Tugend überhaupt ist. Toleranz bedeutet nicht, dass man auf alle Meinungen verzichtet, die andere als beleidigend empfinden könnten. Sie ist nicht gleichbedeutend mit unbekümmertem Relativismus und dem Glauben, dass »alles geht«. Im Gegenteil: Toleranz bedeutet, das Recht anderer zu akzeptieren, in einer Art und Weise, die man ablehnt, zu denken und zu handeln. Sie bedeutet, bereit zu sein, Menschen vor negativer Diskriminierung zu schützen, auch wenn man ihre Gedanken und Gefühle hasst. Doch heute agitieren selbsternannte Liberale dafür, Menschen wegen ihrer unorthodoxen Ansichten aus Ämtern auszuschließen oder am öffentlichen Reden zu hindern. Zurzeit ist das zum Kult gewordene Thema die Homosexualität, die die Fuchsjagd und die Migration als Test dafür abgelöst hat, welche Meinung in einer linksalternativen Abendgesellschaft als akzeptabel durchgeht. Morgen könnte die alles überragende Frage das Christentum sein oder der Inzest oder – wie in Huxleys *Schöne neue Welt* – die Mutterschaft. Entscheidend ist nicht die bestimmte Doktrin, sondern die Weigerung, Abweichung von ihr zu tolerieren.

Toleranz bedeutet, bereit zu sein, Meinungen, die man verabscheut, zu akzeptieren. Dementsprechend bedeutet Demokratie, zu akzeptieren, dass man von Leuten regiert wird, die man nicht ausstehen kann. Das ist nur möglich, wenn wir unser Vertrauen in Verhandlungen wiedergewinnen und unter Politikern der ehrliche Wunsch entsteht, Kompromisse mit ihren Gegnern zu schließen. Deshalb müssen Konservative sowohl in Großbritannien als auch in den Vereinigten Staaten die Politik der Kompromisse verteidigen und all jene Institutionen und Bräuche beschützen, die der Opposition eine Stimme verleihen. Das ist sogar wichtiger als der demokratische Prozess selbst, da es die Voraussetzung für jede politische Ordnung bildet, die auf Bewegungen von unten reagiert und die Regierung zur Verantwortung ziehen kann.

Immer häufiger jedoch konnten wir Versuche von Regierungen beobachten, Gesetze zu verabschieden, die unwiderruflich sind, die die Hände der Opposition in fataler Weise binden werden, oder die man durch die Gesetzgebung geboxt hat, ohne die Gegenargumente und die wahren oder so empfundenen Interessen von Minderheiten zu berücksichtigen. Die Bildung des schottischen Parlaments, in dem die Engländer nichts zu sagen haben und die Schotten zwei Stimmen erhielten – eine, um sich selbst zu regieren, und eine, um die Engländer zu regieren – ist ein Beispiel für die Manipulation von Wahlbezirken, die in der britischen Politik inzwischen regelmäßig stattfindet. Im Ergebnis dieser Maßnahme erhoffte sich die Labour Partei eine Stimmenmehrheit durch praktisch nicht verantwortliche Labour-Abgeordnete in Westminster – nicht verantwortlich deshalb, weil jene, die sie wählten, ihre Interessen durch das Schottische Parlament vertreten sehen, und sie deshalb kaum ein Interesse daran haben, ihre wichtigen Anliegen vor das Parlament in Westminster zu bringen. Da zugleich kein Englisches Parlament gebildet wurde, kann nur die schottische Unabhängigkeit den Engländern, die in acht von elf Nachkriegswahlen konservativ gewählt hatten, jene Regierung geben, für die sie gestimmt haben.

Auch in Amerika gab es in den vergangenen Jahrzehnten eine merkliche Polarisierung in der Politik. Und es gab ebenso den Versuch, die Macht der Exekutive zu nutzen, um die Politik des gegebenen präsidialen Machtinhabers irreversibel zu machen. Der Missbrauch des Obersten Gerichtshofs (Supreme Court) ist notorisch. Schlaue und geschickte Juristen liefern Argumente, um Probleme gegen den Willen des gewählten Kongresses zu entscheiden, und behaupten zugleich, sie besäßen die Autorität der Verfassung, der alle zu gehorchen verpflichtet seien. Im Ergebnis haben beide großen Parteien die Verfassung missbraucht, um die Opposition auszuschalten. Wenn eine Angelegenheit zur Verfassungssache gemacht worden ist, kann sie allein durch die Elite entschieden werden, ohne auf das Volk Rücksicht nehmen zu müssen. Die Ausschaltung des britischen Parlaments durch die Legislative und die gesetzgeberische Maschinerie der EU hat ihr Äquivalent in der Ausschaltung des Kongresses durch den Obersten Gerichtshof. Der einzige Unterschied besteht darin, dass im Falle Amerikas, der Gewinner eine Kraft innerhalb der Nation repräsentiert und nicht eine Bürokratie ist, die behauptet, eine

Föderation fremder Mächte zu vertreten. In keinem der beiden Fälle jedoch sind Grenzen definiert.

Diese Probleme beleuchten die Rolle, die die Regierung bei der Verteidigung der bürgerlichen Gesellschaft vor Eingriffen und der Individuen vor Einschüchterung und Gewalt spielen kann. Aber in den anderen Angelegenheiten, die hier erörtert wurden – insbesondere was das Wohl der bürgerlichen Gesellschaft und ihre Fähigkeit betrifft, von unten zu wachsen –, sollte der Schwerpunkt konservativer Politik in der Befreiung der autonomen Zusammenschlüsse vor widrigen Regulierungen liegen. In diesem Zusammenhang gibt es, glaube ich, kein wichtigeres Anliegen als das der Bildung, die immer wieder von Neuem vom Staat befreit und der Gesellschaft zurückgegeben werden muss. Die Freiheit der Bürger, eigene Schulen zu gründen, Lehrer mit profundem Wissen einzustellen und freie und durchsetzbare Verträge mit den Eltern zu schließen, ist etwas, was die britische Konservative Partei schließlich doch noch zu unterstützen bereit war. In Amerika hat die Bewegung für den Heimunterricht, angeführt durch die Amish, erreicht, dass sie aufgrund ihrer verfassungsmäßigen Rechte ihre Kinder vom Staat zurückverlangen konnte. Die Labour Partei dagegen ist entschlossen, allen Maßnahmen Widerstand entgegenzubringen, die Eltern die Freiheit gewähren, unbemerkt dem System zu entkommen. Doch wenn die Argumente des vorigen Kapitels richtig sind, gibt es aus konservativer Sicht keine wichtigere Reform als die der Bildung, denn die wichtigste unserer autonomen Institutionen – die für die Weitergabe unseres Erbes verantwortlich ist – muss davor bewahrt werden, zur Beute ihrer Feinde zu werden.

13. Eine Abschiedsrede, die Verluste einräumt, ohne ihnen nachzutrauern

Wir erzählen uns tröstliche Geschichten über die Unschuld früherer Tage und nähren den Wunsch, in der Vergangenheit Ruhe zu finden – aber das ist eine beschönigte Vergangenheit, aus der die düsteren Teile sorgfältig herausgeschnitten wurden. Und dann wachen wir auf und betrauern den Verlust eines Traumes.

Ganz sollten wir dieser Sehnsucht nicht widerstehen. Wir sollten unsere Verluste eingestehen, allein schon, um sie leichter ertragen zu können. Ich glaube, dass dies ganz besonders für den Verlust der Religion gilt. Romantische und post-romantische Denker blickten auf die Welt des Glaubens von außen und dachten wie Matthew Arnold in seinem Gedicht *Dover Beach:*

... Ihre Melancholie, ein langes, zurückziehendes Tosen,
Das beim Atem
Des Nachtwindes zurückweicht, über
trübe ausgedehnte Strände
Und die nackten Kieselsteine der Welt.

Und sie bekamen, wie Matthew Arnold auch, ein plötzliches Gefühl des Verlustes, sie erkannten, dass etwas Lebenswichtiges dabei ist, zu verschwinden, und an seiner Stelle wird nur noch eine beunruhigende Leere übrigbleiben.

Arnold schrieb das Gedicht *Dover Beach* 1867, und seine Reflexionen über das Schwinden des christlichen Glaubens sind mit einer sehr englischen Melancholie verbunden – ein nicht ganz resignierter Versuch, die Welt der Gottlosigkeit und den wissenschaftlichen Skeptizismus in den gotischen Rahmen der anglikanischen Kultur einzupassen. 20 Jahre später hat sich Friedrich Nietzsche in *Menschliches, Allzumenschliches* zwar auf die Seite der wissenschaftlichen Atheisten geschlagen, doch er erkannte zugleich das ungeheure moralische Trauma, das unsere Zivilisation durchmachen werde, wenn der christliche Glaube schwindet. Glaube ist nicht einfach eine Zugabe zu unseren gewöhnlich vorhandenen Meinungen. Glaube verändert den Geisteszustand, die Einstellung gegenüber der Welt, er ist verwurzelt in unserer gesellschaftlichen Natur und verändert all unsere Wahrnehmungen, Gefühle und Überzeugungen.

Der Unterschied zwischen Arnold und Nietzsche ist der zwischen zwei Arten von Verlusten. Arnolds Verlust des Glaubens geschieht in einer vom Glauben zusammengehaltenen Welt, in der all die äußeren Zeichen einer religiösen Gemeinschaft noch erhalten sind. Nietzsches Glaubensverlust ist absolut. Er bedeutet nicht nur den Verlust der inneren Überzeugung, sondern auch der äußeren Symbole des Glaubens, die für Nietzsche bloß sentimentaler Tand waren. Er sagt eine Welt voraus, in der die menschlichen Institutionen nicht mehr durch fromme Angewohnheiten und heilige Doktrinen geschützt sind, sondern neu aus dem rohen, derben Stoff des Machtwillens erbaut werden. Für Arnold ist der Verlust des Glaubens eine persönliche Tragödie, was bedauert, jedoch verborgen werden soll. Für Nietzsche ist der Verlust des Glaubens eine existenzielle Verwandlung, die akzeptiert und bejaht werden soll, da die Welt keine Alternative biete. Auch heute noch können die beiden kontrastierenden Haltungen beobachtet werden: Die wissenschaftlichen Optimisten folgen Nietzsche und begrüßen mit ihm die Befreiung von den Ketten der Dogmen. Die Kulturpessimisten schließen sich Arnold und seinen bedrückten Klagen an.

Was auch immer die eigene Position sein mag, sollten wir Arnolds Weitsicht anerkennen, als er etwas vorhersagte, was Nietzsche vor sich selbst verbarg:

... ein dämmerndes Feld,
Vom verworrenen Alarm des Streits und der Flucht umtost,
Wo ahnungslose Heere nächtens zusammenstoßen.

Dies ist sicherlich die genaue Vorhersage des folgenden gottlosen Jahrhunderts. Nietzsche wirkte in einer Zeit, in der Zweifel und Skeptizismus eine Art Luxus waren, und die Glaubenslosigkeit noch nicht über die Köpfe der ernsthaft gebildeten Menschen hinaus verbreitet war. Im Nachhinein betrachtet zeigt Nietzsches Verherrlichung des »Freigeistes«, des »Übermenschen« und des Machtwillens eine Blindheit gegenüber dem, was folgen würde, wenn diese Gedanken in weniger intelligente Köpfe, als er einer war, gelangten.

Religion ist nicht etwas, was einem einfällt, sie taucht nicht als Schlussfolgerung aus einer empirischen Untersuchung oder einer intellektuellen Überlegung auf. Man schließt sich ihr an, man konvertiert oder wird in sie hineingeboren. Wer den christlichen Glauben verliert, zweifelt nicht einfach an der Existenz Gottes, an der Fleischwerdung Christi oder an der Erlösung durch seine Kreuzigung. Es bedeutet für ihn, aus der Gemeinschaft zu fallen und aufzuhören zur »Gemeinschaft Christi« zu gehören, wie der heilige Paulus sagte, und damit die primäre Erfahrung von Heimat zu verlieren. In dieser Hinsicht gleichen sich alle Religionen, und deshalb sind sie Häretikern gegenüber so streng: weil Häretiker täuschen, um an die Vorteile der Mitgliedschaft zu gelangen, während sie eigentlich zu anderen Gemeinschaften gehören.

Damit soll nicht behauptet werden, Religion sei nicht mehr als die Bindekraft der Mitgliedschaft. Es gibt auch die Doktrin, die Rituale, den Gottesdienst und das Gebet. Da ist die Vision von Gott dem Schöpfer und die Suche nach Zeichen der Offenbarung des Transzendentalen. Es gibt den Sinn für das Heilige, das Sakrosankte, das Sakramentale und das Sakrileg. Und bei vielen gibt es auch die Hoffnung auf das Leben im Jenseits. All das entwächst der sozialen Mitgliedschaft und ergänzt sie zugleich. Auf diesem Wege rüstet sich die religiöse Gemeinschaft mit einer allumfassenden *Weltanschauung*, die zusammen mit den Ritualen und Zeremonien ihre Existenz als soziale Organisation bekräftigen und ihr einen Platz auf der Welt sichern.

Der Glaube ist deshalb viel mehr als die behaglichen Bräuche und die Beschwörung der Hausgötter. Er strebt hinaus zu den kosmischen Erklärungen und der finalen Theodizee. Infolgedessen wird er vom rivalisierenden Fortschritt der Wissenschaft herausgefordert. Zwar ist Religion eine soziale Tatsache, trotzdem ist sie der rein intellektuellen Zurückweisung ausgesetzt. Die Niederlage des intellektuellen Anspruchs der Kirche stand am Anfang der Säkularisierung, die mit der Niederlage der christlichen Gemeinschaft endete – mit dem endgültigen Verlust jener grundsätzlichen Erfahrung von Mitgliedschaft, die über zwei Jahrtausende die europäische Zivilisation geprägt hatte und sie zu dem gemacht hat, was sie ist.

Der Verlust des Glaubens ist deshalb ein Verlust von Geborgenheit, Zugehörigkeit und Heimat: Er bedeutet das Exil von der Gemeinschaft, die einen geformt hat, und nach der man sich insgeheim immer weiter sehnt. Die großen viktorianischen Zweifler – unter denen Matthew Arnold der prominenteste war – waren zu dieser Erfahrung nicht bereit. Sie versuchten das gesellschaftliche Leben mit rein menschlichen Mitteln zusammenzuflicken. Und zu einem großen Teil hatten sie Erfolg. Im Hintergrund ihres Glaubensverlustes stand immer noch eine wahrnehmbare religiöse Gemeinschaft, deren Bräuche sie versuchten nicht zu stören. Sie bewohnten die gleiche *Lebenswelt* wie die Gläubigen und sahen eine Welt, die noch bestimmt war von den Institutionen und Erwartungen, die das Erbe der Heiligkeit sind.

Wir können diese Haltung in den Schriften der säkularen Autoren des 19. Jahrhunderts wie John Stuart Mill, Jules Michelet und Henry Thoreau verfolgen. Ihre Visionen tragen den Stempel der gemeinsamen Religion. Das freie Individuum erscheint in ihrer Welt immer noch in einem mehr als irdischen Licht, und es ist das verborgene Ziel all ihrer Werke, die menschlichen Zustände zu adeln. Diese Autoren erlebten den Verlust ihres Glaubens nicht als Verlust, denn im wahren Sinne hatten sie die Religion tatsächlich nicht verloren. Sie lehnten verschiedene metaphysische Ideen und Doktrinen ab, lebten aber weiterhin in der vom Glauben geprägten Welt – in einer Welt der sicheren Verpflichtungen, Ehen, Trauerfeiern, Taufen und ihrer realen Anwesenheit im Alltagsleben sowie der exaltierten Visionen in der Kunst. In ihrer Welt wurde das Heilige, das Verbotene und das Sakramentale weitestgehend anerkannt und gesellschaftlich bestätigt.

In dem kurzen Moment, den Matthew Arnold im Gedicht *Dover Beach* beschreibt, erlebt er die Leere hinter der moralischen Ordnung, die er ununterbrochen zu flicken versucht. Er wandte sich von ihr ab und weigerte sich, den Verlust seiner früheren Gewissheiten zu betrauern. Diese Geisteshaltung fand ihren idealisierten Ausdruck in der Neogotik und den Schriften ihres obersten Verfechters, John Ruskin. Niemand weiß, ob Ruskin Reste seines christlichen Glaubens bewahrt hat oder nur ein Trittbrettfahrer, ein Atheist, oder ein leidenschaftlicher Anhänger der vom Glauben geordneten Welt des Mittelalters war. Seine Ermahnungen sind auf jeden Fall in der Diktion der King-James-Bibel und des *Book of Common Prayer* (Gebetbuch der anglikanischen Kirche) verfasst. Seine Antwort auf die Wissenschaft und die Kunst seiner Tage ist durchdrungen vom Geist der religiösen Inquisition, und seine Empfehlung für Architekten ist, das Himmlische Jerusalem zu errichten. Die Neogotik, so wie er sie beschrieben und empfohlen hatte, diente der Wiedererlangung des Heiligen in einer säkularen Ära. Sie sollte Vorstellungen von Aufopferung und gesegneter Arbeit wachrufen und so einen Gegenpol zu den traurigen Produkten der Industriemaschinerie bilden. Sie könnten inmitten des utilitaristischen Wahns ein Fenster zum Transzendentalen öffnen, vor dem wir noch einmal innehalten und nachdenken könnten, und wo das Licht versunkener Welten unsere Seelen umhüllen würde. Die Neogotik war sowohl für Ruskin als auch für den Atheisten William Morris und den strenggläubigen Katholiken Augustus Pugin ein Versuch, die Heiligkeit der Stadt als einer auf gesegnetem Boden errichteten irdischen Gemeinschaft wiederzubeleben.

Dieses Projekt, die religiöse Weltsicht durch die Nachbildung ihrer äußeren Zeichen zu beleben, hatte zunächst Erfolg. Aber sie hing in vielem von anderen ab – von den Priestern und Lehrerinnen, die die alten religiösen Lehren weitergeben würden, auch wenn die intellektuelle Elite schon lange nicht mehr an sie glaubte; von den Familien, die trotz ihrer Zweifel ihre Kinder im Glauben erziehen würden, und von den Gemeinschaften, die weiterhin die religiösen Bräuche und Zeremonien behalten und ihren Skeptizismus im Zaum halten würden. Eine Mitte des 19. Jahrhunderts – also bevor das Gedicht *Dover Beach* entstand – durchgeführte Erhebung zeigte, dass bereits die Hälfte der Stadtbewohner aufgehört hatte, Gottesdienste zu besuchen. Zur Zeit der Jahrhundertwende waren die Gläubigen in England in die Minderheit geraten, und die Gegenbewegung, die Symbole des Heiligen von den städtischen Straßen zu entfernen, hatte begonnen. Der Bau der letzten neogotischen Kathedrale in Liverpool begann 1903, durch den damals 22-jährigen Architekten Giles Gilbert Scott (später Sir Giles).[114] Ein Vierteljahrhundert später entwarf der gleiche Architekt dieses kleine und wunderschöne Symbol der in die Moderne wankenden englischen Stadt, die K2-Telefonzelle. Ihre klassische Silhouette (angelehnt an das neuklassizistische Grabmal, das Sir John Soane für sich selbst entworfen hatte), ihre Bauhaus-Fenster und ihre Ausstrahlung einer milden säkularen Autorität erinnern an einen altmodischen englischen Bobby.

Die Neogotik wurde von den frühen Modernisten als unehrliche Architektur kritisiert. Nicht nur sollen ihre Formen und Details vorgetäuscht haben, Ergebnis einer Art Arbeit zu sein, die für sie nicht aufgewandt wurde. Ihre spirituelle Botschaft sei darüber hinaus eine Lüge – ein Versuch, die Realität der säkularen Gesellschaft und der utilitaristischen Ordnung zu leugnen. Alle darauffolgenden Versuche, das Gotische oder die klassischen Stile neu zu beleben und in den städtischen Straßen entsprechend den antiken Archetypen,

114 Obwohl die Erweiterung der Bury St. Edmunds Parish Church zu einer Kathedrale 1960 begonnen hatte, wurde sie im gotischen Stil ausgeführt, dank des Vermächtnisses des verantwortlichen Architekten, während die 1936 begonnene Kathedrale von Guildford die Formen der gotischen Architektur nachahmt – mit Backsteinen im Stil des sozialen Wohnungsbaus.

die diese als Erste hervorgebracht hatten, zu bauen, stießen auf die gleiche Kritik. Doch die Kritik ist seicht und nicht überzeugend. Die gleiche negative Beurteilung hätte man auch über den Klassizismus der Renaissance, die ursprüngliche Gotik, die einheimische Romanik oder die griechischen Tempel selbst fällen können. Denn sie alle hatten ihren Ursprung im Versuch, die Konturen einer erfolgreichen Siedlung und eines heiligen Ortes überdauern zu lassen und damit dem Wandel zu trotzen, von dem sie sonst verschlungen worden wären. Die viktorianischen Baumeister gaben nicht vor, etwas Eigenes zu erstellen. Sie wollten ein geistiges Erbe erhalten. Ihre Arbeit war vergleichbar mit der von jemandem, der ein Fresko erhalten will, und deshalb die bröckelnde Wand wiederaufbaut, auf die es gemalt wurde. So ein Fresko war die europäische Stadt: ein gottesfürchtiger Ort, der ewig erhalten bleiben sollte, was aber nur möglich war, wenn immer wieder jemand kam, der es auf sich nahm, ihn wieder herzurichten.

Matthew Arnold und John Ruskin widmeten ihr Leben der Verteidigung der christlichen Kultur, obwohl sie ihren Glauben an den Gott der Christen verloren hatten. Und es ist ihnen und Tausenden ihrer Mitstreiter zu verdanken, dass die Welt des Glaubens die Zeit überdauert hat, in der sich der Glaube selbst über die »nackten Kieselsteine« an der Küste von Dover zurückgezogen hatte. Wir sollten vielleicht mehr überrascht sein, als wir es sind, dass 200 Jahre nachdem Hume und Kant die Behauptungen der christlichen Theologie zerschmettert haben, wir überall in Europa in Dorfkirchen eintreten und Menschen beobachten können, die ihr tägliches Leben unter der brennenden Sonne des Säkularismus führen, während sie im Dunkeln ihrem Gott huldigen. Die Aufklärung begleitet uns seit zwei, drei Jahrhunderten, aber ebenso auch der Widerstand gegen sie. Es gibt Poeten, die auf die Aufklärung wie auf eine Art Lichtverschmutzung reagierten, sie verteidigten die Räume der Dunkelheit, um die Sterne sehen zu können. Arnold war einer von ihnen, T. S. Eliot ein anderer, Rilke ebenso. Diese Künstler haben den Verlust realisiert, aber sie weigerten sich, ihn zu betrauern, und taten, was sie konnten, um die Dinge zusammenzuhalten, während sie in die Zukunft blickten.

Ich erinnere mich an den tiefsitzenden Konservativismus meines Vaters, der ihn bei seiner Suche nach sozialer Gerechtigkeit bewegt hatte. Architektur war für ihn ein Symbol der Wertigkeit menschlicher Siedlungen, des Anstands und der Standhaftigkeit arbeitender Menschen sowie ihrer Entschlossenheit, das Land in Besitz zu nehmen. Jack Scruton verachtete wie auch ich die trostlose Unterbrechung der dringend benötigten Kontinuität. Er hasste die modernistische Ablehnung der Vergangenheit, die die wettergegerbten Fassaden unserer Stadt entstellte. Er teilte Ruskins Gefühle, für den Architektur die Einladung an die Götter war, unter uns zu hausen. Mein Vater sah keinen Sinn im Kampf für soziale Gerechtigkeit, wenn die Arbeiter am Ende mit einer funktionalen Wohnung in einem Betonblock mit Blick auf lärmende Autobahnen belohnt wurden. Auch sie hatten ein Recht darauf, verzaubert zu werden, und das war nur möglich, wenn man sich tätig bemühte, Schönheit und Ordnung zu erhalten.

Indem ich die Dinge mit den Augen meines Vaters sah, war es mir von frühester Jugend an klar, dass die traditionelle Architektur von dem Wunsch geprägt war, die Stadt als einen Ort zu erhalten, wo die Zeichen und Symbole der ewigen Ordnung kontinuierlich reproduziert werden, und wo die Veränderungen einem ewigen Akt der Weihe unterworfen sind. Unsere Zivilisation ist ausgezogen auf der Suche nach dem Himmlischen Jerusalem, und wir sind immer noch auf der Suche danach in den misshandelten Zentren unserer historischen Städte. Die Pilgerreisen nach Prag, Venedig oder Florenz sind feste Bestandteile der großen Reisen des modernen Atheisten. Doch der unermüdliche Wunsch zur Auslöschung des heiligen Anblicks wütet weiter: Fast jede Stadt hat heute ein Äquivalent zum Centre Pompidou, implantierte scherzhafte Spielwiesen zwischen den Elementen von Ordnung und Grazie. Aus diesem Zentrum der Schändung verbreitet sich der Ruf Le Corbusiers, alles niederzureißen im Interesse eines Neustarts, für eine neue Art von Stadt – für eine Stadt des Unglaubens, in der Spiegelglas jede Bedeutung offen verspottet. Überall in Asien und im Mittleren Osten können wir Zeugen der Entstehung dieser neuen Art von Stadt sein – von Städten ohne Ecken und Schatten und ohne Geheimnisse. Wir Europäer leisten dieser Krankheit Widerstand, soweit wir können, denn wir wissen, dass der Verlust der Stadt ein zu weitgehender Verlust wäre. Und wir haben sicherlich recht: Denn wir kämpfen gegen den Verlust unserer geliebten Heimat und gegen jene, die von ihrer Zerstörung profitieren.

Ein ähnliches Gefühl leitete seit der Reformation die Entwicklung der anglikanischen Kirche. Die Menschen bemühten sich zu bewahren, was auf der christlichen Offenbarung aufgebaut wurde, während sie zuließen, dass der Glaube selbst aus den versteckten Poren der Struktur entwich. Die anglikanische Kirche zeigte das Dilemma auf, dem die englischen Konservativen nach dem Ende des Zweiten Weltkrieges gegenüberstanden. Hier war eine Institution, die in der Stunde der Not bewusst mit dem Land identifiziert wurde. Es war offenkundig, dass sie bewahrt werden musste, denn wofür sonst hatten wir gekämpft? Aber indem wir sie erhalten, sollten wir uns auch vorwärts bewegen, aber nicht, indem wir der alten Kathedrale von Coventry nachtrauern, deren ausgebombte Hülle als Denkmal der Trauer für die Toten stehen bleiben musste, sondern indem wir daneben eine neue Kathedrale bauen, die in die Zukunft weist. Der dafür erwählte Architekt war der Modernist Basil Spence, der gegenüber dem alternden Sir Giles Gilbert Scott bevorzugt wurde. Zeitgenössische moderne Künstler wurden als Mitarbeiter geworben, um eine Kathedrale zu erschaffen, die die christliche Botschaft in Formen und Bildern vermittelt, die der modernen Zeit entsprechen. Die Kathedrale wurde mit einem Requiem von Benjamin Britten eingeweiht – einem Requiem, mit dem Abschied vom Krieg genommen werden sollte.

Die anglikanische Kirche ist mit einer Kultur und einer Siedlungsform verbunden, die nach religiöser Weihe verlangt. Das Ergebnis ist das Durcheinander, dem wir heute begegnen: eine protestantische Kirche, deren Liturgie katholisch ist, eine nationale Kirche mit einer weltweiten Kongregation, ein Aufbewahrungsort für heilige Sakramente, über dem jedoch ein säkulares Parlament wacht, eine apostolische Gemeinschaft, deren Autorität von Petrus abstammt, deren Oberhaupt jedoch der englische Monarch ist. Genau genommen ist das alles Unsinn, Fragmente, die von vergessenen Konflikten übriggeblieben und so kohärent sind wie die Scherben zerbrochenen Geschirrs, das nach lebenslangen Ehestreitigkeiten übrigbleibt.

Aber es gehört zum englischen konservativen Geist, Ererbtes nicht allzu genau unter die Lupe zu nehmen, lieber wie Matthew Arnold ein paar Schritte zurückzutreten in der Hoffnung, alles könnte auch ohne eigenes Zutun weitergehen. Die Engländer glauben, dass man die Institutionen am besten aus einer gewissen Entfernung durch den herbstlichen Nebel betrachtet. Wie das Parlament, die Monarchie und das *common law*, wie die alten Universitäten, die vier Anwaltskammern und die Regimenter der Grafschaften steht auch die anglikanische Kirche im Hintergrund des nationalen Lebens, folgt rätselhaften Prozeduren, ohne eine andere Erklärung dafür als ihre eigene Existenz. Sie ist da, weil sie da ist. Sieht man zu genau hin, so löst sich ihre Legitimation auf. Wie also können wir spirituellen Trost von einer Institution empfangen, die so sehr von dieser Welt ist? Wie können wir daran glauben, dass die Kirche die Macht hat, uns zu taufen, zu verheiraten und zu beerdigen, wenn wir sie als bloßen Kompromiss territorialer Konflikte sehen, die vor langer Zeit zu Ende gegangen sind?

Aber gerade diesem kreativen Durcheinander ist es zu verdanken, dass die anglikanische Kirche seit dem Ende des 17. Jahrhunderts, als sich die Puritaner beruhigt hatten und die Geistlichkeit alles unterschrieb, was für ein ruhiges Leben notwendig war, das englische Volk in die moderne Welt führen konnte. Sie taufte, verheiratete und beerdigte die Engländer, ohne auf ihren Gefühlen herumzutrampeln und mehr von ihnen zu verlangen als das Minimum, das der Anstand erfordert. Und sie vermied die tiefen metaphysischen Fragen. Allmählich hörte sie auf zu fragen, ob ihr Anspruch auf Heiligkeit berechtigt sei oder ob sie das Recht habe, über ihre Gemeinde zu richten. Stattdessen hat sie eine weniger besorgte und nachforschende Rolle angenommen, tritt bei feierlichen Anlässen mit den passenden Worten und der passenden Musik auf und erfüllt das Land von Zeit zu Zeit mit Glockenklang. Sie erhält die Gebäude, die heute in jedem Dorf zu den bedeutendsten touristischen Attraktionen gehören und die wichtigsten Sehenswürdigkeiten in unseren Städten sind. Unsere Kirchen sind Symbole des geweihten England, das uns durch unsere Dichter, Maler und Komponisten bekannt ist, und das uns von Zeit zu Zeit für wenige Augenblicke durch das Getümmel des modernen Lebens aufscheint. Unsere Kriegsdenkmäler erinnern in ihrem Stil an Kirchen, und wenn wir der heiligen Pflicht der Erinnerung nachkommen, tun wir es mit den Worten des Dichters Laurence Binyon, die wie aus dem Fels der anglikanischen Liturgie gemeißelt sind.

Der Augenblick der Anwesenheit Gottes, den die Juden *shekinah* nennen, ist Gegenstand der anglikanischen Poesie von George Herbert bis T. S. Eliot, hat aber keinen Platz mehr in unserer Literatur. Die Erfahrung, die wir manchmal in den Kirchen unserer Städte und Dörfer machen, ist meistens nur noch Erinnerung. Aber eine Erinnerung, die nachklingt. Wir wissen, dass die Gebäude nicht einfach Orte sind, wo streitsüchtige Menschen ihre Anliegen Gott zur Beurteilung vortrugen. Sie sind Orte, wo Menschen ihr Leben weihen ließen und erkannten, dass Liebe wichtiger ist als Gewinn.

George Orwell schrieb 1941, dass die einfachen Menschen in England ohne eine bestimmte religiöse Überzeugung seien, und das schon seit Jahrhunderten. Und trotzdem hätten sie eine »tiefe Einfärbung durch christliche Gefühle« behalten, obwohl der Name Christus fast in Vergessenheit geraten sei. Die »tiefe Einfärbung durch christliche Gefühle« hat eine Quelle, und das ist die anglikanische Kirche, deren Botschaften nicht ins Gesicht der Engländer gebrüllt wurden wie die Strafpredigten der Quäker und Puritaner. Sie wurden gefiltert durch die Landschaft, die Türme, Zinnen und Giebel, die das Stadtbild an den Himmel hefteten, durch die Hymnen, Lieder und Oratorien, die in ihren Schiffen erklangen, und durch das Fragment aus dem Gebetsbuch, das die Menschen immer noch täglich zitieren, indem sie bitten »Vergib uns unsre Schuld, wie auch wir vergeben unseren Schuldigern«, ohne ganz sicher zu sein, was das Wort »Schuldiger« wirklich bedeutet.

Die von der Church of England erhaltenen Bauwerke sind deshalb nicht bloß Symbole: Sie sind Teil unserer nationalen Identität. Sie bestimmen unseren spirituellen Zustand, selbst wenn Skeptizismus und Unglaube vorherrschen. Sie sind Mahnmale, die uns daran erinnern, was wir sind, und was wir waren. Und selbst wenn wir sie mit dem desillusionierten Blick des modernen Menschen betrachten, erkennen wir, dass sie auf ihre eigene ruhige Weise immer noch wie verzaubert sind. Viele, die sich ihrer Erhaltung widmen, besuchen längst keine christlichen Gottesdienste mehr, vielleicht sind sie sogar Atheisten wie mein Vater, der den Besuch von Gottesdiensten ablehnte, aber sie sehen diese Kirchen als Teil unseres »Erbes«, ebenso wie die Dorfstraßen und die Landschaften, in die sie eingebettet sind. Tatsächlich verdanken unsere Kirchen ihr Überleben eher ihrer Schönheit als ihrer Funktion, aber damit zeigen sie die besondere Nützlichkeit von Schönheit auf.

Das erklärt für mich, warum sich Engländer so aktiv für die Schönheit einsetzten, indem sie ihren Gemeinsinn seit der Mitte des 19. Jahrhunderts der Erhaltung von Städten, Kirchen, Landschaften und Nationaldenkmälern widmen. Schönheit vermittelt ihnen, dass sie in der Welt zu Hause sind. Es ist dieses Empfinden, zu Hause zu sein, das – wie Orwell sagte – die Färbung der christlichen Gefühle ausmacht und für die daraus folgende beständige Wohltätigkeit verantwortlich ist. Anlässlich eines Tornados auf den Philippinen haben Briten mehr gespendet als alle anderen Europäer zusammengenommen – eine kleine, aber überzeugende Erinnerung daran, was es bedeutet, in einem Land zu leben, dessen Institutionen von unten gebaut wurden und dessen Siedlungen als »unsere« verstanden werden. Es sind genau diese Menschen – die in ihrer Welt zu Hause sind –, die bereit sind, den Heimatlosen und Fremden eine helfende Hand zu reichen.

Unsere Landschaften erzählen von uralten Mustern des Eigentums und der Arbeit – Muster, die in Russland, Ungarn, Tschechien und der Slowakei durch die Landwirtschaftskollektive der Kommunisten ausgelöscht wurden. Jack Scruton beklagte die Zerstörung der

Landschaft nicht nur wegen der Verluste in der Tier- und Pflanzenwelt. Er kämpfte auch gegen die Verwüstung eines menschlichen Denkmals, das über Jahrhunderte von Menschen errichtet wurde, die Spuren ihres Lebens im Boden hinterließen. Er brauchte das Land nicht nur wegen der frischen Luft und der Vegetation, er brauchte es auch für die alte Erfahrung von *Zeit* – nicht die Zeit der Ballungsräume, wo Beschleunigung vorherrscht und geschäftige Fremde den Takt vorgeben, sondern die Zeit der Erde, wo Menschen an unveränderten Aufgaben arbeiten und die Jahreszeiten den Takt vorgeben.

Bewahren hat mit Schönheit zu tun, aber aus den gleichen Gründen auch mit Geschichte und ihrer Bedeutung. Manche haben ein statisches Konzept von Geschichte und sehen sie als Überreste vergangener Zeiten, die wir aufbewahren wie in einem Buch, in dem über längst vergangene Dinge gelesen werden kann. Der Prüfstein dieses Buches ist die Genauigkeit. Und wenn Objekte, Landschaften und Häuser einmal Teil unserer Geschichte waren, so müssen sie so erhalten werden, wie sie waren, zusammen mit ihren authentischen Umgebungen und Details, als Unterrichtsmaterial für Besucher. Dieses Konzept von Geschichte findet man bei den amerikanischen historischen Wanderpfaden und Sehenswürdigkeiten: sorgfältig erhaltene Ephemera aus Ziegelsteinen und Holz zwischen feindlichen Glastürmen.

Mein Vater befürwortete ein dynamisches Konzept, er meinte, Geschichte sei ein Aspekt der Gegenwart, etwas Lebendiges, das sich auf unsere Projekte auswirke und sie dabei beeinflusse. Die Vergangenheit war für ihn kein Lesebuch, sondern eines, in das geschrieben werden sollte. Wir lernen aus diesem Buch aber nur, wenn wir entdecken, wie unsere Tätigkeiten und Lebensstile auf seinen Seiten untergebracht werden können. Dieses Buch ist wertvoll für uns, weil es über Menschen erzählt, ohne deren Streben und Leiden wir selbst nicht existieren würden. Diese Menschen erzeugten die physischen Konturen unseres Landes, aber auch ihre Institutionen und Gesetze und kämpften für ihre Erhaltung. Wie auch immer man das Netz der gesellschaftlichen Verpflichtungen interpretiert: Wir schulden ihnen die Erinnerung. Wir studieren die Vergangenheit nicht einfach, wir erben sie. Und eine Erbschaft bringt nicht nur Eigentumsrechte mit sich, sondern auch die Pflichten der Treuhänderschaft. Dinge, für die gekämpft und gestorben wurde, sollten nicht leichtfertig verschleudert werden. Denn sie sind auch das Eigentum jener, die noch nicht geboren wurden.

Deshalb sollte Konservativismus als ein Teil einer generationenübergreifenden dynamischen Beziehung gesehen werden. Menschen betrauern die Zerstörung der Dinge, die ihnen teuer waren, weil sie das Muster der Treuhänderschaft beschädigt, sie von ihren Vorgängern abschneidet und die Verpflichtungen den Nachkommenden gegenüber schmälert. Die Ödnis der Vorstädte, die sich 50 Meilen rundum Detroit erstreckt, ist ein Gebiet, wo vergangene und zukünftige Generation gleichermaßen missachtet wurden, ein Gebiet, wo weder die Stimmen der Toten, noch die der Ungeborenen länger gehört werden. Es sind Orte der lautstarken Unbeständigkeit, wo die heutige Generation lebt, ohne irgendwo dazuzugehören – wo Zugehörigkeit nicht existiert, da Zugehörigkeit eine *historische* Kategorie ist, die anwesende wie abwesende Generationen einbindet und von der Anerkennung eines Ortes als Heimat abhängt.

Diese dynamische Beziehung zwischen den Generationen ist gemeint, oder sollte gemeint sein, wenn wir von *wohnen* sprechen. Unsere konservativen Bemühungen sind bestenfalls Versuche, den gemeinsamen Wohnort zu erhalten – den Ort, der unserer ist. In der menschlichen Psyche gibt es eine tiefe Verbindung zwischen Raum und Zeit. Ein Ort ist durch die Zeitskala des »Wir« als *unser* gekennzeichnet. Indem es den Abdruck früherer Generationen trägt, verlangt ein Fleckchen Erde nach Dauerhaftigkeit. Und indem es dauerhaft geworden ist, wird es zu einem bestimmten Ort. Wahre Denkmäler kennzeichnen Orte als Zeugen der Zeit. Orte auf dem Land gehören zu einer älteren, ruhigeren, dem Tagesablauf eher angemessenen Zeit, die in der menschlichen Psyche immer noch vorhanden ist. Die Orte verderben, wenn die alte Zeiterfahrung durch sie nicht mehr zurückerlangt werden kann. Sie hören auf, sie selbst zu sein, sie hören auf, ländliche Siedlungen zu sein und schmelzen ein in das allgegenwärtige Nichts. Das war es, wogegen mein Vater kämpfte. Er kämpfte im Interesse der einfachen Leute, die die Erben der Schönheit sind. Und diese Schönheit war es, die seine Seele in Zeiten der Not erleuchtete.

Die Upanishaden, philosophische Schriften des Hinduismus, fordern uns auf, uns von allen Bindungen zu befreien, um in den Zustand der Glückseligkeit aufzusteigen, in der wir nichts zu verlieren haben, da wir nichts besitzen. Aus dieser Ermahnung folgen Kunst und Philosophie, die das menschliche Leid in Licht verwandeln und die Verluste verachten, die wir in dieser Welt erleiden müssen. Der westlichen Zivilisation dagegen ist das Thema des Verlustes wichtig und deshalb der wichtigste Gegenstand ihrer Kunst und Literatur geworden. Szenen von Märtyrertum und Trauer beherrschen die mittelalterliche Malerei und Bildhauerei. Unsere Dramen wurzeln in der Tragödie, und unsere Poesie befasst sich vor allem mit dem Verlust der Liebe und ihres Objekts. Das größte Epos der englischen Dichtkunst befasst sich mit dem Verlust des Paradieses und all der Gaben, die uns dort gewährt wurden. Der forschende und selbstkritische Geist der westlichen Zivilisation durchdringt sowohl die Art ihrer Verluste als auch die Art des Umgangs mit ihnen. Die westliche Antwort auf Verlust ist nicht die Abwendung von der Welt. Sie ist vielmehr das Ertragen des Verlustes *als* Verlust. Die christliche Religion befähigt uns dazu. Nicht, weil sie versprechen würde, uns wegen der Verluste zu entschädigen, sondern weil sie die Verluste als Opfer sieht. Auf diesem Wege wird der Verlust zu etwas Höherem geweiht, als er selbst ist.

Der Verlust der Religion macht es noch schwieriger, echte Verluste zu verkraften. Deshalb fangen die Menschen an, vor den Verlusten zu fliehen, sie in Licht zu verwandeln oder die Gefühle der Unabwendbarkeit zu verbannen. Aber sie tun das nicht im Sinne der Upanishaden, die uns an eine ungeheure spirituelle Arbeit gemahnen, im Laufe der wir uns von der Last des Dharma befreien und langsam aufsteigen in den gesegneten Zustand des Brahma. Der Pfad zur

Entsagung setzt immerhin voraus, dass es etwas zu entsagen gibt. Der Liebe kann nur entsagt werden, wenn man zu lieben gelernt hat. Deshalb sehen wir in der religionslosen Gesellschaft das Aufkommen einer ansteckenden Hartherzigkeit und die allerseits geteilte Annahme, dass keine Tragödien, kein Gram und keine Trauer existierten, weil es nichts zu betrauern gebe. Es soll weder Liebe noch Glück geben – nur Spaß. Unter diesen Umständen bedeutet der Verlust der Religion den Verlust des Verlustes.

Doch für Konservative geht die Geschichte hier nicht zu Ende. Die westliche Zivilisation bietet uns eine andere Quelle, um unsere Verluste zu verstehen und zu akzeptieren. Diese Quelle ist die Schönheit. Der gleiche Charakterzug der westlichen Zivilisation, der den Verlust zum zentralen Zug unserer Erfahrungen gemacht hat, stellte auch die Tragödie ins Zentrum der Literatur. Die größten Kunstwerke sind Meditationen über den Verlust – wozu auch Gott selbst gehört, wie in Wagners *Götterdämmerung*. Kunstwerke lehren uns nicht nur, wie mit dem Verlust umzugehen ist. Sie vermitteln auch in phantasievoller Form das Konzept, das glücklichere Menschen durch die elementaren Formen des religiösen Lebens erworben haben – das Konzept des Heiligen. Ich vermute, dass Nietzsche daran gedacht hat, als er – kurz bevor er dem Wahnsinn anheimfiel – schrieb: »Wir haben die Kunst, damit wir nicht an der Wahrheit zu Grunde gehn.«[115] Wissenschaftler mögen die Wahrheit unserer Beschaffenheit erkundet haben, doch das ist nur ein Teil der Wahrheit. Der Rest der Wahrheit – die Wahrheit der moralischen Existenz – muss auf andere Weise wiedererlangt werden.

Wir gewinnen diese Wahrheit zurück, indem wir die Leere überdecken. Die Leere, die Matthew Arnold hinter der Welt erkannt hat und deren verschwundenen Inhalt er wiederherzustellen bemüht war, diese Leere wird für immer bleiben. Aber wir können sie mit unseren eigenen Mitteln überdecken und nicht voller Trauer hineinstar-

115 Anm. der Übersetzerin: Friedrich Wilhelm Nietzsche, *Der Wille zur Macht*, 5. Kapitel, 822.

ren, bis wir in die Tiefe fallen. Wir sollten uns von ihr abwenden und die Strukturen verteidigen, die die Leere zu verschlingen droht. Wir sollten im Geiste von *Remembrance Sunday*[116] leben und unsere Verluste als Opfer sehen, die für den Aufschub, den wir genießen, erbracht wurden. Wir sollten jenen widerstehen, die die Verluste endgültig abschreiben und vergessen wollen, die die Schatten, Ecken und die geliebten alten Pforten hinwegfegen und die Stadt ersetzen wollen durch einen großen, gläsernen Bildschirm über dem Abgrund, in den wir dann bis in alle Ewigkeit starren werden.

116 Anm. der Übersetzerin: Remembrance Sunday wird in Großbritannien am zweiten Sonntag im November gefeiert. An diesem Tag wird der Soldaten und Zivilisten gedacht, die in den beiden Weltkriegen gefallen sind.

Wahnsinn der Massen

Douglas Murray

Douglas Murray widmet sich in seinem neuen Buch »Wahnsinn der Massen« den vielleicht polarisierendsten Themen unserer Zeit. Gleichberechtigung zwischen den Geschlechtern, zwischen Menschen unterschiedlicher Herkunft und sexueller Orientierung sind wichtige Errungenschaften unserer Gesellschaft. Doch in unserem Streben nach einer besseren Welt versetzen wir uns regelmäßig in eine Massenhysterie und schießen über das Ziel hinaus. Diese neuen Kulturkriege erleben die Menschen immer häufiger an ihren Arbeitsplätzen sowie den Universitäten und Schulen, oft im Namen der sozialen Gerechtigkeit oder Identitätspolitik. Murray zeigt, wie wir im Ringen um die Anerkennung jedes Einzelnen unsere Vernunft, unsere gemeinsamen Werte und letztlich unsere Menschlichkeit verlieren. Ein wichtiges Plädoyer für die Redefreiheit, für vernunftgeleitete Diskussionen und gegen den zuweilen aufkeimenden Wahnsinn in einem Zeitalter der Massenhysterie.

384 Seiten | Hardcover | 24,99 € (D) | 25,70 € (A) | ISBN 978-3-95972-290-2

Der Selbstmord Europas

Douglas Murray

Sinkende Geburtenraten, unkontrollierte Masseneinwanderung und eine lange Tradition des verinnerlichten Misstrauens: Europa scheint unfähig zu sein, seine Interessen zu verteidigen. Douglas Murray sieht in seinem neuen Bestseller Europa gar an der Schwelle zum Freitod – zumindest scheinen sich seine politischen Führer für den Selbstmord entschieden zu haben. Der Selbstmord Europas ist kein spontan entstandenes Pamphlet einer vagen Befindlichkeit. Akribisch hat Douglas Murray die Einwanderung aus Afrika und dem Nahen Osten nach Europa recherchiert und ihre Anfänge, ihre Entwicklung sowie die gesellschaftlichen Folgen über mehrere Jahrzehnte ebenso studiert wie ihre Einmündung in den alltäglich werdenden Terrorismus. Eine beeindruckende und erschütternde Analyse der Zeit, in der wir leben, sowie der Zustände, auf die wir zusteuern.

384 Seiten | Hardcover | 24,99 € (D) | 25,70 € (A) | ISBN 978-3-95972-105-9

Cicero:
Über die Kunst, gut alt zu werden

Philip Freeman

Bedeutet Altern wirklich den Verlust körperlicher und geistiger Beweglichkeit? Der große Redner und Politiker Cicero sagt: Nein und führt aus, wie im Gegenteil die zweite Lebenshälfte zur besten Zeit überhaupt werden kann, und welche Vorteile alte gegenüber jungen Menschen haben. Voller zeitloser Weisheit und praktischer Ratschläge, hat seine Schrift (entstanden 44 v.Chr.) die Leser seit mehr als zweitausend Jahren inspiriert. Hier liegt sie nun im Original und mit einer neuen Übersetzung sowie einer informativen Einleitung vor.

208 Seiten | Hardcover | 14,99 € (D) | 15,50 € (A) | ISBN 978-3-95972-189-9

Cicero: Über die Kunst der überzeugenden Argumentation

James M. May

Immer wieder gilt es beruflich und privat andere zu überzeugen. Da hilft es, die grundlegenden Techniken der Rede, die Rhetorik, zu beherrschen. Und was könnte da lehrreicher sein als die Werke des wohl größten Redners der Antike, Cicero?
In diesem Band sind die besten Beispiele seiner Redekunst zusammengetragen. Neben der Übersetzung der lateinischen Originaltexte enthält das Buch informative Einführungen, eine Kurzbiografie Ciceros, ein Glossar sowie im Anhang die lateinischen Originaltexte.

336 Seiten | Hardcover | 14,99 € (D) | 15,50 € (A) | ISBN 978-3-95972-190-5

Seneca: Über die Kunst des Sterbens

James S. Romm

»Es braucht ein ganzes Leben, um zu lernen, wie man stirbt«, schrieb der römische Philosoph Seneca (ca. 4 v. Chr. – 65 n. Chr.). Er, der schließlich seinem eigenen Leben auf Befehl Neros gefasst ein Ende setzte, musste es wissen. Er riet seinen Lesern, den Tod unentwegt zu studieren und befolgte seinen eigenen Rat, indem er in all seinen Schriften darauf zurückkam. Dieser Band fasst nun zum ersten Mal diese Reflexionen Senecas zusammen. Zudem enthält es eine informative Einführung, hilfreiche Anmerkungen, den lateinischen Originaltext sowie einen Epilog, der Tacitus' Beschreibung von Senecas dramatischem Selbstmord enthält.

224 Seiten | Hardcover | 14,99 € (D) | 15,50 € (A) | ISBN 978-3-95972-188-2